机动车驾驶培训教练员继续教育读本

本书编写组　编

人民交通出版社股份有限公司
China Communications Press Co.,Ltd.

内 容 提 要

本书共分五章，主要包括机动车驾驶培训教练员应掌握的基础知识、教育心理学在机动车驾驶培训中的应用、C1车型基础教学与训练、C1车型场地驾驶教学与训练及C1车型实际道路驾驶教学与训练等内容。

本书可供机动车驾驶培训教练员继续教育培训使用。

图书在版编目（CIP）数据

机动车驾驶培训教练员继续教育读本 / 《机动车驾驶培训教练员继续教育读本》编写组编. —北京：人民交通出版社股份有限公司, 2017.10

ISBN 978-7-114-14248-2

Ⅰ. ①机… Ⅱ. ①机… Ⅲ. ①机动车—教练员—继续教育—教材 Ⅳ. ①U471.3

中国版本图书馆CIP数据核字(2017)第242511号

声 明

Jidongche Jiashi Peixun Jiaolianyuan Jixu Jiaoyu Duben

书　　名：机动车驾驶培训教练员继续教育读本
著 作 者：本书编写组
责任编辑：杨丽改　姚　旭　刘　博
出版发行：人民交通出版社股份有限公司
地　　址：（100011）北京市朝阳区安定门外外馆斜街3号
网　　址：http://www.ccpress.com.cn
销售电话：（010）59757973
总 经 销：人民交通出版社股份有限公司发行部
经　　销：各地新华书店
印　　刷：北京虎彩文化传播有限公司
开　　本：787×1092　1/16
印　　张：12.25
字　　数：310千
版　　次：2017年10月　第1版
印　　次：2020年4月　第5次印刷
书　　号：ISBN 978-7-114-14248-2
定　　价：60.00元
（有印刷、装订质量问题的图书由本公司负责调换）

前言

2016年是机动车驾驶培训行业的变革之年。《机动车驾驶员培训管理规定》（交通运输部令2016年第51号）、《道路运输从业人员管理规定》（交通运输部令2016年第52号）于2016年4月公布实施，两个部令明确：鼓励机动车驾驶员培训机构优先聘用取得国家职业资格的从业人员从事机动车驾驶员培训工作，机动车驾驶员培训机构应当加强对教练员的职业道德教育和驾驶新知识、新技术的再教育，对教练员每年进行至少一周的脱岗培训，提高教练员的职业素质。2016年8月，交通运输部、公安部联合印发了《机动车驾驶培训教学与考试大纲》，旨在加强机动车驾驶培训管理工作，规范驾驶培训教学行为，提高驾驶培训质量。

本书内容涵盖机动车驾驶培训相关法律法规、行业规章，《机动车驾驶培训教学与考试大纲》，机动车驾驶培训与考试的新要求，机动车驾驶教练员业务素质提升，教育心理学在机动车驾驶教学中的运用，机动车驾驶教学规程等，相信能满足新增教练员上岗前培训和在岗教练员继续教育的需要。希望本书能为机动车驾驶培训教练员上岗前培训和继续教育工作的开展提供有力支撑。

本书由杭州技师学院吴晓斌主编，陈锡征、徐志敏任副主编。徐志敏、孟磊、宁振华编写第一章，吴晓斌、李婷编写第二章，陈锡征、徐志敏、朱火贤、吴晓斌编写第三至五章。本书由杭州市机动车服务管理局和杭州市机动车驾驶员培训行业协会方观富、庄新华、王剑、万利生、王卫平、罗育民负责审核。

本书在编写过程中，得到了浙江省道路运输管理局、浙江省汽车驾驶员培训行业协会、杭州市机动车服务管理局、杭州市机动车驾驶员培训行业协会相关领导以及杭州技师学院成教驾培处全体老师和教练员的大力支持和帮助，在此一并鸣谢！由于编者水平有限，加之时间仓促，书中难免有不妥之处，诚望批评指正。

编　者

2017年9月

目 录

第一章 机动车驾驶培训教练员应掌握的基础知识

机动车驾驶培训教练员（以下简称教练员）是安全驾驶的引路人，是道路交通安全的第一道防线。教练员必须全面正确地掌握道路交通安全、道路运输相关法规及行业规章涉及机动车驾驶培训行业的文件内容精髓，才能向驾驶学员正确传授交通安全法律法规知识，培养学员遵章守法的意识，使学员成为安全文明的合格驾驶员。

第一节 教练员从业管理

一 教练员职业资格考试

国家对经营性道路客货运输驾驶员、道路危险货物运输从业人员实行从业资格考试制度。其他已实施国家职业资格制度的道路运输从业人员，按照国家职业资格的有关规定执行。鼓励机动车驾驶培训机构优先聘用取得国家职业资格的从业人员从事机动车驾驶培训工作。机动车驾驶教练员国家职业资格技能鉴定由交通运输部职业资格中心负责。每年举行2~3次统一考试。

二 教练员的资质条件

机动车驾驶培训教练员包括理论教练员、驾驶操作教练员、道路客货运输驾驶员从业资格培训教练员和危险货物运输驾驶员从业资格培训教练员。

1 理论教练员

（1）取得相应的机动车驾驶证，具有2年以上安全驾驶经历；

（2）具有汽车及相关专业中专以上学历或者汽车及相关专业中级以上技术职称；

（3）掌握道路交通安全法规、驾驶理论、机动车构造、交通安全心理学、常用伤员急救等安全驾驶知识，了解车辆环保和节约能源的有关知识，了解教育学、教育心理学的基本教学知识，具备编写教案、规范讲解的授课能力。

2 驾驶操作教练员

（1）取得相应的机动车驾驶证，符合安全驾驶经历和相应车型驾驶经历的要求；

（2）年龄不超过60周岁；

（3）掌握道路交通安全法规、驾驶理论、机动车构造、交通安全心理学和应急驾驶的基本知识，熟悉车辆维护和常见故障诊断、车辆环保和节约能源的有关知识，具备驾驶要领讲解、驾驶动作示范、指导驾驶的教学能力。

3 道路客货运输驾驶员从业资格培训教练员

（1）具有汽车及相关专业大专以上学历或者汽车及相关专业高级以上技术职称；

（2）掌握道路旅客运输法规、货物运输法规以及机动车维修、货物装卸保管和旅客急救等相关知识，具备相应的授课能力；

（3）具有2年以上从事普通机动车驾驶培训的教学经历，且近2年无不良的教学记录。

4 危险货物运输驾驶员从业资格培训教练员

（1）具有化工及相关专业大专以上学历或者化工及相关专业高级以上技术职称；

（2）掌握危险货物运输法规、危险化学品特性、包装容器使用方法、职业安全防护和应急救援等知识，具备相应的授课能力；

（3）具有2年以上化工及相关专业的教学经历，且近2年无不良的教学记录。

三 教练员管理

县级以上道路运输管理机构具体负责本行政区域内机动车驾驶培训教练员的管理工作。鼓励教练员同时具备理论教练员和驾驶操作教练员的教学水平。教练员应当按照统一的教学大纲规范施教，并如实填写《教学日志》和《中华人民共和国机动车驾驶员培训记录》。 机动车驾驶员培训机构应当加强对教练员的职业道德教育和驾驶新知识、新技术的再教育，对教练员每年进行至少一周的脱岗培训，提高教练员的职业素质。

第二节 驾驶员培训与考试制度改革

机动车驾驶员培训和考试工作关系我国公共安全和亿万群众切身利益。随着我国经济社会的持续快速发展，私人汽车迅速在普通百姓家庭中普及。社会公众对机动车驾驶培训的需求急剧增加，我国已经形成世界上最大的驾驶培训市场。近十年学驾需求每年增长率都在15%以上，而驾驶培训行业迅猛发展的同时，也积累了一些亟待通过改革解决的问题。

自2014年年底以来，公安部、交通运输部组织力量全面启动了《关于推进机动车驾驶人培训考试制度改革的意见》（国办发〔2015〕88号，以下简称《意见》）的制定工作，成立了调研和改革小组，先后多次召开了各省市驾培管理部门、驾培机构、行业协会和公安机关交通管理部门代表参加的交流座谈会，广泛听取了基层的意见和建议，认真研判当前形势，梳理行业存在的突出问题，借鉴国外驾驶培训经验，提出了驾驶培训改革的初步意见，并联合上报国务院。此后，国务院办公厅征求了中央机构编制委员会办公室、国家发展和改革委员会、教育部、财政部、国务院法制办公室等部门意见，就改革内容达成一致，最后形成《意见》。

此次驾驶培训改革深入贯彻落实党中央国务院关于简政放权、放管结合、服务民生等一系列文件精神，坚持问题导向，按照“简政放权、市场驱动，严格培训、提高质量，创新服务、方便学员，强化监管、优胜劣汰”的原则，强化驾培机构的主体作用，强化政府事中事后监管，推动驾培行业转型升级，为人民群众提供更加便利、规范、经济的驾驶培训服务。

一 改革背景

国务院办公厅转发公安部、交通运输部联合形成的《意见》，提出坚持以问题为导向、以改革为动力，促进驾驶培训市场开放竞争、驾驶培训考试公平公正、服务管理便捷高效，不断满足人民群众驾驶培训考试需求，不断提高驾驶培训考试质量，着力维护道路交通安全、文明、有序。

《意见》提出，推进驾驶员培训考试制度改革，要坚持安全第一、便民利民、开放竞争、公正廉洁的基本原则。2016年上半年部署驾驶人培训考试制度改革工作，明确各项任务推进步骤，启动重大改革事项试点；2017年总结试点经验深入推进改革实施；2018年完成改革重点工作任务，基本建立开放有序、公平竞争、服务优质、管理规范的驾驶培训市场体系，基本建立公开透明、权责清晰、运转高效、公正廉洁的驾驶培训考试管理体制，基本解决驾驶培训考试中的不便利、不规范、不经济等问题。

二 改革基本任务

《意见》明确了六个方面的主要任务。

1 创新培训方式，建立开放有序培训新格局

实行驾驶员分类教育培训，推行大型客货车专业化驾驶培训，优化小型汽车驾驶员培训方式。实行计时培训、计时收费。在有条件的地方，试点非经营性的小型汽车驾驶员自学直考。

2 加强培训管理，促进驾驶培训行业健康发展

进一步开放驾驶培训市场，强化驾培机构培训责任，着力提升驾驶培训专业化水平，建立健全驾驶培训行业诚信体系，加强教练员队伍管理。

3 利用社会资源，提高考试供给能力

有序引导社会力量投资建设考场，积极推行以政府购买服务等方式使用社会考场。实行多渠道的考试员选用机制。推进驾驶培训考试业务向县级下放、延伸，方便群众就近考试。

4 改进考试组织，保障考试公开公平公正

实行自主报考，建立统一的考试预约服务平台，依照报考或约考时间先后顺序，公平合理安排考试。严格执行考试评判规定，实行考试随机安排，推行考务公开，优化考试程序。

5 严格监督问责，保证培训考试规范廉洁

健全驾驶培训监督机制，完善考试监督机制，严格违规培训考试责任追究，严格执行政府机构不准经办驾培机构的规定。

6 提升服务水平，便利群众学驾领证，保护学员合法权益

完善驾驶员体检制度，实施驾驶证异地申领和审验，逐步放宽残疾人驾车条件。积极推进与其他国家和地区驾驶证互认换领工作。

三 改革核心要义

《意见》要求县级以上地方各级人民政府要将驾驶员培训考试制度改革作为一项重要民生工程，制订具体实施方案，周密部署实施。各相关部门要按照职能分工，密切配合，制定配套政策。要稳步有序推进改革，加强跟踪评估和督查指导。

《意见》从改革驾驶培训模式、提高培训考试质量、建立健全驾驶培训行业诚信体系等方面入手，提升驾驶培训专业化水平，同时，严格违规培训及考试责任追究。其要义有四个字：安全第一。

《意见》将“安全”作为改革的第一原则，将培训质量放在首位，通过严把考试关、强化新驾驶员的安全意识养成等，提升驾驶员安全驾驶技能、增强安全文明素养，这些措施直指驾驶培训最终目的。而

创新培训方式、进一步放开培训市场、提升驾培机构标准化等措施，旨在通过完善驾驶培训市场体系、激活市场竞争力的方式，着力提升驾驶培训专业化水平。

一本小小的驾驶证，不但承载着千家万户的驾车梦，还关系到公共安全。改革办法和措施具备，下一步则需考验执行力。只有切实围绕“安全第一”理念，才能更精准地清除阻碍驾考改革的“堵点”，加速推动驾驶培训向着更加安全、更加健康的方向发展。

四《机动车驾驶培训教学与考试大纲》解读

为落实《意见》要求，根据工作安排，交通运输部组织开展了《机动车驾驶培训教学与考试大纲》（以下简称《大纲》）的修订工作。《大纲》修订工作自2015年初启动，经过充分调研、广泛征求意见，并对反馈意见进行梳理，完成对《大纲》的修订。

修订《大纲》的必要性：《大纲》作为规范教学行为、保障教学质量的重要纲领性文件，在驾驶培训过程中发挥着重要作用。2012年颁布的《大纲》，对加强机动车驾驶培训与考试管理工作、确保培训质量、提高驾驶人整体素质起到了很好的作用。但是，随着驾培行业的快速发展，社会公众对驾培行业的期望值和关注度也越来越高。结合原《大纲》在执行过程中存在的问题，全面修订原《大纲》势在必行。具体体现在两个方面：

（1）深入贯彻落实（国办发〔2015〕88号）文件精神。

国办发〔2015〕88号文件要求机动车驾驶培训要严格培训质量，强化新驾驶员安全意识养成，并提出驾驶培训机构应严格按照《大纲》规定的学时和内容进行培训，确保培训质量。通过《大纲》规范驾培机构教学行为，强化学员安全意识的养成，使学员能够系统学习和掌握道路交通安全知识和驾驶知识，对减少道路交通事故具有非常重要的意义。

（2）差异化培训对《大纲》提出新期望。

《大纲》在实际使用过程中，存在对不同车型的学时规定缺乏灵活性的问题，学员因职业、年龄、学历等不同，接受能力和反应速度差异较大，学时要求与实际需要有所差异。需要通过科学研究，确定能保证安全驾驶的最低学时。在保证基本学时的前提下，驾培机构可根据需求制定不同的套餐模式供学员进行选择，既保证培训质量，又保证学员的选择自主权，也有利于推行计时培训计时收费、先培训后付费的服务模式。

《大纲》此次修订，是对原《大纲》的进一步优化，更加突出培养安全文明合格驾驶员的理念。修改主要从以下角度入手：结构调整、学时调整、内容调整、教学日志调整以及相关要求调整等。

1 《大纲》总体调整情况

1 《大纲》结构调整情况

《大纲》结构调整情况见表1-1。

《大纲》结构调整情况 表1-1

2012年《大纲》	2016年《大纲》	2016年考纲
第一阶段 道路交通安全法律、法规和相关知识	第一部分 道路交通安全法律、法规和相关知识	科目一 道路交通安全法律、法规和相关知识考试
第二阶段 场内驾驶	第二部分 基础和场地驾驶	科目二 场地驾驶技能考试
第三阶段 道路驾驶技能和安全文明驾驶常识	第三部分 道路驾驶	科目三 道路驾驶技能考试、安全文明驾驶常识考试
	第四部分 安全文明驾驶常识	

2 《大纲》学时要求的调整情况

《大纲》取消对每项教学内容的学时规定，只对每一部分的总学时进行规定。这样既保证了培训质量，又保证了学员的选择自主权。

2 《机动车驾驶培训教学大纲》具体调整情况

1 第一部分修订

（1）教学目标比较。

2016年《机动车驾驶培训教学大纲》（以下简称《教学大纲》）的教学目标：掌握法律、法规和规章中与道路交通安全有关的相关规定；熟练掌握各类道路条件下的通行规则；熟练掌握道路交通信号的含义和作用；掌握地方性法规的重点内容；了解机动车基本知识，掌握机动车主要仪表、指示灯和操纵机构、安全装置的基本知识。

2012年《教学大纲》的阶段目标：了解机动车基本知识，掌握道路交通安全法律、法规及道路交通信号的规定。

（2）教学内容体系比较。

《教学大纲》第一部分教学内容体系比较见表1-2。

《教学大纲》第一部分教学内容体系比较 表1-2

教学项目	教学内容	
	2016年《教学大纲》	2012年《教学大纲》
1.法律、法规及道路交通信号	机动车驾驶证申领与使用	机动车驾驶证申领与使用
	道路交通信号（单独列出）	—
	道路通行规则	道路通行规则（含道路交通信号）
	驾驶行为	驾驶行为
	违法行为处罚	违法行为处罚
	机动车登记	机动车登记
	交通事故处理	交通事故处理
	地方性法规（新增）	—
2.机动车基本知识	车辆结构常识	车辆结构常识
	车辆主要安全装置	车辆主要安全装置
	驾驶操纵机构的作用	驾驶操纵机构
	车辆性能	车辆性能
	车辆检查和维护	车辆检查和维护
	车辆运行材料	车辆运行材料
	客车制动与安全装置	客车制动系统及车门
	公交车制动与安全装置	公交车制动系统及车门
	汽车列车制动系统、连接与分离装置	汽车列车制动系统、连接与分离装置
3.综合复习及考核	道路交通安全法律、法规和相关知识	道路交通安全法律、法规及相关知识

（3）教学学时比较。

《教学大纲》第一部分基本学时要求比较见表1-3。

①本部分中，所有车型的培训学时均没有变化。

②本部分中，课堂教学不少于4个学时。

③所有车型“综合复习及考核”计入学时。

《教学大纲》第一部分基本学时要求比较　　表1-3

车型	A1/B1	A2	A3	B2	C1	C2	C3	C4/D/E/F	C5
学时(2016年《教学大纲》)	10	10	14	12	12	12	12	10	12
学时(2012年《教学大纲》)	10	10	14	12	12	12	12	10	12

2 第二部分修订

（1）教学目标比较。

2016年《教学大纲》的教学目标：掌握基础驾驶和场地驾驶理论知识；掌握基础的驾驶操作要领，具备对车辆控制的基本能力；熟练掌握基础操作和场内驾驶的基本方法，具备合理使用车辆操纵机件、正确控制车辆运动空间位置的能力，能够准确地控制车辆的行驶位置、速度和路线 。

2012年《教学大纲》的阶段目标：掌握基础的驾驶操作要领，具备对车辆控制的基本能力；熟练掌握场地和场内道路驾驶的基本方法，具备合理使用车辆操纵机件、正确控制车辆运动空间位置的能力，能够准确地控制车辆的行驶位置、速度和路线。

（2）教学内容体系比较。

《教学大纲》第二部分教学内容体系比较见表1-4。

《教学大纲》第二部分教学内容体系比较　　表1-4

教学项目	教学内容	
	2016年《教学大纲》	2012年《教学大纲》
1.基础驾驶	基础驾驶操作理论知识	基础驾驶操作规范（理论知识）
	驾驶姿势	驾驶姿势
	操纵装置的规范操作	操纵装置的操作
	起步前车辆检查与调整	行车前车辆检查与调整
	牵引车与挂车的连接与分离	牵引车与挂车的连接与分离
	上车、下车动作	上车、下车动作
	车上轮椅（拐杖）的放置	车上轮椅或拐杖的放置
	上车前的观察	上车前的观察
	下车前的观察	下车前的观察
	起步、停车	起步、停车
	变速、换挡、倒车	变速、换挡、倒车
	行驶位置和路线	行驶位置和路线
2.场地驾驶	场地驾驶理论知识	场地驾驶知识（理论知识）
	倒车入库、坡道定点停车和起步、侧方停车、曲线行驶、直角转弯	倒车入库、坡道定点停车和起步、侧方停车、曲线行驶、直角转弯

续上表

教学项目	教学内容	
	2016年《教学大纲》	2012年《教学大纲》
2.场地驾驶	坡道定点停车和起步、侧方停车、曲线行驶、直角转弯、通过单边桥、通过限宽门、通过连续障碍、起伏路行驶、窄路掉头、侧方移位、倒车进库、模拟高速公路驾驶、模拟隧道驾驶、模拟雨（雾）天驾驶、模拟湿滑道路驾驶、模拟紧急情况处置	坡道定点停车和起步、侧方停车、曲线行驶、直角转弯、通过单边桥、通过限宽门、通过连续障碍、起伏路行驶、窄路掉头、侧方移位、倒车进库、模拟高速公路驾驶、模拟隧道驾驶、模拟雨（雾）天驾驶、模拟湿滑道路驾驶、模拟紧急情况处置
	停靠货台	停靠货台
	停靠站台	停靠站台
	模拟城市街道驾驶	模拟城市街道驾驶
	跟车行驶	跟车速度感知
	独立驾驶	独立驾驶
3.综合驾驶及考核	基础和场地驾驶	基础驾驶；场地驾驶

（3）教学学时比较。

《教学大纲》第二部分基本学时要求比较见表1-5。

本部分中，C1、C2、C5和C4/D/E/F车型的培训学时有不同程度的减少。

《教学大纲》第二部分基本学时要求比较 表1-5

车型	A1/B1	A2	A3	B2	C1	C2	C3	C4/D/E/F	C5
学时（2016年《教学大纲》）	36	40	53	54	16	14	14	10	16
学时（2012年《教学大纲》）	36	40	53	54	26	26	14	14	26

3 第三部分修订

（1）教学目标比较。

2016年《教学大纲》教学目标：掌握道路驾驶时的安全行车相关知识；熟练掌握一般道路和夜间驾驶方法，能够根据不同的道路交通状况安全驾驶；具备自觉遵守交通法规、有效处置随机交通状况、无意识合理操纵车辆的能力，做到安全、文明、谨慎驾驶。

2012年《教学大纲》阶段（原第三阶段实际操作部分，下同）目标：掌握安全文明驾驶知识，具备对车辆综合控制能力；熟练掌握一般道路和夜间驾驶方法，能够根据不同的道路交通状况安全驾驶；形成自觉遵守交通法规、有效处置随机交通状况、无意识合理操纵车辆的能力。

（2）教学内容体系比较。

《教学大纲》第三部分教学内容体系比较见表1-6。

《教学大纲》第三部分教学内容体系比较 表1-6

教学项目	教学内容	
	2016年《教学大纲》	2012年《教学大纲》
1.跟车行驶	跟车距离和跟车速度控制	跟车距离和跟车速度控制
2.变更车道	安全变更车道	安全变更车道
3.靠边停车	顺位停车；S形倒车入位；L形倒车入位	顺位停车；S形倒车入位；L形倒车入位
4.掉头	安全掉头	安全掉头
5.通过路口	直行通过路口；路口左转弯、路口右转弯	直行通过路口；路口左转弯、路口右转弯
6.通过人行横道	安全通过人行横道	安全通过人行横道
7.通过学校区域	安全通过学校区域	安全通过学校区域
8.通过公共汽车站	安全通过公共汽车站	安全通过公共汽车站
9.会车	安全会车	安全会车
10.超车	安全超车	同向超车、借道超车
11.夜间驾驶	正确使用灯光与夜间安全驾驶	夜间安全驾驶与灯光的使用
12.恶劣条件下的驾驶	恶劣条件下的安全驾驶	恶劣条件下的驾驶
13.山区道路驾驶	山区道路安全驾驶	山区道路驾驶
14.高速公路驾驶	模拟高速公路安全驾驶	高速公路驾驶
15.行驶路线选择	自行选择行驶路线的安全驾驶	自行选择行驶路线
16.综合驾驶及考核	道路安全驾驶	实际道路驾驶；模拟驾驶

（3）教学学时比较。

《教学大纲》第三部分基本学时要求比较见表1-7。

①本部分中，所有车型的培训学时均没有变化。

②恶劣条件下的驾驶、山区道路驾驶、高速公路驾驶等内容可采用驾驶模拟设备教学，综合第二部分的模拟训练，模拟教学学时总共为4个学时。

③所有车型综合复习及考核计入学时。

《教学大纲》第三部分基本学时要求比较 表1-7

车型	A1/B1	A2	A3	B2	C1	C2	C3	C4/D/E/F	C5
学时（2016年《教学大纲》）	20	22	33	32	24	24	16	10	24
学时（2012年《教学大纲》）	20	22	33	32	24	24	16	10	24

4 第四部分修订

（1）教学目标比较。

2016年《教学大纲》教学目标：掌握各种道路条件、气象环境下的安全文明驾驶知识；掌握正确辨识各类道路交通信号的知识；掌握危险源辨识知识；掌握紧急情况

下的临危处置知识；了解发生交通事故后现场处置、伤员自救常识和常见危险化学品名称、特性等常识；正确分析各类典型事故案例。

2012年《教学大纲》阶段目标：掌握安全文明驾驶知识；了解行人、非机动车的动态特点及险情的预测和分析方法。

（2）教学内容体系比较。

《教学大纲》第四部分教学内容体系比较见表1-8。

《教学大纲》第四部分教学内容体系比较 表1-8

教学项目	教学内容	
	2016年《教学大纲》	2012年《教学大纲》
1.安全、文明驾驶知识	安全驾驶生理心理状态（新增）	—
	安全驾驶、文明礼让	安全驾驶、文明礼让
	常见道路交通信号辨识	常见交通标志、标线和交警手势辨识
2.危险源辨识知识	险情预测与分析	险情预测与分析
3.夜间和高速公路安全驾驶知识	夜间驾驶、高速公路驾驶	夜间驾驶、高速公路驾驶
4.恶劣气象和复杂道路条件下的安全驾驶知识	雨天驾驶、冰雪道路驾驶、雾（霾）天驾驶、大风天气驾驶、泥泞道路驾驶、涉水驾驶、施工道路驾驶、通过铁路道口、山区道路驾驶、通过桥梁、通过隧道	雨天驾驶、冰雪道路驾驶、雾（霾）天驾驶、大风天气驾驶、泥泞道路驾驶、涉水驾驶、施工道路驾驶、通过铁路道口、山区道路驾驶、通过桥梁、通过隧道
5.紧急情况应急处置知识	紧急情况临危处置	紧急情况避险知识
	高速公路驾驶紧急避险	高速公路驾驶紧急避险
	发生交通事故后的处置	事故处置原则；事故现场处置
6.危险化学品知识	常见危险化学品知识	常见危险化学品知识
7.典型事故案例分析	违法行为综合判断与案例分析	违法行为综合判断与案例分析
8.综合复习及考核	安全文明驾驶知识	安全文明驾驶常识

（3）教学学时比较。

《教学大纲》第四部分基本学时要求比较见表1-9。

《教学大纲》第四部分基本学时要求比较 表1-9

车型	A1/B1	A2	A3	B2	C1	C2	C3	C4/D/E/F	C5
学时（2016年《教学大纲》）	16	16	20	20	10	10	8	8	10
学时（2012年《教学大纲》）	16	16	20	20	16	16	14	14	16

①本部分中，C1、C2、C3、C5和C4/D/E/F车型的培训学时有不同程度的减少。

②本部分中，课堂教学不少于2学时 。

③所有车型综合复习及考核可以计入学时。

3 修订后的教学日志

驾驶培训教学日志（样式）

车型：××　　　　　　　　　　　　　　　　　　　　　　　　　基本学时：××

驾培机构名称：××××××	学员姓名：×××	学员编号：××

道路交通安全法律、法规和相关知识 基本学时：××	教学项目：1.法律、法规及道路交通信号；2.机动车基本知识；3.综合复习及考核

次数/ 日期（月/日）	1 /	2 /	3 /	4 /	5 /	6 /	7 /	8 /	9 /	…… /
教学项目序号										
学时										
学员签字										
教练员评价及签字										

考　核			
次数/考核日期	1/　月　日	2/　月　日	……/　月　日
考核意见	□合格 □不合格 建议：	□合格 □不合格 建议：	□合格 □不合格 建议：
考核员签字			

增加培训学时					
次数	日期（月/日）	教学内容	所用学时	学员签字	教练员评价及签字
1	/				
2	/				
……	/				

结　业　考　核			
次数/考核日期	1/　月　日	2/　月　日	……/　月　日
考核意见	□合格 □不合格 建议：	□合格 □不合格 建议：	□合格 □不合格 建议：
考核员签字			
驾培机构 审核盖章	结业考核合格，准予结业。　（驾培机构章） 年　月　日		

4 《机动车驾驶人考试大纲》解读

为规范机动车驾驶人考试工作，明确考试内容，提高考试科学水平，制定本大纲。

1 制定依据

根据《中华人民共和国道路交通安

全法》及其实施条例、《中华人民共和国刑法》《机动车驾驶证申领和使用规定》《机动车登记规定》《道路交通安全违法行为处理程序规定》《道路交通事故处理程序规定》等有关规定制定。

2 考试目标

根据规定，符合国务院公安部门规定的驾驶许可条件的人员，可申请参加机动车驾驶人考试。机动车驾驶人考试执行全国统一的考试内容和合格标准，考核应考人员是否了解和掌握道路交通安全法律法规知识、安全文明驾驶常识和驾驶技能，是否具备驾驶安全意识。对通过考试的人员，公安机关交通管理部门核发机动车驾驶证。

3 考试内容

（1）本大纲分为“科目一　道路交通安全法律、法规和相关知识考试”“科目二　场地驾驶技能考试”“科目三　道路驾驶考试”和“科目三　安全文明驾驶常识考试”四部分内容。

（2）“科目一　道路交通安全法律、法规和相关知识考试”内容包括驾驶证和机动车管理规定、道路通行条件及通行规定、道路交通安全违法行为及处罚、道路交通事故处理相关规定、机动车基础知识等六部分内容。

（3）“科目二　场地驾驶技能考试”内容和“科目三道路驾驶技能考试”内容按照《机动车驾驶证申领和使用规定》中关于不同准驾车型规定的相应考试项目进行设置。

（4）“科目三　安全文明驾驶常识考试”内容包括安全行车常识、文明行车常识、道路交通信号在交通场景中的综合应用、恶劣气象和复杂道路条件下安全驾驶知识、紧急情况下避险常识、典型事故案例分析、交通事故处置及常见危险化学品处置常识等八部分内容。

4 考试要求

（1）对考试内容的考核要求按照由低到高分为三个层次，分别是“了解”“熟知”和“掌握”，高一层次的考试要求包括低一层次的考试要求。

①了解，要求应考人员清楚考点的概念、作用，能够在简单交通环境中进行识别和应用。

②熟知，要求应考人员全面了解考点知识，能够理解知识要点内涵，清楚操作要领，并能够分析、解释原因。

③掌握，要求应考人员能够深入理解考点知识、技能及有关原理，能够在复杂交通环境中综合运用相关知识，熟练驾驶车辆。

（2）考试大纲科目一考试和科目三安全文明驾驶常识考试的考试要点分为通用考试要点和专用考试要点。通用考试要点适用于所有准驾车型考试。专用考试要点适用于大型客车、牵引车、城市公交车、中型客车、大型货车准驾车型考试，大纲考试要点中带有“※”符号的为专用考试要点。

（3）轮式自行机械车(M)、无轨电车(N)、有轨电车(P)三种准驾车型的考试大纲，由各省级公安机关交通管理部门根据需要和地方特点自行制定，并报公安部备案。

5 考试要点

（1）科目一道路交通安全法律、法规和相关知识考试。

①驾驶证和机动车管理规定。

考核是否掌握驾驶证申领使用相关知识；是否了解机动车登记使用的相关知识。

②道路通行条件及通行规定。

考核是否掌握道路通行条件以及道路通行规定相关知识。

③道路交通安全违法行为及处罚。

考核是否掌握涉及道路交通安全的违法行为；是否了解相关行政强制措施、行政处罚、刑事处罚的知识。

④道路交通事故处理相关规定。

考核是否掌握道路交通事故处理的相关

知识。

⑤机动车基础知识。

考核是否了解车辆基本构成和车辆性能常识；是否了解机动车主要仪表、指示灯、报警灯的作用；是否掌握常见操纵装置、安全装置作用及使用要求等知识；是否熟知大中型客货车制动系统及安全装置相关知识。

⑥地方性法规。

考核地方性法规的重点内容。

（2）科目二场地驾驶技能考试。

考核是否掌握车辆机件操纵方法；是否具备正确控制车辆运动空间位置的能力以及准确地控制车辆的行驶位置、速度和路线的能力。考试内容如下。

①C1、C2、C3、C5等车型：倒车入库、坡道定点停车和起步、侧方停车、曲线行驶、直角转弯。

②A1、A2、A3、B1、B2等车型：坡道定点停车和起步、侧方停车、曲线行驶、直角转弯、通过单边桥、通过限宽门、通过连续障碍、起伏路行驶、窄路掉头、侧方移位、倒车进库、模拟高速公路驾驶、模拟隧道驾驶、模拟雨（雾）天驾驶、模拟湿滑道路驾驶、模拟紧急情况处置。

（3）科目三道路驾驶技能考试。

考核是否掌握道路上的安全驾驶方法；是否具备准确判断不同道路情景中的潜在危险以及正确有效处置随机出现的交通状况的能力；是否具备无意识合理操纵车辆的能力；是否具备安全、谨慎驾驶意识。

考试内容：上车准备、起步、直线行驶、加减挡位操作、变更车道、靠边停车、直行通过路口、路口左转弯、路口右转弯、通过人行横道、通过学校区域、通过公共汽车站、会车、超车、掉头、夜间行驶、省级公安机关交通管理部门确定的考试内容、省级公安机关交通管理部门增加的考试内容。

（4）科目三安全文明驾驶常识考试。

①安全行车常识。

考核是否了解车辆日常检查与维护知识；是否熟知各类不良驾驶状态的危害及预防知识；是否掌握危险源辨识的相关知识；是否具备安全、谨慎驾驶意识。

②文明行车常识。

考核是否掌握文明驾驶知识；是否具备文明、礼让驾驶意识。

③道路交通信号在交通场景中的综合应用。

考核是否掌握实际道路驾驶时各类道路交通信号的综合应用知识。

④恶劣气象和复杂道路条件下安全驾驶知识。

考核是否掌握复杂道路条件、恶劣气象和高速公路的安全驾驶知识。

⑤紧急情况下避险常识。

考核是否熟知紧急情况下的临危处置的基本知识。

⑥典型事故案例分析。

考核是否掌握分析典型事故案例事故致因以及事故预防知识。

⑦交通事故救护及常见危险化学品处置常识。

考核是否掌握事故现场处置方法；是否了解伤员自救常识和常见危险化学品特性等常识。

⑧地方试题。

考核本地实际确定的安全文明驾驶常识。

五 机动车驾驶培训与考试的新要求

国务院办公厅《意见》的下发以及《大纲》的修订，对机动车驾驶培训机构与教练员提出了创新培训方式、改变服务模式的要求。这就对教练员队伍提出了新的要求，即教练员要胜任目前的驾驶培训教学工作，不仅要有高度的社会责任感、扎实的专业知识、娴熟的驾驶操作技能和教学能力，还应及时了解培训和考试的各种新要求，与时俱进，更快、更好地适应改革要求。

1 机动车驾驶员计时培训系统

机动车驾驶员计时培训系统由全国驾驶培训数据交换与服务平台、驾驶培训监管服务平台、驾驶培训机构计时培训应用平台、计时终端和相应的传输网络等组成，通过系统各组成部分之间的互联互通，为行业管理部门提供对驾驶培训过程的监督、管理和服务，实现培训信息传输、储存、监管一体化，满足行业管理部门、培训机构、学员、社会公众的综合性需求。2016年5月，交通运输部发布了《机动车驾驶员计时培训系统平台技术规范》《机动车驾驶员计时培训系统计时终端技术规范》两项规范性文件（交通运输部公告2016年第17号），对计时培训系统的技术性能做了进一步的规范。

1 计时培训系统的功能要求

（1）全国驾驶培训数据交换与服务平台。

指部署在部级驾驶培训行业数据中心，对行业数据进行分析统计，公开发布统计分析结果，并提供相关安全管理与信息服务，实现与相关管理部门信息共享的平台，简称全国驾培平台。全国驾培平台包括行业管理、公共服务和数据交换三大功能，实现统一的安全认证，以及证书、驾培机构、学员和计时终端等统一编号的自动分配，跨省学员数据的交换，服务质量监督评价信息的采集和发布。全国驾培平台和省级监管服务平台之间通过专线网络或互联网VPN方式进行连接。

（2）驾驶培训监管服务平台。

指部署在驾驶培训行业管理部门，对驾驶培训机构计时培训过程进行监督和管理，并提供相关信息服务，能够实现与其他信息系统数据共享与交换的平台，简称监管服务平台。监管服务平台应具有驾驶培训机构管理、学员培训过程管理、服务监督与评价管理、信息公开管理、行业监管信息统计、数据交换管理、系统设置、平台信息管理等功能。其主要功能类别和功能设计见表1-10。

驾驶培训监管服务平台主要功能类别和功能设计　　表1-10

类别	功能设计	
驾驶培训机构管理	驾培机构查询	应能设置查询条件查询管辖范围内驾驶培训机构的基础资料，包括培训机构名称、道路运输经营许可证号、法人代表、联系电话、分类等级、经营信息等
	驾培机构基本信息管理	应能对管辖范围内培训机构的基本信息进行管理，包括培训机构名称、法人代表、联系电话、分类等级、行政许可信息、经营信息等
	驾培机构教练员管理	（1）教练员信息备案：应能对管辖范围内驾培机构聘用的教练员信息进行备案，并能对同一教练员同时在2个及以上驾培机构报备和黑名单教练员报备进行提醒。 （2）教练员信息查询：应能对管辖范围内驾培机构报备的教练员基本信息进行查询，可查询其从业经历、历史教学记录等信息。 （3）教练员继续教育管理：可对管辖范围内驾培机构报备的教练员的继续教育完成情况、备案信息进行管理，可查询其取得国家职业资格、星级评定等信息。继续教育数据可从驾驶培训远程继续教育系统获得
	驾培机构教练车管理	（1）教练车信息备案：应能对管辖范围内的教练车的基础资料信息进行备案。 （2）教练车信息查询：应能对管辖范围内的教练车的基础资料信息进行查询，包括车牌号码、车型、品牌、所属培训机构、使用年限等
	驾培机构教学区域管理	应能在电子地图上对计时平台上报的驾培机构教学区域进行审核及查询，审核结果应自动通知计时平台并响应计时平台的查询。教学区域信息应包括名称、地址、面积、培训车型、空间位置坐标等，可包括可容纳车辆数、已投放车辆数等

续上表

类别	功能设计	
驾驶培训机构管理	驾培机构培训能力预警	应能对管辖范围内的驾培机构的培训能力预警阈值进行设定，超出阈值的系统将自动提醒
	收费标准报备信息查询及统计	应能对驾培机构的收费标准信息进行查询及统计不同模式的比例。收费标准应能区分定时培训、预约培训等不同培训模式，一次性收费、计时收费等不同收费模式，先学后付、先付后学等不同付费模式以及不同培训车型
	驾培机构考核员管理	应能对管辖范围内考核员的基础资料信息进行备案和查询，包括考核员姓名、证件号码、所属培训机构、任职资格、从业经历等
	驾培机构安全员管理	应能对管辖范围内安全员的基础资料信息进行备案和查询，包括安全员姓名、证件号码、所属培训机构等
	计时终端信息查询	应能按条件对管辖范围内驾培机构的教练车、模拟器和课堂教学的计时终端相关信息进行查询，包括终端编号、生产厂家、设备型号、安装状态、所属平台等
学员培训过程管理	学员基本信息管理	应能对学员的基本信息进行管理，包括学员的统一编码、姓名、照片、指纹信息、声纹信息、证件信息、手机二维码信息等
	电子教学日志管理	应能接收计时平台上传的电子教学日志，并能分部分、分项目查询培训机构、教学方式、培训学时、评价信息、考核报告等信息
	驾培远程教育学时管理	应能接收远程教育平台上传的学员远程教育电子教学日志和考核结果，并将其自动转发到计时平台。应能实现对驾培远程教育学时与计时平台上传的学时统一管理
	跨驾培机构管理	应能对跨驾培机构学员信息进行管理，包括学员转出机构、接收机构、培训记录、转出原因等
	阶段培训记录审核管理	应能按培训部分手动和自动审核学员的阶段培训记录，审核规则应包含培训大纲要求的最小时间和里程、教学区域比对、图片比对、轨迹比对、学车过程大数据分析以及学时限定规则等。审核结果应自动通知计时平台并响应计时平台的查询，加盖电子签章后反馈计时平台
	结业管理	应能对管辖范围内学员的结业结果进行查询
	培训全流程查询	（1）报名信息查询：应能按学员姓名、学员编号、证件号码等条件，查询管辖范围内学员的报名信息。 （2）培训项目查询：应能按学员姓名、学员编号、证件号码等条件，查询管辖范围内学员各培训项目信息，包括学习记录、培训记录审核结果、评价信息等。 （3）结业考核结果查询：应能按学员姓名、学员编号、证件号码等条件，查询管辖范围内学员结业考核结果。 （4）有效培训过程信息查询：应能按学员姓名、学员编号、证件号码等条件，查询管辖范围内学员有效培训过程信息，包括学员培训照片、培训车辆状态等，可包括培训视频、驾驶行为信息等
服务监督与评价管理	教练员管理	（1）教练员黑名单管理：应能管理管辖范围内教练员黑名单。 （2）教练员交通违法管理：可查询管辖范围内教练员交通违法信息，并对违法教练员进行黑名单管理。 （3）投诉管理：应能查询管辖范围内教练员被投诉信息，并对违规教练员进行黑名单管理。 （4）评价管理：应能查询管辖范围内学员对教练员的评价信息，并对违规教练员进行黑名单管理
	驾培机构管理	（1）投诉管理：应能查询管辖范围内驾培机构被投诉信息，并对违规的驾培机构提出处理意见。 （2）评价管理：应能查询管辖范围内学员对驾培机构评价信息，并对违规的驾培机构提出处理意见

续上表

类别	功能设计	
信息公开管理	教练员信息公布	（1）教练员黑名单：应能定期公布管辖范围内教练员黑名单。 （2）教练员投诉率：应能定期公布对管辖范围内教练员的投诉率。 （3）教练员好评率：应能定期公布对管辖范围内教练员的好评率。 （4）教练员职业资格信息：可定期公布管辖范围内教练员职业资格等级和星级评定结果。 （5）考试合格率：可定期公布管辖范围内教练员带教整体考试合格率及分科目考试合格率。 （6）考试违规行为：可定期公布管辖范围内教练员带教考试违规行为。 （7）学员交通违法：可定期公布管辖范围内教练员带教学员取得驾驶证后三年内的交通违法率和交通肇事率、交通违法违规行为
	培训机构信息公布	（1）驾培机构收费信息：可公布管辖范围内驾培机构收费信息。 （2）培训机构投诉率：应能定期公布对管辖范围内驾培机构的投诉率。 （3）培训机构好评率：应能定期公布对管辖范围内驾培机构的好评率。 （4）考试合格率：可定期公布管辖范围内驾培整体考试合格率及分科目考试合格率。 （5）考试违规行为：可定期公布管辖范围内驾培机构的考试违规行为。 （6）学员交通违法：可定期公布管辖范围内驾培机构培训学员取得驾驶证后三年内的交通违法率和交通肇事率、交通违法违规行为
行业监管信息统计	实时统计	应能按区域实时统计管辖范围内学员报名数据
	行业统计	（1）教练员投诉率：应能统计管辖范围内教练员被投诉数据并排序。 （2）教练员好评率：应能统计管辖范围内教练员好评数据并排序。 （3）培训机构投诉率：应能统计管辖范围内驾培机构被投诉数据并排序。 （4）培训机构好评率:应能统计管辖范围内驾培机构好评数据并排序
	智能分析	（1）学时造假分析:应能通过大数据按区域统计分析学时造假情况。 （2）培训周期分析:应能通过大数据按区域统计分析培训周期。 （3）学员报名预测:应能通过大数据按区域统计预测学员报名情况。 （4）学员约考预测:应能通过大数据按区域统计预测学员约考情况
数据交换管理	计时培训系统数据交换	应能与计时平台、远程教育平台和继续教育系统建立数据交换链路，实现学员报名数据、培训过程数据、评价监督信息和教练员职业资格信息等数据的交换
	全国驾驶培训数据交换与服务平台数据交换	应能与全国驾培平台对接，实现行业基础资料信息、培训记录信息、跨省驾培机构学员信息、服务质量监督情况等信息的交换
	公安业务系统数据交互	应能与公安交通管理部门相关系统对接，实现学员约考、考试通过情况、教练员违章、学员取证三年内违章情况等数据共享
	行业相关系统数据交互	应具备与道路运输行业相关信息系统的信息交互接口，实现业务数据、统计数据和诚信考核数据等数据的交换
	数据交互动态监测	应能对数据交换接口的连接情况进行动态监测，动态显示数据传输的速率和数量
系统设置	用户管理	应具备用户和角色的添加、修改、删除功能。应至少包含省级管理员、省级普通用户、地市级管理员、地市级普通用户、区县级管理员、区县级普通用户、培训机构用户七种角色类型
	权限管理	应能对用户和角色分别分配权限，权限应包括系统功能菜单使用权限，数据访问权限。管理员角色应具备对行政管辖范围内其他用户和角色进行管理的权限。用户和角色的权限可以被赋予，也可以被收回
	日志管理	应能基于不同用户实现其操作记录管理的功能，日志内容包括用户、时间、操作等信息

续上表

类别	功能设计	
系统设置	证书管理	应支持向全国驾培平台申请证书，用于验证计时平台上传数据的真实性及数据传输过程中的安全及防篡改
	电子签章管理	应支持电子培训部分记录表的统一电子签章功能
平台信息管理	应能对在管辖范围内运营的计时平台和远程教育平台信息进行管理，包括平台编号、平台名称、IP地址、运营范围、联系人、联系电话等	

（3）驾驶培训机构计时培训应用平台。

指部署在机动车驾驶培训机构，对学员计时培训全过程进行管理和服务，并为相关管理部门提供信息的平台，简称计时平台。计时平台应具有基础数据导入导出功能、驾驶培训机构管理功能、学员培训过程管理功能、服务监督与评价功能，以及信息统计、培训教学大纲管理、计时终端管理、系统设置等功能。主要功能类别和功能设计见表1-11。

驾驶培训机构计时培训应用平台主要功能类别和功能设计 表1-11

类别	功能设计	
基础数据导入导出	应至少支持以Excel格式导入和导出计时平台向全国驾培平台申请培训机构、教练员、考核员、安全员、教练车、计时终端和学员的统一编号时提供的资料信息和统一编号	
驾驶培训机构管理功能	信息查询	应能对培训机构的名称、经营许可证号、许可时间、地址、联系人、联系电话、经营范围等基础资料信息进行查询
	教练员管理	（1）教练员信息备案：应能采集教练员的基础资料信息，并上传至监管服务平台备案。 （2）教练员信息查询：应能对教练员基本信息进行查询，可查询其从业经历、历史教学记录等信息。 （3）教练员继续教育备案查询：可查询教练员继续教育完成情况、备案信息
	教练车管理	（1）教练车信息备案：应能采集教练车的基础资料信息，并上传至监管服务平台备案。 （2）教练车信息管理：应能对教练车的基础资料信息进行查询、添加和修改。 （3）车辆技术等级评定记录查询：可对教练车的车辆技术等级评定记录进行查询。 （4）车辆检测及二级维护记录查询：可对教练车的车辆检测及二级维护记录进行查询
	教学区域管理	应能在电子地图上对驾培机构的教学区域进行电子围栏设定及管理，并上传至监管服务平台审核。教学区域信息应包括名称、地址、面积、培训车型、空间位置坐标等，可包括可容纳车辆数、已投放车辆数等
	驾培机构考核员管理	应能对考核员的基础资料信息进行备案和查询，应包括考核员姓名、证件号码、所属培训机构、任职资格、从业经历等信息
	驾培机构安全员管理	应能对安全员的基础资料信息进行备案和查询，应包括安全员姓名、证件号码、所属培训机构等信息
	培训时段信息管理	应具备教练员排班信息的管理功能
	服务项目及收费标准信息管理	应能对驾培机构的收费信息进行查询、添加和修改，并上传至监管服务平台备案。收费标准应能区分定时培训、预约培训等不同培训模式，一次性收费、计时收费等不同收费模式，先学后付、先付后学等不同付费模式以及不同培训车型

续上表

类别	功能设计	
驾驶培训机构管理功能	其他设施、设备管理	可根据GB/T 30340-2013的规定，管理驾培机构其他设施、设备信息
	预约信息管理	可具备学员预约培训信息的管理功能，预约信息可从其他系统中获取
	支付信息管理	可具备学员支付信息的管理功能，支付信息可从其他系统中获取
	驾培机构分支机构管理	可具备对驾培机构的分支机构信息进行管理的功能
	驾培机构营业网点管理	可具备对驾培机构的营业网点信息进行管理的功能
学员培训过程管理	学员信息管理	（1）基本信息管理：应能对学员的基本信息进行管理，并上传至监管服务平台备案。 （2）电子教学日志管理：应能对学员的每次培训过程记录形成的电子教学日志进行管理，并上传至监管服务平台备案。同时能接收监管服务平台转发的学员远程教育电子教学日志，并进行统一管理
	跨驾培机构管理	应能对跨驾培机构学员信息进行管理，并上传至监管服务平台备案
	学时审核管理	应能按电子教学日志手动和自动对学员的培训学时记录进行初审，审核规则应包含培训大纲要求的最小时间和里程、教学区域比对、图片比对、轨迹比对以及学时限定规则等。初审结果应在学员的每个培训部分结束后形成阶段培训记录并汇总生成电子培训部分记录表，加盖培训机构电子签章后统一上传至监管服务平台审核。同时能够接收监管服务平台对阶段培训记录的审核结果
	结业考核管理	应能对学员的结业考核结果进行管理，并加盖电子签章后上传至监管服务平台备案
	培训全流程查询	（1）查询条件设置：应能按学员姓名、学员编号、证件号码等查询条件，查询学员培训全流程信息。 （2）报名信息查询：应能查询学员的报名信息。 （3）培训项目查询：应能查询学员各培训项目信息。 （4）有效培训过程信息查询：应能查询学员有效培训过程信息
服务监督与评价管理	教练员管理	（1）投诉管理：应能向监管服务平台获取教练员被投诉信息。 （2）评价管理：应能向监管服务平台获取学员对教练员的评价信息
	驾培机构管理	（1）投诉管理：应能向监管服务平台获取驾培机构被投诉信息。 （2）评价管理：应能向监管服务平台获取学员对驾培机构评价信息
信息统计	学员信息统计	可实时统计学员报名数据、学时数据、考核数据和考试数据
	教练员信息统计	可实时统计教练员的招生数据、教学学时数据、带学考核数据和带学考试数据
培训教学大纲管理	培训状态设定	应能对总学时和不同部分、不同项目的学时要求分别设定，实现培训学时分部分进行计时，可实现按项目计时
	培训内容设定	应能对不同章节、不同课程的培训内容、培训学时分别设定，实现分章节、分课程培训

续上表

类别	功能设计	
计时终端管理	计时终端信息管理	应能对教练车、模拟器和课堂教学的计时终端相关信息进行管理，并上传至监管服务平台备案
	终端登录	应具备支持基于平台整体安全体系下的计时终端注册、注销、鉴权功能
	学员及教练员登录	应具备支持学员及教练员登录和登出功能
	计时终端信息接收	端学时信息和定位数据接收功能
	预约信息更新	可具备支持更新计时终端所属车辆当日预约订单数据功能
	图片和视频功能	应具备自动接收和下发相应指令后接收计时终端上传的图片并与计时数据同步展现的功能，可具备自动接收和下发相应指令后接收计时终端上传的视频信息并与计时数据同步展现的功能
系统设置	统一编号管理	应能向全国驾培平台申请培训机构、教练员、考核员、安全员、教练车、学员、计时终端的统一编号
	用户管理	应具备用户和角色的添加、修改、删除功能。 应至少包含管理员和普通用户两种角色类型
	权限管理	应能对用户和角色分别分配权限，权限应包括系统功能菜单使用权限，数据访问权限。用户和角色的权限可以被赋予，也可以被收回
	日志管理	应能基于不同用户实现其操作记录管理的功能，日志内容包括用户、时间、操作等信息
	证书管理	应支持向全国驾培平台申请计时平台及计时终端的证书，用于数据传输过程中的安全及防篡改
	电子签章管理	应支持电子培训部分记录表、结业证书的统一电子签章功能

（4）计时终端。

指用于采集、存储和传输培训类别、教学部分、培训时长等学员培训信息以及教练员教学信息等的终端设备，按培训类别不同，分为车载计程计时终端、课堂教学计时终端和模拟训练计时终端。

计时终端的培训信息采集和存储功能应满足如下要求。

①计时终端应能采集和存储驾驶培训机构编号、教练员编号、学员编号、终端设备编号、教学部分、培训类别、教学项目、签到时间、签退时间、签到时长和培训时长等培训信息，培训信息内容和格式应符合《机动车驾驶员计时培训系统平台技术规范》中附录A的要求。

②计时终端具有图像或视频信息采集和存储功能的，应符合以下要求：

a.教练员和学员签到或签退时，计时终端触发摄像头采集、存储教练员和学员的图像或者视频信息；

b.在培训过程中，按照间隔时间或者计时平台下发的指令采集、存储教练员和学员的图像或者视频信息；

c.在培训过程中，随机进行至少1次采集、存储教练员和学员的图像或者视频信息；

d.采集和存储图像或视频信息时，同时记录和在图像数据内嵌入驾驶培训机构编号、教练员编号、学员编号、采集时间等信息；

e.采集的图像或视频应清晰可辨。

③计时终端断电时，应自动进入断电保护状态，能存储断电前采集的培训信息。

2 规范应用计时培训系统的意义

计时培训系统平台的规范应用，是深入贯彻落实机动车驾驶员培训、考试制度改革的重要举措，是进一步提升驾驶培训质量和水平的技术支撑，是机动车驾驶培训机构开展计时培训、计时收费、先培训后付费的驾驶培训服务模式及道路运输管理机

构实施计时培训管理和服务的基础，是实现驾驶培训和考试信息衔接的有效渠道。它对于更及时、准确地掌握教学过程和学员培训信息，进一步规范驾驶员培训教学过程，保障培训质量，维护驾驶培训市场秩序，保护驾驶培训各方特别是学员合法权益具有重要意义。

2 先培训后付费服务模式

为进一步适应我国经济社会发展和人民群众迅速增长的驾驶培训和考试需求，提高机动车驾驶人培训考试工作服务管理水平，推进驾驶人培训考试制度改革，《意见》提出创新培训方式，改变驾驶培训机构一次性预收全部培训费用的模式，推行计时培训计时收费、先培训后付费的服务措施。

1 "计时收费、先培训后付费"服务模式的概念

"计时收费、先培训后付费"是指依照事先签订的学驾服务合同，学员可以提前预约培训科目和培训时间，每一课时学习完成，学员对教练员进行评议并确认教学过程达到要求后，按照学驾合同约定的学时安排和学时收费标准进行交费的一种服务方式。它通过计时设备，实现学员、教练员和驾培机构三方互相制约，体现培训收费的公开、公平、公正。"计时收费，先培训后付费"在传统驾培服务模式基础上进行了提升，它通过学员与驾培机构签订相关学驾合同，确认以阶段教学内容和单位学时收费标准、实际培训完成学时、实际结算方式、其他服务项目为核心权利义务的驾培服务模式创新举措。

这种服务模式并没有改变驾培行业的产品提供：即驾培机构按《大纲》要求对学员完成相应的培训内容和培训学时的教学，达到《大纲》规定的培训目标，并向完成培训学习任务的学员发放培训结业证书。所以从本质上讲，"计时收费，先培训后付费"并没有改变驾培模式，也不是一种新的驾培模式，而是一种服务模式的创新举措。

2 "计时收费，先培训后付费"的实施意义

"计时收费，先培训后付费"的服务模式更加注重学员的权益保护以及对驾培机构合法经营的保护，它的实施必将推动驾培行业更健康的发展，具体有以下意义。

（1）顺应了改革需求。它充分利用互联网大数据，发挥了目前移动互联的优势，必将进一步推动驾培行业向着"互联网+"时代的发展。

（2）保障了培训合同的完整履行，较好地解决了学员练车难的问题。它将彻底改变传统的驾培机构和教练员占主动强势而学员处被动弱势的地位格局，促使学员主动监督驾培机构和教练员的驾培服务方式、服务内容与服务时间是否到位，有效地杜绝了学时作假的情况，提高了学员的培训质量，有效地保障了学员的合法权益，确保了学习效果。

（3）方便了学驾需要，使学员报名、学习更加方便。它采取网上预约培训、先学后付、计时培训等一系列便利学员的改革举措和新的服务模式，让学员通过网络平台实现自主提前预约练车时间、自主选择教练，充分保障了学员的自主权。

（4）提升社会对驾培服务的要求，规范驾培机构管理。它使驾培机构的服务价格、服务内容、服务标准、服务方式、服务质量在市场中主动接受"洗礼"，真正意义上促进并实现行业市场公平竞争和优胜劣汰。

（5）促进教练员队伍的道德修养和职业素质的提升。教练员在市场中必须被动地接受学员和社会的监督与选择，从而进一步强化驾培机构的管理主体责任。

（6）防范经营风险，确保培训安全。采用"计时收费，先培训后付费"的服务模式，可以有效控制驾培机构财务经营风险，避免学员一次性缴费后，驾培机构将学员学费挪作他用，无法保障学员学车落实。同时也可倒逼驾培机构强化安全

管理，杜绝事故隐患，持续发展。

③“计时收费，先培训后付费”服务合同

为创新机动车驾驶培训服务方式，推行计时培训计时收费、先培训后付费的服务模式，交通运输部、国家工商行政管理总局2016年9月18日印发了《机动车驾驶培训先学后付、计时收费模式服务合同（示范文本）》（合同全文见附件），合同自2016年10月1日起实施。

《机动车驾驶培训先学后付、计时收费模式服务合同（示范文本）》对驾培机构和学员最为关心的计时预约培训、先培训、后付费，计时培训过程中可能存在的拒付学费和退费退学问题，进行了明确的规定。

（1）在培训过程中，学驾人若发现驾培机构提供的教练车未经检测合格，教练员和管理人员减少培训项目和学时，伪造或篡改培训数据，向学驾人索取、收受财物或牟取其他利益等问题的，有权要求驾培机构予以纠正，并可拒付相应时段的培训费用。

（2）学驾人发现驾培机构未在交通运输管理部门许可核定的训练场地或未在公安机关交通管理部门指定的路线、时间提供培训服务的，有权要求驾培机构予以纠正，并可拒付相应时段的培训费用。

（3）因学驾人迟到、早退等原因造成培训学时不足的，学驾人应按预约学时支付费用，并在后续培训中补足相应学时和费用。

（4）因学驾人原因造成预约成功后不能参加培训的（包括没有成功取消预约的），学驾人应按本次预约培训费用比例支付违约金。

（5）解除合同的，驾培机构应退回学驾人提交的个人信息资料；未完成理论知识培训的，驾培机构应按照学驾人未参加的培训学时，退还相应费用。

3 驾驶人培训网上预约考试

用户初次申领机动车驾驶证或者申请增加大型客车（A1）、牵引车（A2）、城市公交车（A3）、中型客车（B1）、大型货车（B2）、小型汽车（C1）、小型自动挡汽车（C2）、残疾人专用小型自动挡载客汽车（C5）准驾车型，参加机动车驾驶人考试的，可以通过互联网平台办理考试预约。

①账号注册与登录

（1）在浏览器地址栏输入 http://122.gov.cn 打开公安部交通安全综合服务管理平台。

（2）选择所在省份和地区，进入所在省、市交通安全综合服务管理平台。

以浙江省杭州市为例，进入杭州市公安局交通警察支队交通安全综合服务管理平台，点击“考试预约”进入考试预约页面。

点击“立即注册”进入注册页面，在相应信息栏内输入相应信息，点击“同意协议并继续”完成用户注册。

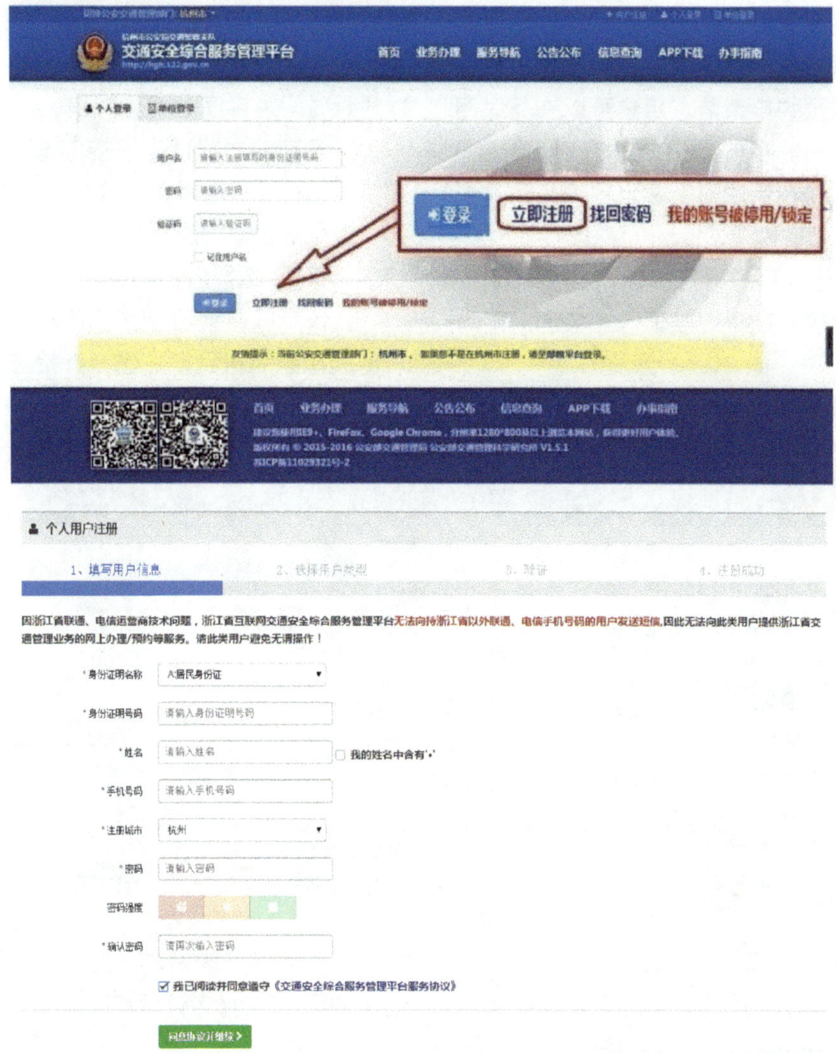

返回登录页面输入身份证号码、登录密码和验证码，成功登录考试预约页面。

② 普通预约模式

按照公布的机动车驾驶人考试计划，用户可以自主选择考试场地、考试区域、考试时间、考试场次，提出考试预约申请。在停止接受考试预约申请前，用户可以在互联网办理取消预约。在预约结果公布时间当天，该考试计划将在互联网上截止预约，系统应按照以下规则安排考试：

（1）首次预约科目一考试的，以受理用户初次申领机动车驾驶证等业务的时间为排序时间；

（2）非首次预约科目一考试的，以上次考试时间为排序时间；

（3）考试预约成功的用户因自身原因取消预约的，以取消预约时间为排序时间；

（4）同时符合第二项、第三项情形的，以最近时间为排序时间。

排名在前面的优先安排考试。系统安排完毕后，将在互联网反馈公示预约结果。

普通考试预约流程如下。

步骤1：选择考试科目。

在该步骤，会显示用户的基本信息，用户需选择预约科目，点击“开始普通预约”进入步骤2“业务须知”。

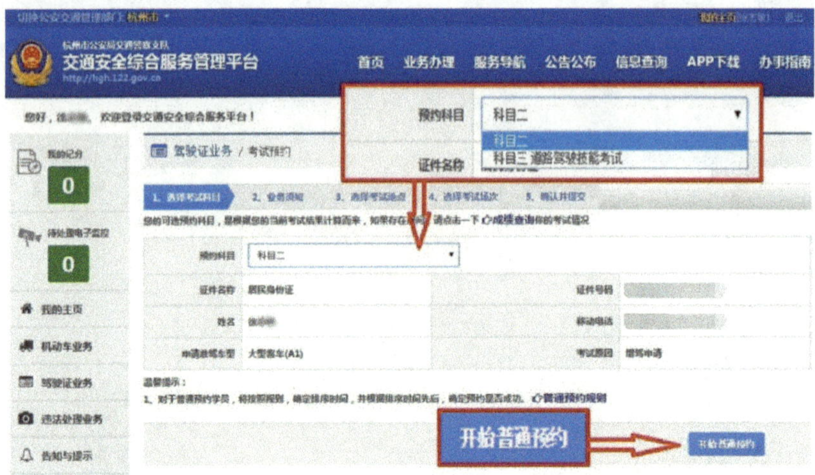

步骤2：业务须知。

在该步骤，用户需阅读考试预约业务须知，在阅读完毕后，点击“阅读并同意”进入步骤3“选择考试地点”。

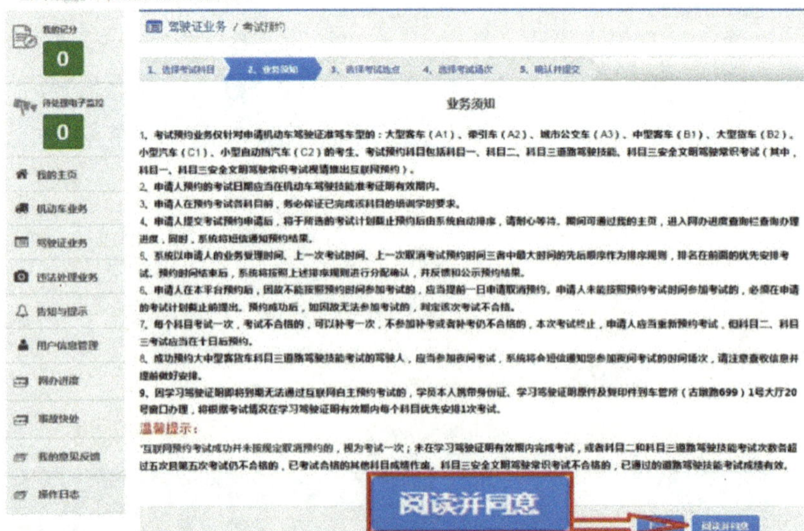

步骤3：选择考试地点。

在该步骤，用户需选择考试日期和考试区域，点击“下一步”进入步骤4“选择考试场次”。

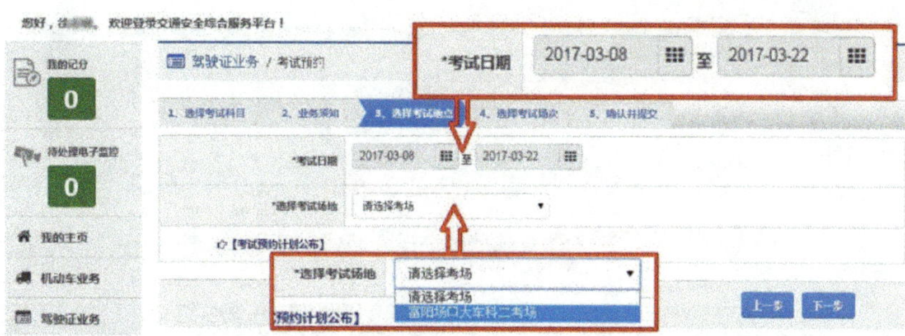

步骤4：选择考试场次。

界面会显示用户预约本科目的当前优先级排名。系统按照以下规则生成用户优先级排名：

（1）首次预约科目一考试的，以受理用户初次申领机动车驾驶证等业务的时间为排序时间；

（2）非首次预约科目一考试的，以上次考试时间为排序时间；

（3）考试预约成功的用户因自身原因取消预约的，以取消预约时间为排序时间；

（4）同时符合第二项、第三项情形的，以最近时间为排序时间。

系统提供两种预约模式：自主选择考试场次，服从系统安排考试。

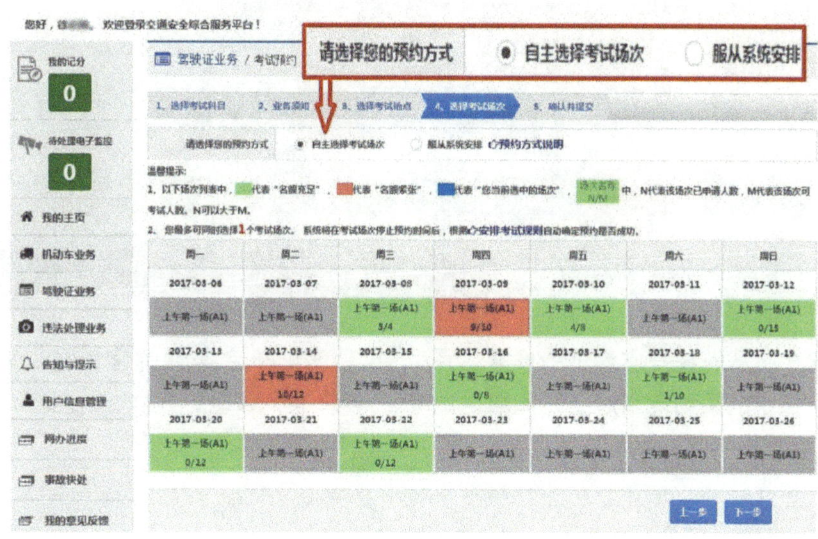

如果选择自主选择考试场次的模式，系统会显示用户选中的预约申请起止时间段内的所有的考试场次列表，用户可以选择某一场次或者多个场次进行预约，选择完成后，点击“下一步”进入步骤5“确认并提交”。

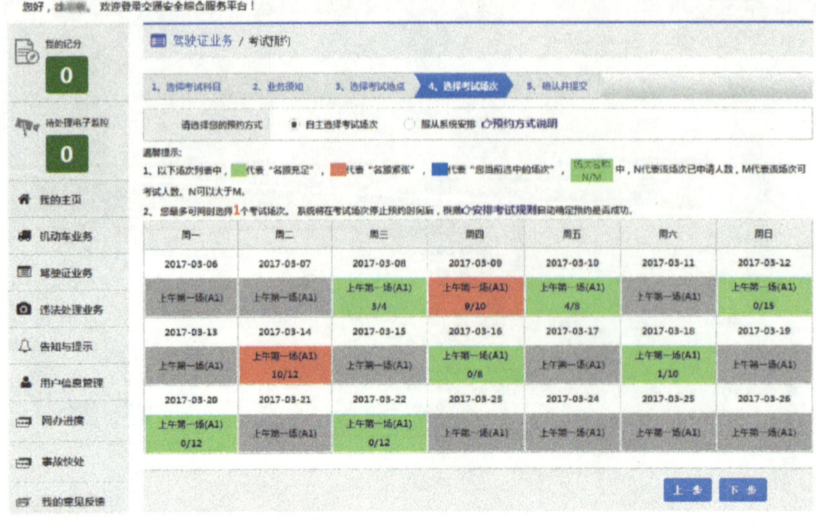

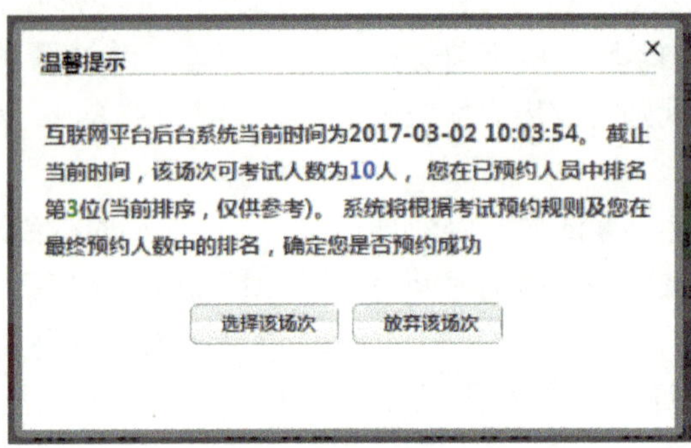

2、您最多可同时选择1个考试场次。系统将在考试场次停止预约时间后，根据安排考试规则自动确定预约是否成功。

周一	周二	周三	周四	周五	周六	周日
2017-03-06	2017-03-07	2017-03-08	2017-03-09	2017-03-10	2017-03-11	2017-03-12
上午第一场(A1)	上午第一场(A1)	上午第一场(A1) 3/4	上午第一场(A1) 9/10 ✓	上午第一场(A1) 4/8	上午第一场(A1)	上午第一场(A1) 0/15
2017-03-13	2017-03-14	2017-03-15	2017-03-16	2017-03-17	2017-03-18	2017-03-19
上午第一场(A1)	上午第一场(A1) 10/12	上午第一场(A1)	上午第一场(A1) 0/8	上午第一场(A1)	上午第一场(A1) 1/10	上午第一场(A1)
2017-03-20	2017-03-21	2017-03-22	2017-03-23	2017-03-24	2017-03-25	2017-03-26
上午第一场(A1) 0/12	上午第一场(A1)	上午第一场(A1) 0/12	上午第一场(A1)	上午第一场(A1)	上午第一场(A1)	上午第一场(A1)

如果选择服从系统安排考试的模式，系统会在用户选中的预约申请起止时间段内的自动匹配符合条件的考试场次，点击“下一步”进入步骤5“确认并提交”。

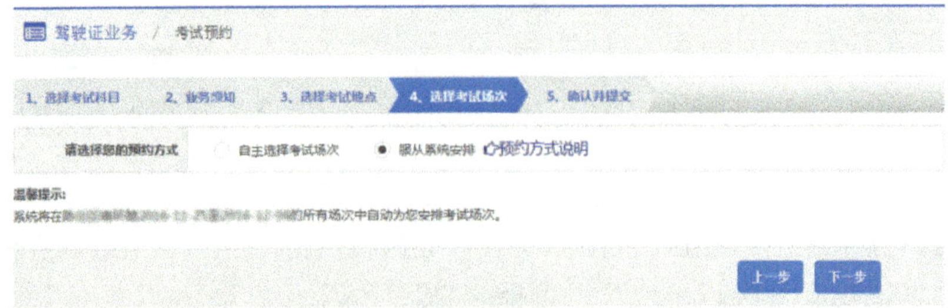

步骤5：确认并提交。

该步骤显示用户的预约信息，再次确认信息以后，点击“获取验证码”，系统会发送6位验证码到用户绑定的手机，用户输入手机验证码后，点击“提交预约申请信息”完成考试预约。

③ 优先预约模式

驾驶人考试优先预约业务仅针对申请人学习驾驶证明有效期不足6个月的，每个科目可以在互联网优先预约1次考试。学员优先预约时，按照公布的机动车驾驶人考试计划，用户可以自主选择考试场地、考试时间、考试场次提出考试预约申请。只要预约申请成功且学员不存在其他法规规定的不符合考试预约情形，就安排考试。

（1）申请人预约成功后，不能在互联网取消预约，因故不能按照预约时间参加考试的，应当提前1日到车管所申请取消预约。

（2）申请人需携带身份证明在预约的考场和时间参加考试，未按时参加考试的，判定该次考试不合格。

优先考试预约流程如下。

步骤1：选择考试科目。

在该步骤，会显示用户的基本信息，用户需选择预约科目，对于满足优先考试预约条件的用户，点击“开始优先预约”进入步骤2“业务须知”。

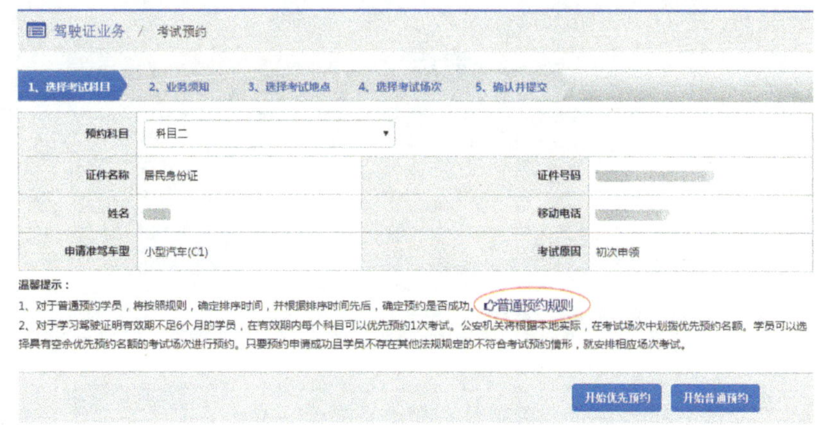

步骤2：业务须知。

在该步骤，用户需阅读考试预约业务须知，在阅读完毕后，点击“阅读并同意”进入步骤3“选择考试地点”。

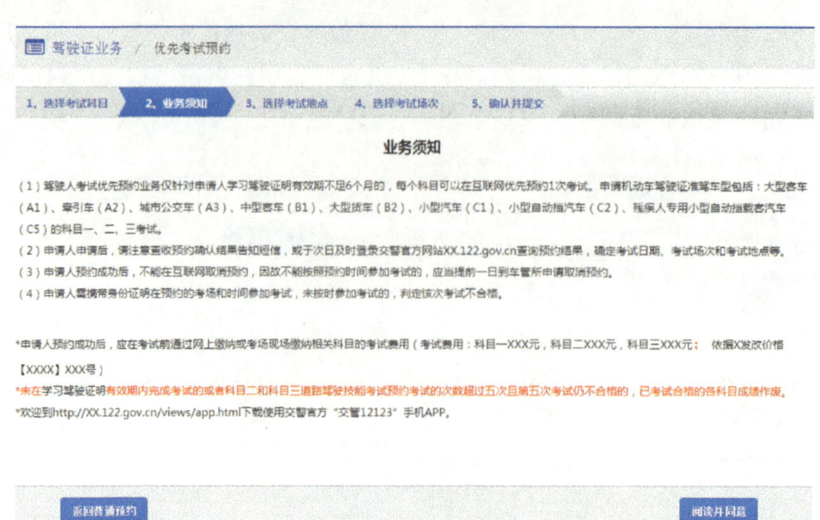

步骤3：选择考试地点。

在该步骤，用户需选择考试日期和考试区域，点击“下一步”进入步骤4“选择考试场次”。

步骤4：选择考试场次。

学员优先预约时，可以选择具有空余优先预约名额的考试场次进行预约。只要预约申请成功且学员不存在其他法规规定的不符合考试预约情形，就安排考试。

优先预约模式下，只提供自选模式，选择完成后，点击“下一步”进入步骤5“确认并提交”，如下图所示。

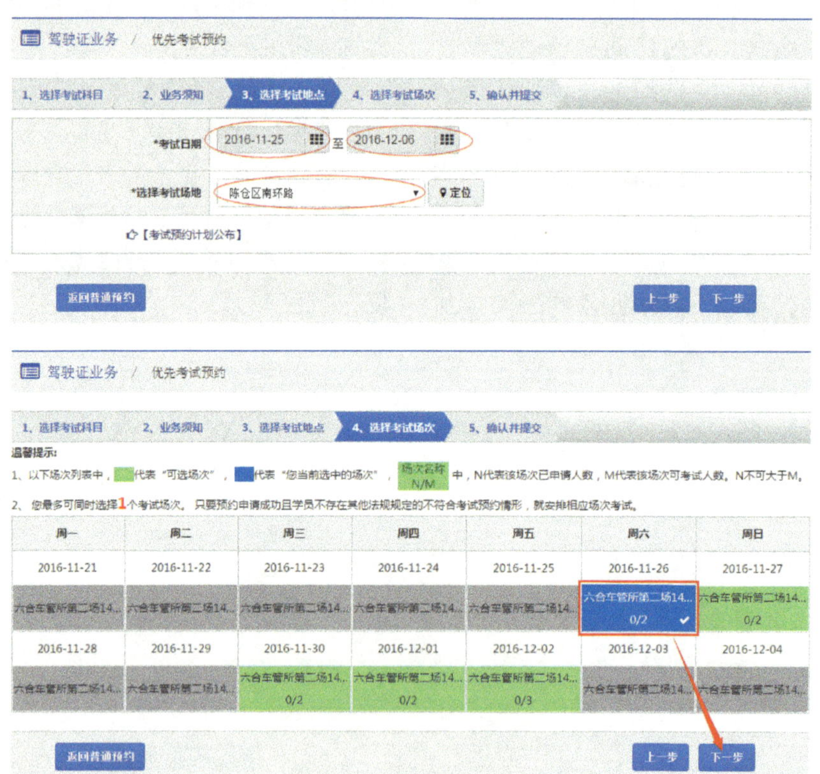

步骤5：确认并提交。

该步骤显示用户的预约信息，再次确认信息以后，点击“获取验证码”，系统会发送6位验证码到用户绑定的手机，用户输入手机验证码后，点击“提交预约申请信息”完成考试预约。

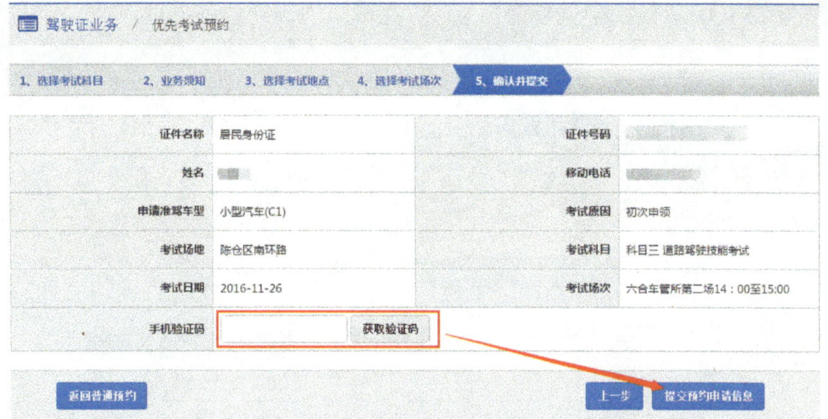

4 取消预约流程

取消预约流程如下。

步骤1：选择取消科目。

在该步骤，用户选择需要取消的考试科目。点击“下一步”进入步骤2“业务须知”。

步骤2：业务须知。

在该步骤，用户需认真阅读其内容，包括取消预约应注意的相关事项和相关责任，如下图所示。同意的，点击“阅读并同意”进入步骤3“确认并提交”。

步骤3：确认并提交。

该步骤显示用户的信息，再次确认信息以后，点击“获取验证码”，系统会发送6位验证码到用户绑定的手机，用户输入手机验

证码后，点击“提交取消预约申请信息”，完成取消预约业务办理。

驾驶证业务 / 取消预约　　‹返回

1、选择取消科目　2、业务须知　3、确认并提交

温馨提示：当前科目您可在网上自主取消预约次数为2次，您还可取消2次

姓名　　取消科目　科目一

手机验证码　获取验证码

短信接收提示　因陕西省联通、电信运营商技术问题，陕西省互联网交通安全综合服务管理平台无法向持陕西省以外联通、电信手机号码的用户发送短信,因此无法向此类用户提供陕西省交通管理业务的网上办理/预约等服务。请此类用户避免无谓操作！

上一步　提交取消预约申请信息

5 注意事项

（1）申请预约考试前请认真阅读使用须知，了解在互联网预约考试的相关要求和责任。

（2）用户预约申请成功后，可以在网办进度中查询该预约的受理状态，如果预约成功，可打印预约凭证。

（3）系统将在预约结果公示时间当天安排考试，用户可以通过网办进度、驾驶人考试预约结果公布、短信及时获取预约结果。

6 学习驾驶证明有效期不足6个月互联网预约申请规则

（1）学习驾驶证明有效期不足6个月的，学员可根据自己实际情况每个考试科目允许选择“普通预约”或“优先预约”功能。

（2）学习驾驶证明有效期不足6个月的，选择“普通预约”功能的，采用计算机按序申请预约规则（即以前一科目或同一科目考试时间先后及取消考试预约时间先后进行排序）。申请预约后，通过短信告知学员是否预约成功。

（3）学习驾驶证明有效期不足6个月的，选择“优先预约”功能的，采用“先约先得”原则。申请预约后，通过短信告知学员是否预约成功。

（4）学习驾驶证明有效期不足6个月的，选择“优先预约”功能预约成功的，系统将自动取消“优先预约”功能，仍保留“普通预约”功能。

（5）学习驾驶证明有效期不足6个月的，选择“优先预约”功能的，每个科目只能限用1次。

第三节 教练员业务素质与提升

一 机动车驾驶教练员职业资格

职业资格与学历文凭不同，学历文凭主要反映学生学习的经历，是文化理论知识水平的证明。职业资格与职业劳动的具体要求密切结合，更直接、更准确地反映了特定职业的实际工作标准和操作规范，以及劳动者从事该职业所达到的实际工作能力水平。中国共产党第十四届三中全会通过的《中共中央关于建立社会主义市场经济体制若干问题的决定》明确提出“要制定各种职业资格标准和录用标准，实行学历文凭和职业资格两种证书制度”。

1 职业资格概述

我国将人才分为两类：一类是专业技术

人员，一类是技能型人员，这两类人员的评价方式各自不同。以1993年为分界点，之前对技能型人员采用的是考工定级和工人技术等级制度，之后采用的是职业资格证书制度。职业资格是一种人才评价的手段。

1 职业资格的定义与分类

职业资格是对从事某一职业所必备的学识、技术和能力的基本要求，通常情况下分为从业资格和执业资格。

从业资格是指从事某一专业（工种）学识、技术和能力的起点标准。从业资格现称为行政许可类的职业资格。需从事某一职业之前，必须先拿到该职业资格证。

执业资格是指政府对某些责任较大，社会通用性强，关系公共利益的专业（工种）实行准入控制，是依法独立开业或从事某一特定专业（工种）学识、技术和能力的必备标准。执业资格现称为水平评价类的职业资格。水平评价类的职业资格是分等级的，一般为一级、二级、三级、四级、五级5个等级，分别对应高级技师、技师、高级工、中级工和初级工。

职业资格证书是国家证书制度的一个组成部分，它通过国家法律、法令和行政条规的形式，以政府的力量来推行，由政府认定机构来实施，在全国范围内通用。它是表明劳动者具有从事某一职业所必须具备的学识和技能的证明，是对劳动者具有和达到某一职业所要求的知识和技能标准，通过职业技能鉴定的凭证，是职业标准在社会劳动者身上的体现和定位。

2 职业资格的作用

职业资格的作用体现在以下五个方面：

（1）劳动者求职、任职、开业的资格凭证；

（2）用人单位招聘、录用劳动者的主要依据；

（3）境外就业、对外劳务合作人员办理技能水平公证的有效证件；

（4）技能水平的凭证；

（5）与工资福利待遇挂钩。

3 国家职业资格等级设置及标准

根据劳动和社会保障部制定的《国家职业标准制定技术规程》的规定，各等级的具体标准见表1-12。

国家职业资格等级设置及标准　　表1-12

职业资格证书等级	证　书	达到标准
国家职业资格五级（初级技能）	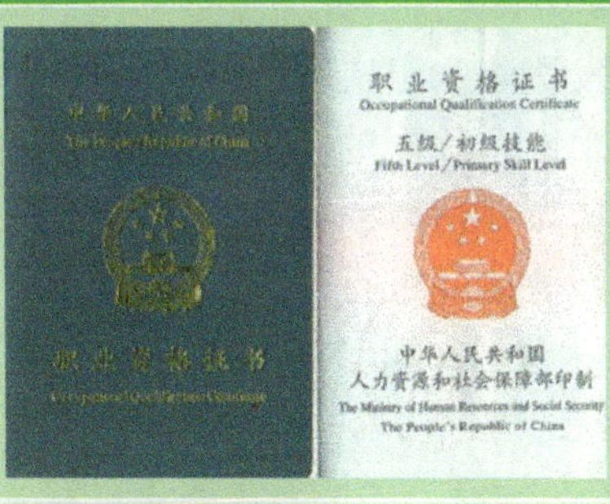 职业资格证书 Occupational Qualification Certificate 五级/初级技能 Fifth Level/Primary Skill Level 中华人民共和国人力资源和社会保障部印制 The Ministry of Human Resources and Social Security The People's Republic of China	能够运用基本技能独立完成本职业的常规工作
国家职业资格四级（中级技能）	 职业资格证书 Occupational Qualification Certificate 四级/中级技能 Fourth Level/Medium Skill Level 中华人民共和国人力资源和社会保障部印制 The Ministry of Human Resources and Social Security The People's Republic of China	能够熟练运用基本技能独立完成本职业的常规工作；并在特定情况下，能够运用专门技能完成较为复杂的工作；能够与他人进行合作

续上表

职业资格证书等级	证　书	达到标准
国家职业资格三级（高级技能）	职业资格证书 三级/高级技能	能够熟练运用基本技能和专门技能完成较为复杂的工作，包括完成部分非常规性工作；能够独立处理工作中出现的问题；能指导他人进行工作或协助培训一般操作人员
国家职业资格二级（技师）	职业资格证书 二级/技师	能够熟练运用基本技能和专门技能完成较为复杂的、非常规性的工作；掌握本职业的关键操作技能技术；能够独立处理和解决技术或工艺问题；在操作技能技术方面有创新；能组织指导他人进行工作；能培训一般操作人员；具有一定的管理能力
国家职业资格一级（高级技师）	职业资格证书 一级/高级技师	能够熟练运用基本技能和特殊技能在本职业的各个领域完成复杂的、非常规性的工作；熟练掌握本职业的关键操作技能技术；能够独立处理和解决高难度的技术或工艺问题；在技术攻关、工艺革新和技术改革方面有创新；能组织开展技术改造、技术革新和进行专业技术培训；具有管理能力

4 国家职业资格改革的方向和趋势

自1993年以来，我国实行职业资格制度已有二十多年，与其他发达国家已实行一百多年的职业资格制度相比，我国的职业资格制度存在许多不足，如目前职业资格证书太多、太乱等问题，有必要进行改革。为此，近年来国家已着手清理、规范职业资格证书工作，目的是促进职业资格制度健康、科学发展。

从2013年国家启动新一轮机构改革和职能转变工作以来，国务院就转变政府职能、减少行政审批、规范职业资格管理做出一系列部署。《国务院机构改革和职能转变方案》明确提出“除依照行政许可法要求具备特殊信誉、特殊条件或特殊技能的职业、行业需要设立的资质资格许可外，其他资质资格许可一律予以取消。按规定需要对企事业单位和个人进行水平评价的，国务院部门依法制定职业标准或评价规范，由有关行业协会、学会具体认定”。

2014年人力资源和社会保障部（以下简称人社部）发布《人力资源与社会保障部关于减少职业资格许可和认定有关问题的通知》（人社部发〔2014〕53号，以下简称《通知》），明确了减少职业资格许可和认定的原则要求、加大职业资格清理力度，以及推进行业协会、学会有序承接水平评价类职业资格具体认定工作的要求。《通知》指出清理规范职业资格工作的总体原则为该取消的要取消、该保留的要保留、该调整的要调整。

（1）取消资格证书的依据。

①国务院部门设置的没有法律、法规或国务院决定作为依据的准入类职业资格。

②国务院部门设置实施的有法律、法规依据，但与国家安全、公共安全、公民人身财产安全关系并不密切或不宜采取职业资格方式进行管理的准入类职业资格。

③国务院部门和全国性行业协会、学会自行设置的水平评价类职业资格。

④地方各级人民政府及有关部门自行设置的职业资格。

（2）职业资格设置依据。

①取消职业资格并不是取消所有的职业资格，该保留的要保留，该设置的要设置，该准入的要准入。《国务院办公厅关于清理规范各类职业资格相关活动的通知》（国办发〔2007〕73号）和《通知》（人社部发〔2014〕53号）文件，强调职业资格要有法律法规依据且与国家安全、公共安全、公民人身财产安全关系密切。

②《中华人民共和国行政许可法》强调提供公众服务并且直接关系公众利益的职业、行业需具备特殊信誉、特殊条件或者特殊技能。

③就业准入制度，强调对从事技术复杂，通用性广，涉及国家财产、人民生命安全和消费者利益的职业（工种）的劳动者，必须经过培训，并取得职业资格证书后，方可就业上岗。

（3）保留职业资格的依据。

①法律法规依据不足的准入类职业资格取消后，如果行业管理确实需要且涉及人数较多，可报人社部批准后调整为水平评价类职业资格。

②水平评价类职业资格由国务院相关部门依法制定职业标准或评价规范，按照有序承接、规范管理、平稳过渡的原则，具体认定工作逐步由部门负责调整为有关行业组织承担。

③目前人社部已明确行业组织包括经中央编制管理部门批准登记的全国性人才评价机构。

综上所述，深化职业资格制度改革、减少职业资格许可和认定，不是对职业资格制度的否定，而是对职业资格制度的完善和发展；职业资格制度作为市场经济条件下人力资源开发和对关键岗位从业人员监管的基本制度，只会加强、不会削弱，只会改进提高、不会停滞不前。

2 机动车驾驶教练员职业资格

随着私人汽车的普及，参加驾驶员培训的人员逐年增多。一个好的教练员，就是一个好的老师，他不仅要传授驾驶技能，更要注重学员安全意识的培养和良好驾驶习惯的养成。只有具备高素质的教练员，才能培养出合格的驾驶员，从源头改善道路交通安全问题。公安部、交通运输部《关于做好机动车驾驶人培训考试制度改革工作的通知》（公交管〔2016〕50号）中提到的“鼓励优先选用通过国家职业技能鉴定的驾驶人担任教练员”中，“鼓励优先”实际就是表达一个“提倡”。机动车驾驶教练员取得机动车驾驶教练员职业资格证书,体现了教练员的职业水平。

1 机动车驾驶教练员职业资格的由来

机动车驾驶教练员这个职业是随着汽车产业发展而凸显出重要性的。虽然机动车驾驶教练员职业由来已久，但真正被重视并上升到职业资格的高度还是近十多年来。

1994年，原劳动部牵头启动了编制《国家职业分类大典》的有关工作。1999年，第一版《国家职业分类大典》正式公布。《国家职业分类大典》为开展劳动力需求预测和规划，进行就业人口的结构及其发展趋势调查统计和分析研究，开展职业教育和培训，进行职业介绍、职业指导提供了重要依据。驾驶培训行业在那时还处于发展初期，不管是规模还是质量都还没达到一定的程度，因此机动车驾驶教练员职业未能列入1999版的《国家职业分类大典》中。

2009年，随着驾培行业发展越来越

迅猛，交通运输部职业资格中心启动了向人社部申报“机动车驾驶教练员”新职业的相关工作。经过了两年的努力，“机动车驾驶教练员”作为一个新职业终于被增补进了《国家职业分类大典》，从而填补了驾培行业的职业空白，也为提升教练员的职业地位，加强对教练员的职业教育、职业培训和职业指导打下了良好的基础。

2 机动车驾驶教练员的职业资格的种类

机动车驾驶培训教练员从业资格于2016年2月由国务院在《关于第二批取消152项中央指定地方实施行政审批事项的决定》（国发〔2016〕9号）中第113项明确取消。目前，全国均已停止了机动车驾驶培训教练员证的考核、发证、换证等工作。

目前执行的水平评价类机动车驾驶教练员职业资格，分为一级、二级、三级、四级4个等级，分别对应高级技师、技师、高级工和中级工。2011年，人社部和交通运输部共同发布了《机动车驾驶教练员国家职业技能标准》，并联合发布了《关于印发机动车驾驶教练员国家职业技能标准的通知》（人社厅发〔2011〕26号），组织编制了《机动车驾驶教练员　二级（技师）　一级（高级技师）》和《机动车驾驶教练员　四级（中级工）　三级（高级工）》两本教材，自2013年开始在部分地区组织实施教练员的职业技能鉴定工作。2016年，四级、三级机动车驾驶教练员的职业技能鉴定工作开始全面展开。

3 机动车驾驶教练员职业资格是行业管理的手段

2014年6月1日，国家质量监督检验检疫总局和国家职业资格标准委员会正式发布《机动车驾驶员培训机构资格条件》（GB/T 30340—2013），明确提出“结业考核员应持有二级（含）以上教练员资格证，近两年的教学质量信誉考核记录均为合格以上”。2016年8月31日交通运输部与公安部联合发布的《机动车驾驶培训教学与考试大纲》中提到“鼓励机动车驾驶员培训机构聘用二级及以上教练员担任考核员”。

4 机动驾驶教练员职业资格是教练员能力水平评价手段

水平评价类教练员职业资格主要解决了两个问题：第一是为驾培机构选聘教练员提供依据；第二是为驾培机构提高教练员的薪酬提供参考依据。教练员职业资格证全国通用。持机动车驾驶教练员职业资格三级及以上职业资格等级的人员属于高级技能人才（部分地区还能享受相应政府补助），对获得高级专业技术职称和高级技师资格的退休(退职)人员再适当增发基本养老金。对从异地引进的具有高级技师职业资格且符合当地产业发展需求的高技能人才，在户口迁移、子女就学、住房等方面享受当地专业技术人才引进政策。

5 机动车驾驶教练员职业资格申报及鉴定

（1）申报条件。

具备高中毕业(或同等学力)，利用机动车辆及辅助教学设备，采用多种教学手段，向培训对象传授道路交通安全知识和安全驾驶技能的人员，可以申报教练员职业资格。各等级申报条件如下。

①四级机动车驾驶教练员。

持有A1、A2、A3、B1、B2、C1、C2、C3、C4、D、F、E、M、N、P机动车驾驶证之一的，历年无重大道路交通责任事故，具有3年以上安全驾驶经历和无不良教学纪录(本标准另有规定的除外)，具备以下条件之一者:

a.连续从事本职业工作3年以上，经本职业本等级正规培训达规定标准学时数，并取得结业证书。

b.连续从事本职业工作5年以上。

c.取得以中级技能为培养目标的中等及以上职业学校本专业毕业证书。

②三级机动车驾驶教练员。

持有A1、A2、A3、B1、B2、C1、C2、C3、C4、D、M、N、P机动车驾驶证之一的，历年无重大道路交通责任事故，具有5年安全

驾驶经历和无不良教学纪录(本标准另有规定的除外)，具备以下条件之一者:

a.取得本职业四级职业资格证书后，连续从事本职业工作4年以上，经本职业本等级正规培训达规定标准学时数，并取得结业证书。

b.取得本职业四级职业资格证书后，连续从事本职业工作7年以上。

c.取得以高级技能为培养目标的高等及以上职业学校本专业毕业证书。

d.取得本职业四级职业资格证书的大专以上本专业或相关专业毕业生，连续从事本职业工作2年以上。

③二级机动车驾驶教练员。

持有A1、A2、A3、B1、B2、C1、M、N、P机动车驾驶证之一的，历年无重大道路交通责任事故，具有10年以上安全驾驶经历和无不良教学纪录(本标准另有规定的除外)，具备以下条件之一者:

a.取得本职业三级职业资格证书后，连续从事本职业工作5年以上，经本职业本等级正规培训达规定标准学时数，并取得结业证书。

b.取得本职业三级职业资格证书后，连续从事本职业工作8年以上。

c.取得本职业三级职业资格证书的高级技工学校本专业毕业证书，连续从事本职业工作2年以上。

④一级机动车驾驶教练员。

持有A1、A2、A3、B1、B2、C1、N、P机动车驾驶证之一的，历年无重大道路交通责任事故，具有15年以上安全驾驶经历和无不良教学纪录(本标准另有规定的除外)，具备以下条件之一者:

a.取得本职业二级职业资格证书后，连续从事本职业工作3年以上，经本职业本等级正规培训达到规定标准学时数，并取得结业证书。

b.取得本职业二级机动车驾驶教练员职业资格证书后，连续从事本职业工作5年以上。

c.取得本职业二级职业资格证书的研究生以上毕业生，连续从事本职业工作3年以上。

（2）鉴定方式。

分为理论知识考试和技能操作考核。理论知识考试采用计算机方式，技能操作考核采用现场实车操作和驾驶模拟操作方式。理论知识考试和技能操作考核均实行百分制，成绩皆达60分及以上者为合格。二级、一级机动车驾驶教练员还须进行综合评审。

6 机动车教练员职业资格各等级要求

机动车驾驶教练员资格各等级具体要求参照人社部和交通运输部制定的《机动车驾驶教练员国家职业技能标准》。机动车驾驶教练员职业资格各个等级应掌握的知识见表1-13。

机动车教练员职业资格各等级要求 表1-13

等　级	模块知识	相关知识与技能
机动车驾驶教练员职业资格四级	模块一 基本理论知识	1.教练员的职业道德 2.遵章守法与安全文明意识 3.驾驶技能的形成规律 4.《机动车驾驶培训教学与考试大纲》
	模块二 驾驶理论知识	1.机动车基本知识 2.机动车行驶理论知识 3.安全驾驶理论知识
	模块三 教学专用知识	1.常用教学手段与教学方法 2.驾驶培训教学计划编写
	模块四 交通安全法律法规知识	1.驾驶证申领与使用 2.道路通行规则 3.道路交通事故处理 4.交通事故责任强制保险

续上表

等级	模块知识	相关知识与技能
机动车驾驶教练员职业资格四级	模块五 驾驶培训教学	1.驾驶教学内容和方法 2.法律法规教学 3.基础驾驶教学 4.场地驾驶教学 5.道路驾驶教学 6.安全文明驾驶教学
	模块六 驾驶相关知识	1.道路交通事故预防知识 2.伤员救护基本知识 3.车辆消防知识 4.节能减排知识
	模块七 教学管理	1.学员管理 2.教学质量评估 3.教学设施设备管理与维护
机动车驾驶教练员职业资格三级	模块一 基本理论知识	1.教育心理应用知识 2.安全生产知识 3.道路运输驾驶员培训教学大纲 4.驾驶教学中的风险分析
	模块二 教学专用知识	1.教学实施计划 2.教案编写和指导 3.多媒体课件制作
	模块三 车辆专业知识	1.汽车使用知识 2.汽车维护基本知识 3.车辆运行材料
	模块四 道路运输法律法规知识	1.道路运输从业人员管理相关规定 2.道路货物运输及站场管理相关规定 3.道路危险货物运输管理相关规定 4.道路运输驾驶员诚信考核相关规定
	模块五 道路运输知识	道路货物运输知识
	模块六 驾驶使用教学	1.货运车辆安全检视 2.汽车常见故障 3.轮胎更换与维护 4.牵引车驾驶 5.节能驾驶方法
	模块七 教学管理	1.学员管理 2.教学质量评估 3.教学设施设备管理

续上表

等级	模块知识	相关知识与技能
机动车驾驶教练员职业资格二级	模块一 理论教学	1.教练员的职责与职业道德 2.法律法规相关知识 3.驾驶培训教学大纲 4.汽车安全装置 5.客运车辆技术要求 6.安全文明驾驶知识
	模块二 专业知识应用教学	1.驾驶培训教学 2.驾驶培训教案 3.伤员急救处理知识 4.应用驾驶 5.安全驾驶
	模块三 教学管理	1.旅客运输驾驶员从业资格培训《教学日志》 2.教学车辆和场地管理 3.教学实施设备管理
	模块四 教学培训指导	1.交通心理学基本知识 2.汽车新技术、新能源 3.驾驶教练员培训教学计划 4.实操教学法运用知识 5.驾驶培训组织 6.驾驶培训远程教育 7.示范讲解
机动车驾驶教练员职业资格一级	模块一 驾驶培训教学	1.驾驶培训理论教学 2.专业知识应用教学
	模块二 教学管理	1.教学质量评估与教学改革 2.安全培训管理 3.节能培训教学方法 4.教练场地管理
	模块三 培训指导	1.教育技术学基本知识 2.交通工程学基本知识 3.汽车检测设备与故障诊断 4.驾驶教学方法的发展趋势 5.实车与模拟驾驶穿插教学

二 培训品质的提升

机动车驾驶培训是当今社会中一个比较特殊的行业，其培训对象是社会不同阶层的人群，在驾驶培训的整个过程中，教练员是培训工作的具体实施者，是驾驶知识的直接传授者，是道路交通安全防线的重要护卫者，是构建社会安全文明的传播者。随着社会的发展和家庭用车的普及，驾驶员队伍越来越壮大，它既有职业技能的要求又有生活技能的表现。但驾驶员安全意识的淡薄和行车知识的缺乏，特别是安全行车、文明行车意识的缺失，是造成交通堵塞、通行不畅、发生交通事故的主要原因。因此身为机动车驾驶教练员应充分认识到自身工作的重要性，严格遵循教学规律，规范教学、文明教学、为人师表，肩负起保障文明交通、安全通行的社会责任。

1 注重教学礼仪

驾驶培训是社会性的服务行业，社会性的服务行业有其行业的特殊性。教练员与学员之间不同于一般学校里的师生，是服务与被服务的一种新型的师生关系。教练员要找准自己的角色定位，以服务员的身份确立与学员之间的关系，树立服务第一的理念。学习驾驶培训行业的礼仪知识，明确驾驶培训行业的礼仪规范，完善驾驶培训行业的礼仪行为，既是教练员实现和谐驾培、文明执教的表现，也是赢得学员尊重与信任的需要。

1 仪容仪表

教练员从事的是一项特殊的教学，既是驾驶员又是一名教师，每天要面对着不同的教学对象并进行教学，所以，教练员的仪容仪表就显得特别重要。

（1）教练员应养成健康的生活习惯，妥善安排好自己的工作、学习、娱乐、休息和其他活动，保证有健康的身体、旺盛的精力和良好的心态。

（2）教练员要根据自己的年龄、形体等条件，选择合适的发型和修饰，力求符合身份，不能太夸张或太另类。否则会分散学员的注意力，影响学员的视觉感官。

（3）教练员工作环境相对狭小，需要特别注意个人卫生习惯。

2 语言表达

教练员的教学语言主要有口头语言和肢体语言两种，口头语言直接明了，肢体语言形象生动，它能确保教学活动的正常进行。

（1）教练员在教学指导时语言表达要准确、清晰，简明扼要，完整表达教学意愿，同时要兼顾大众化和口语化。

（2）教练员在指导学员的过程中，运用肢体语言时要注意不要过于亲近，特别是对女性，以免引起不悦，更不要用手指指着学员的脸以免引起反感。

（3）教练员要合理使用问候语，一句“早上好”会拉近与学员之间的距离，一声“明天见”会使学员充满了对后续学习的期望。

3 教学沟通

沟通是人与人之间最基本的交往手段，也是人的一种最基本的需求，教练员的教学过程从某种意义上说就是与学员之间的交流沟通过程。沟通讲究方法和技巧，教练员要准确把握，灵活运用，充分发挥沟通的作用，为教学相长起到积极的作用。

（1）教练员在教学过程中注重与学员的交流与沟通,通过多种方式进行心灵交流，进而实现教学目的，取得良好的教学效果。

（2）在日常教学中，经常会听学员说:“师傅！你说的都对，我就是做不好。”这个时候教练员更需要反复地跟学员进行沟通讲解，鼓励学员反复练习。

（3）教练员要有主动沟通的意识，要“察其言观其色”，特别是在学员操作失误心情不好的时候，教练员更要主动与学员交流，打消学员顾虑，使学员振作精神。

2 遵守廉洁执教

1 诚实守信

诚实守信是人们在职业活动中处理人与人之间关系的道德准则，是人际交往必须遵守的一项基本的道德规范，不说空话大话，不随意承诺不现实的要求，相互信任取得共赢。

（1）角色定位。

教练员在教学中要始终摆正自己的位置，是老师而不是一般的师傅，比师傅要求更高、范围更广，既要传授学员的驾驶技术，同时要承担学员职业道德、安全意识、文明驾驶习惯的培养等。要用服务的理念创造一种和谐的教学氛围，诚实、平等地面对所有学员，与学员建立良好的师生关系，当好学员的“服务员”。

（2）诚信为上。

教练员应增强自身的责任感和使命感，树立以满足学员需求为核心的诚信服务理念，尽可能满足学员的合理要求。

（3）提高自身素质。

教练员自身的素养非常重要，在教学过程中要真正体现“身教重于言教”的教学理念，俗话说“喊破嗓子不如做出样子”。为此，要求教练员做到以下方面。

①严于律己，以身作则。

教练员要注意到自己的道德风貌、言行举止，时刻都在感染、熏陶、影响着学员，

对学员起着潜移默化的作用，所以教练员对自己要高标准、严要求，在学员面前始终起到表率作用。如果教练员要求学员遵章守纪而自己却违章操作，那么势必会影响自己在学员心目中的形象，同样会影响学员的驾驶行为。

②爱护学员，诲人不倦。

爱护学员，诲人不倦是教练员处理与学员关系的重要职业道德规范。参加驾驶培训的学员都是成年人，他们自我意识、自主意识较强。作为教练员必须尊重、信任学员，要与培训学员建立起平等的师生关系。绝不能认为自己是教练员就高人一等，动辄训人，更不能讽刺、挖苦学员。特别是对接受能力比较薄弱的学员更应注意，要换位思考，设身处地地为学员着想，努力激发学员的学习积极性。

③勤奋好学，钻研技术。

教练员要教给学员“一杯水”，自己必须要有“一桶水”，甚至是“一缸水”。为此，教练员要努力学习科学文化知识，不断丰富专业理论知识，提高驾驶操作技能，做到动作规范、技术精湛，以“大师”风范、“工匠”精神感染学员，使他们学会“怎么做”的同时懂得为什么要“这样做”。教练员还要努力学习教育学、心理学等教育理论，经常分析研究学员的学习心理，探索汽车驾驶教学规律，掌握科学的教练方法，不断提升自己的执教水准。

2 廉洁执教

机动车驾驶教练工作的特点之一是相对流动分散，教练员单独在外组织教学机会比较多，如果教练员法纪观念淡薄，自控能力较差，往往会引发各种不正之风，甚至违法乱纪。因此，教练员在教练过程中应始终做到：

（1）加强法纪观念，提高遵纪守法的自觉性。作为教练员要克己自律，廉洁从教，充分认识到违章违纪，损人利己的危害性，把遵纪守法，廉洁从教这一外在的要求变为自己内在的自觉行动。

（2）和学员建立健康的师生关系。由于受社会不良风气的影响，有些学员出于不同的目的，往往会给教练员送钱、送礼，请吃饭、喝酒及参加各类娱乐活动等。教练员要自觉做到不收钱、不受礼、不白吃、不白玩，以维护自己作为一名教练员的良好形象。

（3）不徇私情。驾驶培训的市场化运作，使教练员的市场化操作随意性增大，利用学员考试不及格乱收补考费的现象屡见不鲜。行业不正之风也有一定市场，社会反响较大，直接影响了教练员的社会形象，并且助长了社会不良风气。因此，教练员要从自身做起，积极行动起来，敢于同违法乱纪现象作斗争，要坚持原则，勇于抵制行业不正之风，促进良好行业风尚的形成。

3 强化责任意识

责任是分内的事，意识就是思想观点。教练员对自己所从事这项工作重要性的认识程度和思想观点，对驾驶培训教学质量起着关键性的作用。要求教练员做到以下方面

1 勇于担当责任

市场经济条件下的机动车驾驶培训，教练员讲求经营利益固然重要，但社会效益决不能轻视。教练员要负起这个责任，担起这个任务。

2 明确教学任务

学员来参加驾驶培训，不仅仅是为了考取驾驶证，更重要的是学习和掌握驾驶技能，为日后的安全驾驶打好基础。教练员的思想认识清晰、观点正确，才会主动积极地展开教学，想方设法地去提高学员的驾驶技术和操作水平，去解决学员练习中出现的问题，而不是仅仅为了应对考试而教学。

3 优化教学方法

（1）激发学员的学习热情。教与学是相辅相成的，对于学员来讲，教练员的教是外因，学员的学是内因，外因只有通过内因

才能起作用。教练员在教学过程中应努力激发学员的学习热情，调动学员的主观能动性。学员往往是对自己喜欢的感兴趣的就会下功夫去钻研，变“要我学”为“我要学”。如学员练习中操作成功时，教练员要及时加以肯定和鼓励；再如学员学习到一定程度时，教练员可有意放手让其独立驾驶，来体验车辆行驶过程的感觉。这样，学员成功的喜悦会大大激发其学习热情。学习热情一旦高涨，学员就会认真学习，刻苦钻研，学习效果明显提高。

（2）先道路后场地。刚上车的学员，特别是平时参与交通少又内向的学员，对车辆的速度及车体感觉是比较差的。如果第一天上车练习起步、停车后就进入场地项目训练，学员会既控制不好离合器的半联动，也搞不清楚左右转向，教学效果必然不好。正确的方法应该是：学员上车后先进行基础训练、一般道路练习，对车辆的速度、车体感知、车轮行驶轨迹的估计判断有了一定的基础，然后进行场地项目训练。此时，教练员只要讲清楚几个操作要点，学员就能取得较好的训练效果，特别是对于曲线行驶和坡道定点停车和起步等科目，效果更明显。

（3）科目二和科目三的训练内容穿插进行。学员少的时候，场地项目连续训练时间不易安排得太长，一般以2h左右为宜，最多不要超过半天。场地训练时间太长，学员会感觉单一、乏味，容易出现生理和心理疲劳，会出现操作的准确度下降、成功率不高、对自己的学习失去信心等现象。由此可见，教学内容和时间的合理调配十分重要，在教学中要使学员对教学内容有新鲜感，预防学员生理、心理的疲劳，努力增强学员求知欲，学习效果会明显提高。

第四节 安全文明行车教学

汽车给我们的生活带来诸多便利，但行车事故的多发也给人们敲响了警钟。作为汽车的操控者，驾驶员在行车时不仅要懂得保护自己，更要关注乘客和行人安全，真正做到“四不伤害”：不伤害自己，不伤害他人，不被他人伤害，使他人不被伤害。作为驾驶学员的启蒙老师，安全文明驾驶教学的重任自然就落在教练员的肩上，它是驾驶培训教学的首要内容。教练员除了传授学员驾驶技术，更要注重培养学员良好的职业道德和文明行车的安全意识，不断分析影响安全的因素，从根本上让学员明白安全文明驾驶的重要意义，养成安全行车的良好习惯。

一 安全意识教学

汽车作为人和物的运载工具，快速而便捷，给人们的生活和社会经济的发展作出巨大的贡献，但它同样也给人类带来了不安全因素和隐患。

安全是所有工作开展的基础。在驾驶培训教学过程中，安全事故阻碍了人们的学驾意愿和驾驶培训教学的顺利进行。安全事故常常由物的不安全状态和人的不安全行为引起，而人的不安全行为是受人的安全意识支配的。从以往发生的教学事故来看，安全投入尚满足驾驶培训教学的需要，发生事故主要是安全意识不强引发的不安全行为所致。探究一起事故的原因，多是不经意的一个小失误或轻微的违章行为。从这个角度和意义上讲，增强安全意识、杜绝不安全行为，对于提高安全管理水平非常重要。

所谓安全意识，就是人们头脑中建立起

来的生产生活必须保持安全的观念，也就是人们在生产生活活动中，对各种各样有可能对自己或他人造成伤害的外在环境条件的一种戒备和警觉的心理状态。人的安全意识具有能动性，它对生产生活活动、安全行为有调节作用；反过来，生产生活活动也会影响着人的安全意识的形成。在教学中如何开展安全意识教学，是摆在每个教练员面前的一个重要问题。

1 安全意识认知与安全教育

1 负面安全认识

（1）混沌型。由于驾驶员受到文化水平等的影响，认为安全靠运气，从而不注重自身、他人安全，或是只注重自身安全，忽略他人安全，做事不计后果和影响，思想深处存在“生死由命”的封建想法。

（2）自恃型。自恃型的安全认识是对自己技术或经验过于自信，产生自负心理。产生自负心理的大多是经验丰富、技术熟练的驾驶员，而正是这种自负心态导致其更容易忽略一些安全细节。所以，不要过于自信自己长期的驾驶教学经验，因为安全事故的发生有一定的意外性和随机性，不能因经验丰富而简化必要的安全环节。

（3）任务型。为了按时完成任务，加班加点连续工作，超负荷运转，以致安全意识每况愈下，导致发生事故。在我国，任务型的安全认识是最普遍的，也是事故发生的主要原因。因为我国安全管理发展较晚，管理方式还不成熟，在安全与利益相违背的时候，多数驾驶员会以利益为先，“安全第一”则沦为一句纯粹的口号。产生此现象的主要原因是安全效益的不可见因素和安全事故的偶然因素。在实际工作中，教练员一定要坚定做到安全第一，预防为主，把安全放在教学的第一位，实现确保安全的前提下，创造最大利益目标。

2 不安全行为

（1）有意识的不安全行为。虽然教练员和驾驶员都经过一些安全知识的学习和教育，有的还具备一定教学和行车经验，但交通事故发生频率仍然较高。产生这一现象主要是由于侥幸心理和利益至上引起的。有的不注重安全，明知某些驾驶行为是违法的，也知道违法可能产生的严重后果，但有时贪图便利，或是自恃能力不差，因而导致事故的发生。

（2）无意识的不安全行为。无意识的不安全行为指不知道可能导致的严重后果或过程中可能遇到的风险程度，或根本不懂汽车驾驶的安全操作规程，从而导致事故的发生。此种行为属于两种失误范畴。一是随机失误，随机失误较普遍，具有自身波动性，因为作为一个人，总有波动的心理、情绪存在，再遇上异常现象，人、机因素结合即为失误提供了条件，继而导致事故发生。二是系统失误，作为系统失误，应从交通环境着手，如路况、车况、气候条件、身体条件等，这是导致系统失误的基础，这种失误需要从操作技能、驾驶经验上加以提高和完善方可克服。

3 安全教育原则

（1）反复性。由于人们心理上的遗忘性和习惯性，随着时间的流逝，人的记忆会逐渐减少遗忘，并会把自己的不安全行为当成安全习惯，安全意识也会逐渐淡薄，所以教练员在进行安全教育时有必要重复地进行再教育，不断提醒学员，使学员记忆不断被激活。

（2）多样性。由于安全教育需要反复进行，为避免教育过程的呆板和枯燥，可以采取灵活多样的形式进行正面或侧面地教育，使其内容丰富新颖。

（3）典型性。即利用事故案例来进行教育，使受教育者有更真实的感受，从书面的法律法规上升到理性的认知，能更真实地感受到安全事故的严重性，从而提高能动思维和自觉行动。

（4）广泛性。安全工作的开展并不是针对某一特定的对象，因为安全是与每一个

人息息相关的，所以要时刻对学员开展安全教育，确保安全教育的全覆盖。

④ 发挥表率作用

学员对教练员的驾驶技术是非常崇拜的，教练员的一个动作、一个手势，学员都会着力去模仿，并形成动作定势或思维定式。规范和正确的动作将起到积极的作用，不良或错误的动作将误人子弟。所以，教练员必须严格遵守交通安全法律法规和汽车驾驶操作规程，在学员面前更应该注重规范操作，文明驾驶，礼让行车，担当起学员启蒙老师的作用，成为学员技术上的师傅、行为上的楷模、举止上的榜样，真正成为学员的良师益友。

⑤ 多样的教学方法

根据汽车驾驶教学流动性大、分散、时间不固定的工作特点，安全教育活动要不拘时间、地点、形式适时开展，常用的安全教育形式有以下方面。

（1）课堂教学形式：集中学习、讲解法律法规，学习规章制度，传达文件精神，教授职业道德、汽车结构、性能、安全驾驶技术、应急处理技巧等。

（2）讨论形式：利用事故案例分析总结，汲取经验教训，借前车之鉴，杜绝同类事故。

（3）观看视频形式：通过大量简单、易懂、直观的反面警示和正面教育，总结经验，汲取教训，举一反三。也可通过电视、广播、电子显示屏等现代媒介，滚动播出生动、形象的普及安全文化知识的视频等，使学员由感性认识提升为理性认识。

2 交通环境与安全行车

① 道路交通环境内涵

良好有序的道路交通环境，是交通管理的一项重要基础工作，是规范交通行为、预防交通事故的重要措施和保障。它不仅方便人民群众的生活，更重要的是减少了交通事故的发生。道路交通环境是规定或限定人们交通行为的各种外界或内在条件，作为事故的间接原因，它对交通安全的影响不容忽视。道路交通环境可分为自然环境、道路环境、人文环境。

自然环境是指人们在交通活动中所处的特殊环境。它主要由地理环境、气候条件（冰、雨、雪、雾、高温、大风等）、废气、噪声等构成。它的变化直接影响道路交通安全，创建和谐的道路自然环境，是构建和谐社会的基础要素。

道路环境是指为交通参与者提供外部信息，对车辆的运动提供行驶条件的各种环境，如道路规划、设计，交通标志、标线、设施，照明，道路绿化，广告等。道路环境的好坏直接或间接地影响到驾驶员的判断力和车辆的运行状况。

人文环境是指交通安全执法环境、生活习惯、道德观念、法治意识、交通安全宣传等文化氛围。

② 交通环境与交通安全的关系

（1）地理环境与交通安全。

一般来说，平原地区地形平坦，有利于交通联系和节省道路投资成本，是城市发展的良好地理环境，有利于交通参与者的交通活动，交通安全隐患也相对较少，而高原、山区的地形较为复杂，对道路设计的要求也比较高，路况对交通安全有很大的影响，例如盘山公路，需要驾驶员注意力高度集中，谨慎驾驶，车速不能过快，否则容易发生交通事故。

（2）道路绿化与交通安全。

道路绿化是道路交通环境的重要组成部分，是道路交通设施的背景和衬托物，它既能美化道路又能防止水土流失，保护道路路基。但是设计时如果忽视了其对交通标志、交叉路口等产生的影响，遇行人横穿马路或主路与支路车辆交会处，极易遮挡驾驶员的视线而发生交通事故。

（3）恶劣天气与交通安全。

雨、雪、雾、高温、大风等气候条件会对行人及车辆参与交通活动的安全造成

影响。路面湿滑、视线不清，对交通活动干扰增大，使行人和车辆的活动范围受阻，在这种条件下稍不注意极易发生交通事故。所以在教学中，一定要充分了解各种恶劣气候条件下的交通特性，加强防范，杜绝事故的发生。

高温时，沥青混凝土路面变软，承载能力降低，路面容易出现车辙拱起等现象，对行车舒适性造成严重影响。驾驶员在驾驶过程中往往会不断变更车道，扰乱交通流的稳定状态，引发交通事故。此外，高温季节易发生爆胎事故，爆胎是夏季高温季节主要的交通事故诱因之一。在高温下，人体水分蒸发加快，身体易缺水，易疲倦、急躁，操作失误增加。高温下，人的运动视觉、反应时间也会随着气温的升高而受到影响，对道路交通安全十分不利。

低温时，路面收缩，容易产生各类裂缝，使路面摩擦力降低。低温会使车辆润滑油黏度增加，润滑油不易渗透到各个需润滑的部位，导致车辆机械性能变差，车辆故障增多，影响道路交通安全。低温会使人的肢体活动功能下降，因操作失误而引发交通事故的风险会增大。

（4）人文环境与交通安全。

在车辆运行过程中，人文环境影响是多方面的，对交通安全的预防和控制也是多层次的。在不同的人文环境下，交通的不安全因素将对高速发展的交通事业造成不同程度的制约和影响。因此，要从人文环境入手，分析潜在原因，提升交通安全的可靠性。

①执法环境对交通安全的影响。

部分交通管理执法行为缺乏法律依据，如法不责众、领导说情、开特权车等，这样的执法环境很容易让一些交通参与者存在侥幸心理，以致对自己的违法行为更加放纵。

②学校教育对交通安全的影响。

学校对交通安全教育重视程度不够，教师对学生的交通安全知识未进行系统教育，造成学生的交通安全知识掌握不全面，安全意识不强，闯红灯、不走斑马线，走捷径翻越隔离栏等行为时有发生。

③生活习惯对交通安全的影响。

一些交通参与者在交通活动中随意乱扔垃圾，行车道上随意行走、随意设摊，严重阻碍和影响道路的畅通，使交通事故的隐患增加。

④道德观察对交通安全的影响。

有些交通参与者缺乏自觉遵守交通安全法律意识，不能自觉遵守交通法律法规，甚至心存侥幸，认为偶尔几次交通违法没有什么关系，引发交通事故的概率增大。

3 优化交通环境

（1）规范设计。

道路线形设计要充分考虑到人的心理特点与道路线形的关系，保证人与道路相互适应，从动力学的观点出发，保障车辆运行的安全性、平稳性，使驾驶员操纵方便，具有安全舒适感，如弯道中的道路外超高，降低车辆在转弯时受离心力的影响，使车辆转向轻便，最大限度地提高通行能力，都是道路工程设计所要达到的目的。

道路路面设计要逐步提高路面强度，路面稳定性、路面平整度、路面抗滑性能等物理特征的设计水平和施工水平。

道路绿化设计要充分考虑道路线形特征，降低噪声和突出行车的防炫作用。

（2）加强管理。

道路质量直接影响道路行车安全，道路施工应严格按照设计标准和要求，确保施工质量，还需提高养护施工水平，确保道路质量。

（3）加强安全教育。

人是道路交通主要参与者和责任人，80%以上的交通事故都是由人的不安全因素引起的。驾驶员的异常心理、生理现象，行人的异常动态等都是发生事故的主要原因。首先，要加强法律法规的宣传教育与学习，加强职业道德教育，“多一份责任给自己，多一份关爱给他人”，充分体现驾驶员忍让、大度的文明驾驶行为。其次，对违法行为加大处罚力度，提高违法成本，形成一个高压态势，努力抑制违法现象的出现。

3 危险驾驶行为的预防教学

我国地域宽广、路况复杂，山区道路及混合交通众多，行人和驾驶员的交通安全意识淡薄，都极易引发交通事故。所以驾驶员不仅要遵守交通法律法规，也要学会别人违反交通法律法规时自己如何应对。简短的驾驶培训学习，不足以积累安全驾驶的经验，新驾驶员由于驾驶技术的不娴熟和驾驶经验的缺乏，驾驶过程中经常会犯一些错误，轻者危及安全，重者发生事故。下面列举几种危险驾驶行为并提出解决办法，供教学中引起重视，加以克服。

1 驾驶手动挡车易熄火

这是新驾驶员最易犯的错误，培训学习时动作要慢一点、偶尔熄火心理压力也不要大，因为学员独立驾驶自然会紧张而手忙脚乱，特别是起步时如果后车不停地催促，情况会更加重。

预防教学：最直接的方法就是教育学员多加练习，夯实基本功，培训期间教练员要介绍一些其他车型的驾驶特性，以增加学员的知识面。重点强调的是加速踏板、离合器、制动踏板的协调配合。基础技能极为重要，练习时要让学员多留意车辆离合器半联动点位置，一要调整好合适的驾驶姿势，确保两腿抬起自如舒适无阻碍，踩下踏板能到底；二要教会学员对半联动点的感知，通常发动机转动声由轻缓转为沉闷时为离合器开始啮合；三要让学员学会控制，此时，应强调缓慢抬起离合器踏板，同时轻踩加速踏板，以实现车辆的平稳起步。反复练习，用不了多久，加速踏板与离合器的协调配合将不再是难题。此外，如果遇到催促的后车，要让学员学会保持平静的心情，以平和的心态面对。

2 错把加速踏板当制动踏板

这是危险程度最高的错误，此类事故的发生也是屡见不鲜，常见于自动挡车型。绝大多数是由于过度紧张或受到惊吓而导致操作失误引起。

预防教学：一是教学中强调一定要养成不加速时将右脚及时放在制动踏板上，做好预防准备的良好习惯，避免紧急情况需要制动时踩错踏板。二是在驾驶时强调要集中注意力，专心驾驶，提前对前方路况做出预判，提前抬起加速踏板，将脚放在制动踏板上做好减速准备，尽量避免操作失误。另外，加速踏板和制动踏板的操作方法要正确。

3 容易出现紧急制动

新驾驶员初次上路，由于对道路环境和路面情况把握不准，加之心情紧张，在处理紧急情况使用制动过程中往往容易紧急制动，若后面车辆跟车较近或没能及时反应，很容易造成追尾事故。

预防教学：制动的主要功能是调整和控制车辆速度，通过驾驶员的合理操作，可达到平稳减速、安全停车的目的。在教学过程中，教练员首先要加强对学员基本功的训练，提高基本技能。一是踩制动踏板要遵循“轻、重、轻”的原则；二是要强调踩制动踏板要及时，做到早起效果，要有一个逐步减速的过程，在这个过程中根据减速度的大小（降速幅度）来合理调整制动力的大小；三是要强调有预见和提前量，要学会根据情况需要，来确定踩制动踏板的力度；四是强调若非紧急情况（例如遇红灯或前车突然紧急制动）可采用带挡滑行、缓慢制动方法，让车速缓慢降低，柔和地将车平稳停住。随着驾驶经验和技能的不断积累和提高，对路面情况的分析和判断均会更加精准，制动的运用便能更加熟练和准确。

4 错误的转向盘运用

很多人在驾驶培训的时候，都能够按照规范的方法操纵转向盘，但在取得驾驶证单独驾驶后，就开始随意操纵转向盘，如双手同时离开转向盘、不合理运用方向、操内把

方向等。

预防教学：转向盘是车辆行驶路线的操控机件，容不得一点偏差。教学中除了要让学员掌握正确的转向盘握法，还要强调双手的推拉结合，配合协调，让学员领会转向盘运用的基本原则：早打早回、少打少回、预转预回。强调转向盘错误运用的危害性：双手同时离开转向盘，转向轮遇到障碍物时会突然偏转，致使车辆偏离正常的行驶方向而发生危险；不合理运用交叉方向，在急转弯路段，需要运用交叉方向时，就会手忙脚乱，严重时会延误转向时机，增加安全风险；操内把方向，即掌心朝上，伸进转向盘圈内反扣拉动转向盘。转弯时这样操作转向盘比较危险，紧急情况下会造成回正转向盘不及时，当转向轮遇到障碍物时还可能因转向盘的突然转动造成手部受伤。

5 驻车制动使用不当

这是新驾驶员容易犯的错误之一，起步时忘记解除驻车制动，导致车辆行驶一段时间后出现异味、乏力、异响等状况；不能有效地运用驻车制动配合离合器进行坡道起步。

预防教学：驻车制动，一是车辆停止后的固定作用；二是配合离合器在不平路段平稳起步而不使车辆溜动。教学时，一要让学员在起步前养成关注仪表板是否正常的习惯，驻车制动器处于制动状态时，仪表板上的指示灯会亮起，要求学员在起步前观察仪表，解除驻车制动，指示灯熄灭后再起步。二是让学员在停车时需养成拉紧驻车制动器操纵杆的良好习惯。正确的停车动作是：车停稳后，拉紧驻车制动器操纵杆，将挡位换至低速挡，关闭点火开关，松抬离合器踏板，松抬制动踏板；自动挡车型，则要拉紧驻车制动器操纵杆，挂入P挡，松抬制动踏板。

6 坡道起步时溜车

由于坡道起步时对驻车制动器与离合器的配合要求较高，新驾驶员都比较害怕在坡道上停车，如上桥时堵车、出地下车库时排队等，操作时容易出现熄火、后溜等情况。

预防教学：自动挡车型在坡道停车时踩住制动踏板或拉紧驻车制动器操纵杆，起步时注意合理控制加速踏板，避免出现急加速现象。手动挡车型在坡道停车时需拉紧驻车制动器操纵杆，同时踩住制动踏板，起步时缓慢松抬离合器踏板，当离合器接近半联动时，松抬制动踏板，缓踩加速踏板，继续松抬离合器踏板至半联动位置（感觉车有向前运动趋势）时，保持不动，松开驻车制动器，持续保持加速踏板缓加速状态，待离合器完全啮合后，将离合器踏板完全松开。要注意行驶阻力大离合器的半联动点相对就高，教练员在教学中一定要利用不同的坡道有比较的让学员进行练习，加深体验。另外要求学员起步应该将离合器踏板抬至半联动时保持不动，再放松驻车制动器操纵杆，这样可避免车辆在不平整的路面上起步出现前趟后溜现象。

7 后视镜、转向灯运用不当

新驾驶员对路面情况观察不全面，是因为对车辆操作不熟悉，手忙脚乱分散注意力，无暇顾及通过内外后视镜观察周围交通情况；驾驶过程中转向灯运用不当也是比较常见的问题。

预防教学：后视镜的作用主要是减少驾驶员的视线盲区，使其掌握更多的交通信息。教学中应要求学员一定要养成上车后根据需要先调整左右后视镜角度（一般车身占镜面的1/4）的良好习惯，确保可正常观察车辆周围情况。车辆行驶时，需通过内外后视镜观察左侧、右侧以及后方来车。需要变更车道时，要求学员先通过后视镜和侧头观察，确认安全后，开启转向灯，持续3s以后再开始转向变更车道。要让学员充分了解转向灯的作用，它不是一个简单的动作，而是对其他交通参与者发出的交通信号，表明本车的行驶意图。另外转向灯应提前3s

开启，使其他交通参与者有一个观察反应避让的时间，确保安全。

8 夜间行车前照灯使用不正确

夜间行车时长时间使用远光灯，会车时不按规定变换为近光灯是非常危险的，因为远光灯会导致对向驾驶员炫目，看不清交通情况，极易引发事故。

预防教学：前照灯的作用是给驾驶员提供照明和给其他交通参与者提供信息。培训期间教练员除了进行模拟夜间驾驶教学以外，还应该安排实际的夜间驾驶教学内容，使学员掌握夜间驾驶技术，具备夜间驾驶能力，以适应夜间驾驶需要。夜间行车时，道路照明条件较好(有路灯照明)应使用近光灯。在无路灯照明或照明不良的道路行驶时，需开启远光灯，需注意在会车时应距离对方来车150m以外将远光灯变为近光灯，以免造成危险。

9 走错车道

由于对行驶路线的不熟悉，以及对路口交通标志观察不及时、不仔细，行车中很容易走错车道，常常出现转弯进直行车道、直行进转弯车道等类似问题，特别是在高速公路上临近出口时，未按规定提前变更至最右侧车道，而导致在出口处连续变更两条或两条以上车道，直接切入出口匝道，极易引发交通事故。

预防教学：在培训期间，教练员要与学员进行必要的实用知识经验的讲解和传授，如行驶路线的设计、交通标志的一些特性等，主要有以下两个方面：一是提前设计、规划好行车路线，做到心中有数；二是在不熟悉路线的情况下，仔细观察道路交通标志，临近路口提前降低车速，提前选择好车道，避免因走错车道而突然变更车道，引发危险。

第二章 教育心理学在机动车驾驶培训中的应用

机动车驾驶培训教练员是从事驾驶技能教学工作的教育工作者，其教学工作必须按照教育和教育心理学基本规律来实施。机动车驾驶培训教练员通过学习和掌握这些基本知识，才能正确运用各种教学方法，培养出合格的机动车驾驶员。

第一节 教育和教育心理学的基本常识

一 教育的基本常识

教育是有意识的、以影响人的身心发展为直接目标的社会活动，它能增进人的知识和技能，发展智力和增强体力，影响人的思想品德。职业教育是对受教育者实施可从事某种职业或生产劳动所必需的职业知识、技能和职业道德的教育，包括职业学校教育和职业培训。机动车驾驶培训就是以培养机动车驾驶技能为主的职业培训。

教育实践是教育理论的源泉，也是教育发展的源泉，人类通过教育实践，不断地总结经验，促进教育事业的发展。但教育经验并不等于教育规律，规律带有普遍性，而经验仅是某些实践活动的部分反映，可能带有片面性、偶然性，甚至错误。只有把实践经验上升到理论，才能科学地反映规律。机动车驾驶培训教练员既然是教育工作者，就不能只凭一些教学实践组织教学，而应自觉学习和研究教育学，科学地应用教育学和心理学开展教学活动。

教育的对象是人。人类社会只有通过教育不断地传递生产经验和社会规范，才能延续和发展；每个个体只有接受教育才能学到知识，掌握某种职业技能，成为能履行各种社会职能的有用之人。机动车驾驶培训教练员的教学在机动车基本知识和机动车驾驶技能的传授过程中起着主导作用。机动车驾驶培训教练员良好的思想素质、现代专业知识技能、教育教学能力、操作演示能力、组织管理能力和自我调控能力对学员的个性心理和能力发展具有特殊作用。作为机动车驾驶培训教练员，既要正确认识自身在教学中的主导作用，又要认识到学员是教育的客体，是认识和发展的主体，只有学员自己充分发挥主观能动性，才能完成教学任务。

二 教育心理学的基本概念

心理学是研究人的感觉、知觉、记忆、思维、情感、意志以及能力、气质、性格等心理现象本质和形成与发展规律的科学。心理现象是脑的功能，是对客观现实的反映。感觉、知觉、记忆、思维、情感、意志是一个心理过程，能力、气质、性格则表现一个人的心理特征。

科学心理学从唯物主义的观点去研究和探讨心理活动的实质，认为物质是第一性，精神为第二性。一切心理、精神现象都是物质派生出来的，是人脑活动的产物。人的一切心理现象都是人脑对客观事物的反映，没有客观现实就没有心理活动内容。人们通过实践活动去认识客观事物，并表现出对客观事物的态度。所以，实践活动是生产活动产生和发展的基础。

人对客观现实的反映是一种能动的积极反映，受到不同人个性心理特征和知识经验的影响。如看同一本书，不同的人评价有很大差异。因此，心理是客观现实与人的主观印象的统一。

心理学研究成果，已被广泛地用于社会实践中，为教育、工业、国防、医学、运动、司法等部门服务，进而形成很多分支。教育心理学就是其中之一，它是研究人在教育和教学中的心理活动及其规律的科学，包含教学心理、学习心理及学科心理等分支。教育心理学主要研究学员掌握知识过程中的心理特点，技能和技巧的形成及其规律，掌握智力活动的方式和熟练过程的控制，学生道德品质的形成和培养，揭示影响教学效果的心理因素、师生关系和学生集体关系，学生个性心理差异以及成人教育的心理特点等。学习和研究教育心理学，找出合理有效的教育和教学方法，可以提高教育和教学效果。

第二节 机动车驾驶技能的形成规律

一 机动车驾驶技能

1 技能

人们在特定的客观环境中实现特定的动作，如运动员踢足球、工人开动机床、演员表演舞蹈、驾驶员驾驶汽车等，所有这些都是由一系列特定的动作方式构成的动作系统，需要身体不同部位互相配合与协调。这种通过练习而巩固下来，并转变为“自动化”“完善化”的动作系统叫作技能。

2 机动车驾驶技能

机动车驾驶技能是驾驶员在具体的道路交通环境中，根据已经掌握的专业知识和经验，经过观察、判断，所选择的实际动作，以合理、完善的程序构成的自动化操纵的活动。

机动车驾驶技能是心智技能和动作技能的有机结合。根据技能活动的外显性质和脑内活动性质，可以把技能分为动作技能和心智技能。驾驶员在完成运输任务的活动中将一系列驾驶基本动作很好地组合起来，协调而顺利地进行驾驶，这便是动作技能。这些动作主要是肌肉、骨骼运动和与之相应的神经系统部分的活动。心智技能主要是认识活动，它包括感知、记忆、想象和思维。当驾驶员认知道路交通情况或者解决安全行车具体问题时，这些心理活动按照一定的方式完善而合乎逻辑地进行，这便是心智技能。

操纵动作是心智技能形成的最初依据，

心智技能又是动作技能的调节前提，并促使其提高和完善。机动车驾驶教学初始阶段主要学习驾驶基本动作，着重动作技能训练，而后主要学习道路交通情况处理的方式方法，以利于基本动作的综合运用，这些均属于心智技能训练范畴。由此可见，机动车驾驶技能是心智技能和动作技能的有机结合。

二 机动车驾驶技能动作分析

1 动作控制与调节的有效性

机动车驾驶技能的每一个动作，都是机动车驾驶员对刺激物的感知所作出的反应，在感知到做出动作反应的过程中，大脑中枢的调节机制具有重要意义。机动车驾驶员根据外界刺激物的感知对机动车进行操纵，操纵动作的效果体现为机动车运行状态的变化，而后者又呈现给机动车驾驶员新的感觉刺激物，于是机动车驾驶员便根据新的刺激物和前一动作的动觉信号调整下一步动作，如此往复循环，完成驾驶任务。在这一过程中，大脑一直有效地控制和调节着技能动作，形成按连锁反应方式进行的动作联合。连锁反应的每一个环节可能是单个动作，例如转向、制动、加速或减速，也可能是同时性的协作动作，例如换挡时手和脚同时而有层次的配合。这些动作有机地联系起来，便构成机动车驾驶技能动作系统。

在训练中，教练员应有意识地提示学员：

（1）增强对动作的控制和调节，注意动作方式、速度、力量的准确性；

（2）及时纠正不良或错误的动作；

（3）根据道路交通需要，合理选择动作，并将其协作连贯起来，形成完整系统。

恰如其分的提示，可以取得较好的训练效果。

2 动作反应的及时性

动作反应时间，是指从刺激物出现到做出动作反应所需要的最短时间。

一般来说，动作熟练，反应时间较短；动作生疏，则反应时间较长。简单的动作反应时间较短，复杂的动作反应时间较长。对强的刺激物反应时间较短，对弱的刺激物反应时间较长。同一个人的反应速度也不是恒定不变的，还取决于他的健康状况，情绪状态等。汽车高速运行时，要求驾驶员动作反应及时，如果一个驾驶员观察敏锐，判断快捷，操作熟练，其动作反应就会敏捷、及时。

训练初期，一些学员动作反应迅速，一些学员比较迟缓，尤其面对复杂技能动作或复杂交通情况，可能表现出相当大的差异。

教练员应帮助学员经过训练缩短动作反应时间：

（1）教练员应帮助反应迟缓的学员消除紧张状态，消除多余的动作，为学员提供更多练习机会，使有效操纵动作得到强化。

（2）教练员必须教会学员观察、判断。当学员动作熟练后，可集中精力去观察、判断车外情况，培养学员学会正确的观察方法，使其思维活动变得合理完善，这样可全面缩短学员的动作反应时间。

学员观察敏锐、判断快捷，有助于提前发觉道路交通情况，提前做好操作准备，掌握预见性驾驶方法，减少仓促应变的发生频率，缩短反应时间。

3 动作的准确性

汽车高速运行时,要求驾驶行为不许出现失误。训练中首先要求动作准确，在此基础上提高敏捷程度。动作的准确性，可以从动作的方式、速度和力量三个方面考虑。这三个方面配合恰当，动作才能符合道路交通客观需要，实现驾驶员安全行车的愿望。

（1）动作的方式。

动作的方式可分为动作的方向和幅度。动作的方向是指动作的轨迹，即肢体移动的轨迹是否指向所要达到的目的。动作的幅度是动作量的大小，即肢体移动距离的长短或范围的大小。驾驶动作的方向必须正确，幅

度必须恰当。例如，换挡时对变速器操纵杆的运用，若方向错误、幅度过大过小，都会引发换挡错误或换不进挡。

（2）动作的速度。

动作的速度是指肢体在单位时间内移动的距离。动作速度取决于动作的目的和操作需要。由于目的和需要不同，动作可能是等速的，也可能是变速的。例如，转动转向盘应做到等速均匀，与行驶速度良好配合，使用离合器踏板应注意速度变化，做到“两快一慢一停顿”。

（3）动作的力量。

动作的力量是指肢体运动克服操纵机构阻力所表现出来的力量。由于操纵机构的轻便性，驾驶需要柔和而有力的动作。柔和不是无力，有力不是粗猛。例如，学员踏下离合器踏板后不能将变速器操纵杆移入空挡是动作无力的表现；猛踏制动踏板、猛转转向盘、换挡强拉硬推则是动作粗猛的表现。粗猛动作是突变动作，常常是不准确的。驾驶操作应是平稳、速度不发生急剧变化的动作。例如，缓抬加速踏板、均匀转动转向盘、预见性制动的“轻—重—轻”操纵过程，起步时离合器平稳接合等，都是对动作柔和的要求。

动作准确，要求协调动作配合一致，而不是连贯动作的简单重叠或相加，要保证各个动作在方向、速度、力量方面做到互相适应。建立协调比较困难，学员需经反复训练，才能达到手脚柔韧灵活，动作控制准确，配合得当。协调性差，动作会出现不应有的错乱和停顿，造成车辆闯动明显，行驶不稳定。例如，学员初学上坡起步，若加速踏板、离合器踏板、驻车制动器操纵杆配合不当，将造成车辆前冲、后溜、震抖或熄火；停车时，制动后若忘了转向，将造成停车不靠边或停车不正；转弯时，制动后若不及时减挡，将造成车辆行驶乏力，这都是动作协调性不好的表现。

动作准确性还表现在动作方向的准确定位上。机动车驾驶员视觉必须集中在道路交通方面，使用操纵机构不得有视觉直接参与，应主要凭借触觉来完成。

三 驾驶技能形成的阶段与特点

学员通过训练掌握技能，是复杂的心理演变过程，具有一定的发展变化阶段。其中，各个阶段有不同的心理特征及外在表现，各阶段之间互相联系，互相促进。了解驾驶技能形成阶段的特征，掌握技能形成的规律，有助于提高训练效果。

1 驾驶技能形成的阶段

（1）掌握局部动作阶段。

训练初期，学员由于缺乏机动车驾驶方面的感性认识，在操作中表现紧张，动作忙乱、呆板、不协调，经常出现多余动作。例如，学员初学驾驶时经常把转向盘握得很紧，而且面部肌肉紧张，甚至全身用劲；个别学员甚至在机动车已驶出右侧边线时，还慌忙地继续向右转向；换挡时，变速器操纵杆在空挡附近来回晃动；行驶中无故晃动转向盘，反复踏放加速踏板，造成车辆闯动。此外，还有学员注意范围较为狭窄，只能集中于个别动作，并且不能控制动作细节。例如，起步时注意松抬离合器踏板又忘记踏下加速踏板；注意到加速踏板，离合器踏板又松抬过猛，或是不能准确控制踏板松抬和踏下的程度。学员在生活中形成的许多习惯动作与操纵要求的动作方式不符，妨碍正确动作的掌握。这一阶段中，学员不能察觉自己动作的全部情况，难以发现缺点和错误。本阶段应侧重于对驾驶基础动作的训练和驾驶感知能力的培养。

（2）动作交替运用阶段。

本阶段的特征是：学员已经逐步掌握了一系列局部动作，并开始把这些动作联系起来；但各动作还结合得不紧密，从一个环节过渡到另一个环节，即动作转换时常出现短暂停顿。例如，制动减速后不能及时减挡，造成拖挡行驶；上坡转弯前，减挡后

不能及时调控方向，造成轧线行驶。学员的协调同动作应是交替进行的，即先集中注意做出一个动作，然后再做出另一个动作。随着训练深入，交替进行逐渐加快，并大体上成为整体的协同动作。例如，在道路驾驶训练初期，学员不可能做到一边转向，一边换挡，只能先完成一个动作，再做另一个。随着反复练习，就能准确地同时完成两个动作。

在这一阶段，学员紧张程度有所降低，但并未完全消失；动作的相互矛盾和干扰减少，多余动作趋于消除。例如，学员在面临较为复杂的道路交通情况或是进行较难的动作练习也会紧张，一旦熟悉后，紧张状态较易消除。随着驾驶技能的形成，学员观察、判断等心智能力也得到发展和提高，肢体动作间的联系加强，动作反应时间得以缩短。同时，学员发现错误的能力增强，在完成动作以后或动作进行中就能发现自己的错误。因此，本阶段的侧重点是巩固和发展基础动作，提高一般道路交通情况下的观察、判断、操作等综合运用能力。

（3）动作的协调和完善阶段。

这个阶段的特点是学员逐渐将各个动作联合成为一个有机的系统并巩固下来，各个动作相互协调，能够按照准确顺序以连锁反应的方式实现，其具体表现为学员的动作配合一致，连贯紧密。在进行操作时，意识的参与减少到最低限度，只对同时进行的许多动作中的一项起着直接控制作用。学员注意力的集中范围随之扩大，并能根据条件的变化迅速、准确地完成驾驶操作动作。例如，学员只需注意调控方向，便能无意识地熟练完成制动或换挡等其他动作；只需注意道路交通情况变化，就能灵活地重新组合动作。因此，本阶段侧重于建立协调而完善的动作系统，培养学员的独立驾驶能力。

2 驾驶技能形成的特征

通过技能形成的阶段分析，可以看出驾驶技能的形成表现出如下特征。

（1）各个局部动作联合成为一个完整的动作系统。

训练初期，学员首先要逐个运用操作机件，缓慢地完成各个局部动作，进而联合成一个完整的动作系统。

熟练操作动作的形成，是由于大脑皮层建立了巩固的暂时联系系统，即动作定型，而动作定型的建立，是大脑皮层分析、综合活动的结果。因此，在机动车驾驶技能形成过程中，动作从单个、局部到形成完整系统是一个明显的特征。

（2）多余动作和紧张状态消失。

在掌握局部动作阶段，学员表现紧张并出现多余动作。随着技能形成，紧张状态和多余动作就会逐渐消失。多余动作的出现，主要是运动分析器皮层部分兴奋过程扩散的结果，而紧张状态则是大脑皮层兴奋过程与抑制过程之间斗争的表现。在条件反射形成初期，大脑皮层某一点所发生的兴奋向周围扩散，产生泛化现象，因而引起肢体无关部分不必要的动作。这些动作在训练过程中逐渐受到抑制而被淘汰，而那些有效的操作动作则得到强化，逐渐建立起动作定型，形成驾驶技能。

操作动作不熟练时，由于多余动作和紧张状态消耗学员的精力，分散学员的注意力，所以工作效率低，容易疲劳。当技能形成后，由于多余动作和紧张状态消失，动作就变得省力而灵活，因而工作效率提高，不易感到疲劳。

（3）视觉控制作用减弱和动作控制作用增强。

训练初期，学员往往出现抓不到变速器操作杆，找不到挡位，踏不准制动踏板等现象，并需要借助视觉帮助完成动作。此外，学员还要通过观察教练员动作，记住各个动作的顺序和轨迹，形成动作的视觉表象，才能够在脑中把这些动作再现出来。因此，学员需要凭借关于动作的视觉和视觉表象来控制和调节自己的动作。

随着训练的深入，肌肉运动逐渐敏感起来，形成了有关动作的动觉表象，并在视觉分析器与运动分析器之间、运动分析器内部的运动感觉细胞与运动细胞之间形成了联系，使得动觉控制作用增强，逐渐替代了视觉的控制作用。因此，学员在训练后，能够回想起机动车起步、变速、制动、转向等动作，在脑呈现出手、脚动作的鲜明表象，甚至能回忆出手、脚在克服操作机件阻力时肌肉的感觉。这样，学员便可凭借肌肉运动感觉控制和调节肢体运动状态，并矫正错误和缺点。

动觉控制作用的增强，表现在如下方面。如在机动车转弯时，学员只需注视车辆运行动向而能自如地调控转向盘，不需考虑转向时机、转动量的大小，就能顺利完成转弯；车辆减速或停车时，学员只需注意车速的变化，而不需考虑制动踏板的踩踏程度就能保证车辆平稳减速；车辆运行速度和阻力变化时，学员不必思考，就能轻快自如地完成换挡并保证换挡时机选择正确等。这样，不但学员操纵汽车的动作趋于自动化，而且可以有更多精力照顾到道路交通环境等其他方面情况。

（4）机动车驾驶灵活性的提高。

要顺利完成驾驶操作，不仅需要掌握多种多样的技能动作，而且还要善于随着道路交通条件的变化，灵活地运用这些技能动作。有经验的驾驶员不仅掌握了多种多样的驾驶技能，而且由于经历过各种各样的道路交通情况，积累了丰富的行车经验，当面对没有经历过的危急情况时，善于根据当前具体条件，将过去掌握的技能动作重新组织起来，保证安全行驶。驾驶员能够适应多变的道路交通情况，标志着其驾驶技能具有较高的灵活性。例如，当制动踏板突然失效或在泥泞路段发生侧滑时，有经验的驾驶员能够镇定从容地选择操作动作，确保安全。

第三节 机动车驾驶技能的培养规律

技能的形成是以知识的掌握为基础，以具备一定的能力为前提，其主要手段是训练。在训练过程中，人的心理过程及个性心理对技能形成具有重大影响。因此，研究机动车驾驶技能的特点、形成条件、规律以及学员的心理特征，并用以指导教学，有利于帮助学员迅速掌握机动车驾驶技能。

一 机动车驾驶技能培养的基本规律

技能通过训练形成，训练是一种有目的、有计划、有组织的练习过程。一般来讲，随着练习时间与练习次数的增加，所犯错误的次数就会减少，练习成绩逐步提高。驾驶技能培养的基本规律有以下几个方面的特点。

1 技能发展速度逐渐减慢

训练初期，学员成绩提高较快，经过一个阶段以后，技能发展速度逐渐减慢，主要原因有如下三点：

（1）训练初期，学员可以把生活经验中已经掌握的各种动作方式重新组织起来，加以利用，所以进步快。随着训练深入，生活经验中能加以利用的技能逐渐减少，需要建立的新的动作联系逐渐增多，练习困难越来越大。

（2）训练初期，复杂的动作系统被分解为一些较简单的单个、局部动作一一进行练习，所以学员容易掌握，进步较快。训练后期主要是建立协调比较困难，技能提升速度自然减缓。

(3)训练初期，学员兴趣浓厚，好奇心强，情绪高涨；随着训练深入，学员会感到枯燥、困难，产生厌烦、懈怠情绪，影响训练效果。

2 训练成绩出现“起伏”现象

训练中，学员会出现时而进步快，时而进步慢的现象。其主要原因与解决方法如下：

(1)与学员的素质、能力有关。有的学员运动能力强而疏于观察、思考，出现场地训练进步快，道路驾驶技能进步迟缓的现象。可加强对学员素质、能力的培养，来提高训练成绩。

(2)任何事物的发展都不是一帆风顺的，出现“起伏”是正常现象。在不同的教学阶段，有的学员满足于已经掌握的动作方式，教练员也疏于引导，进而造成训练成绩停滞或出现明显起伏。应在训练中不断提出新要求，提高动作难度。

(3)训练进入新阶段会促使学员放弃旧的动作模式，形成新的动作方式，这个转化期成绩往往出现波动。例如，学员初期掌握的缓慢分解式换挡方法，明显不适应道路驾驶的需要，从而迫使学员加快动作节奏，练习连续减挡、快速减挡；这时学员动作出现错乱，甚至换不进挡。对此，教练员应热情鼓励，讲清动作要点，强化练习，促成技能向更高阶段转化。

3 训练成绩的“高原”现象

技能形成过程中，在训练后期学员可能出现成绩暂时停顿现象，这就是表现在练习曲线上的“高原期”。其表现形式为练习成绩保持在一定水平不再上升，有时还会下降。度过“高原期”后，才能使练习成绩进一步上升。其主要原因与解决方法如下：

(1)完善的动作需要巩固练习的时间，错误的动作细节则会干扰协调动作的形成。对此，应帮助学员分析每一个动作的细节，设法消除多余动作，缩短动作所需时间，促使动作配合一致、连贯、紧密。

(2)长期训练带来疲劳影响成绩提高。应注意劳逸结合，合理分配训练科目和训练时间，并进行适当的心理调节。

(3)学员容易产生“已经学会了”“学得差不多了”的满足心理。此时，教练员应向学员说明提高技能的潜力还很大，只要通过有计划的训练，不断总结经验，突破“高原期”，就能使技能发展出现一个飞跃，达到完善熟练程度。

4 训练进程的差异

训练进程具有以上共同特点，但不同学员，不同教练员，不同教学单位，其训练进程又各不相同。造成训练进程差异的原因主要在于：

(1)有些教练员忽视驾驶培训的教学计划与大纲，不尊重教材，满足于“学员能够在道路上把车开走”，这种低标准要求是造成学员训练成绩低下的主要原因。

(2)教练员缺乏正确的指导方法，造成学员训练进程迟缓，甚至停顿。例如，在场地训练中要求初学驾驶的学员连续减挡；在道路驾驶中仍沿袭通过车头确定行车位置的方法等，反映出对驾驶技能形成阶段及特征缺乏科学的认识。高一级阶段的训练内容不应过早放到低级阶段来，低级阶段的某些训练方法不一定具有普遍指导意义。加强对教练员指导方法的培养，组织阶段观察测试，就能缩小教练员指导方法和能力的差距。

(3)学员的个性特点不同，学员对训练的态度以及训练准备不同，也会造成训练进程的差异。

二 用教育心理学指导机动车驾驶训练

为了使学员熟练掌握汽车驾驶技能，教练员应注意以下具有普遍意义的教学原则和方法。

1 理论联系实际，认真传授专业知识

学员的专业知识越多，越容易掌握驾驶技能。特别是操作原理、操作方法方面的驾

驶理论知识，是学员掌握技能的必要条件。资料表明，相比没有受过操作方法指导的练习者，受过操作方法指导的学员掌握技能的能力高20%。因此，教练员必须刻苦钻研，掌握丰富的专业知识，知道“教什么、怎样教、为什么要这样教”。

2 明确训练的目的和要求

有无明确的目的和要求，是训练与简单重复练习的基本区别。简单机械的重复没有改进动作的目的，训练不但可以使学员了解每一动作、每一科目、每一部分的目的和要求，也可以加强学员的自觉性，使练习处于意识的控制之下。

3 充分发挥教练员的示范作用

操作示范可以加深学员对正确动作的视觉印象和动作体验，是技能传授运用最多、影响最大的教学方法。教练员示范是学员学习的样本，若示范动作不正确，学员头脑里就不可能形成正确的知觉表象，练习也将出现错误。示范的指导程序是：一要先讲解后示范；二要分解示范和整体示范相结合；三要用语言表示方法巩固示范动作的特点。示范必须规范、严谨。示范是否成功，在于学员是否建立了完整的动作表象。此外，教练员可以指导一些进步较快的学员做示范，给其他学员以心理提示：“我也能够做好”。

4 充分发挥教练员的监督和检查作用

训练初期，学员不易察觉自己的缺点和错误，更不易察觉有些与正确动作相似的错误所在，需要教练员帮助诊断错误。初次训练印象深刻，因此，要从训练开始就使动作进行纠正。

5 充分发挥教练员的组织作用和指导作用

技能需要通过反复练习得以巩固，并达到自动化的完善程度。教练员应掌握多种组织训练的方法和指导方法。

（1）遵循教学阶段性，从难、从严进行训练。

驾驶教学阶段实施计划是由技能形成的特征和学员认识活动规律决定的。注重教学的阶段性特点，符合技能由低级向高级、由简单到复杂的形成规律。同时，教学阶段不是孤立、割裂的，各阶段之间存在有机联系。所以教练员“想教多少就教多少，想怎么教就怎么教”是错误的，其结果往往导致学员“吃不饱”或“消化不良”。因此，应针对学员实际情况，按计划进行训练。当学员技能达到一定水平时，要着眼于其“最近发展区”，及时提出新的目标和要求，使训练丰富生动，激发学员兴趣。

（2）保证足够的练习时间和次数。

保证足够的练习时间和次数，特别是对基础动作和易发生错误的动作，更要进行强化练习。只有把动作练得娴熟，才能在道路驾驶中熟练运用。多练不应盲目追求数量，而应重视训练效果。

（3）科学地安排训练时间。

根据心理学理论，每次练习都有两方面的作用：一方面是提高练习的效率，即增加条件反射的巩固程度；另一方面也加强了条件反射的内抑制成分，这种内抑制有降低练习效率的作用。因此，适应心理活动的规律，科学安排练习时间，是有效学习的先决条件。安排训练时间有两种基本方法，即集中练习和分配练习。集中练习，就是把一个科目的整套动作，在一定时间内连续练习完毕，中间不穿插其他训练内容；分配练习则是每次练习时间较短，每次练习之间拉开一定的间隔。间隔时间太长，效果不好；间隔时间太短，学员脑力与体力尚未完全恢复，成绩也不会很快提高。最有利的时间分配是：初始阶段进行较频繁的练习，每次练习时间不宜过长，然后逐渐延长练习时距，每次练习时间也略可增长。如果有几项科目动作的练习，最好交错进行。同时，还要顾及练习的内容和学员的个体差异，合理安排训练时间。

（4）适当掌握训练的速度。

一般来说，在训练初期要慢一点，以便

保证练习的准确性，但不要总把练习速度放慢，以免妨碍进一步把局部动作联合成完整的动作系统，影响训练进程。因此，要根据练习动作的难易程度和技能掌握的进程，把握时机，适时地调整练习节奏。

（5）了解训练的结果。

训练的效果对于技能的掌握起着反馈作用，也称为练习的“效果律”。每次练习之后，检查一下哪些方面有成效，哪些方面存在缺点、错误，把必要的、符合目的的动作保留下来，把多余的、不符合要求的动作抛弃掉，就能更快地提高训练质量。教练员应做好训练后讲评，写好“训练日志”，重视阶段观测和考评。

三 根据学员的心理特征因材施教

在训练过程中，教练员只有按照学员的身心特点实施教学，才能收到良好效果。除了要根据学员的共性进行教学外，还必须针对学员一些个体差异，因人施教。

1 不同气质学员的教学特点

气质是指人的情感、认识活动和言语、行动中比较稳定的动力特征。心理学把人的气质分为胆汁质、多血质、黏液质和抑郁质四种。教练员应了解不同学员的气质特点，采取不同的教学方式和语言，正确引导。在训练中，学员不同气质的特征表现非常鲜明，他们在动作的速度和力量以及行车方式选择上各不相同。例如当学员超速行驶引发险情时，教练员可能会生气而大声斥责，面对斥责，不同气质的学员表现各不相同，教练员必须区别对待。

（1）胆汁质学员可能会说：“我是来学车的，不是来挨骂的。”下车后粗猛地关上车门。对此，教练员应准备充分，进行推心置腹地长谈，帮助其树立安全第一的思想，克服莽撞、斗气的毛病。

（2）多血质学员会机灵地感谢教练员的指责，甚至赞扬“要不是教练员措施果断，我就没救了。”但是，当他们重新驾驶时，仍然想方设法超速行驶。对此，教练员应对其进行严厉批评，帮助其克服轻率、不踏实的毛病，甚至可采用“激将法”，如教练员可以说：“我看你就是不会。”学员往往会想到“我就要学好，做给你看一看。”从而提高驾驶技巧。

（3）黏液质学员面对斥责会感到委屈，甚至泪水湿润双眼，但他们能克制自己的情绪，仔细地向教练员请教各种操作方法，并认真记在心里。对此，教练员应有耐心，帮助其归纳行车经验，同时指出他们虽然车速不快，但在复杂交通条件仍是超速，促使他们掌握正确调整车速的方法。

（4）抑郁质学员面对斥责，可能灰心丧气，甚至以生病等理由为借口，不愿继续练习。对此，对这类学员应多关心、多鼓励，消除“教练员不喜欢我”的疑心，不得继续斥责。教练员不应经常使用斥责的方法，即使斥责后也应该提供改进措施，对症下药。过多斥责是缺乏教学经验、指导无能的表现。

掌握学员的气质特点，并通过一定的训练，发扬其优良品质，避免不良品质。例如，在进行通过交叉路口的训练时，应该制止胆汁质学员争抢信号灯强行通过；制止多血质的学员穿插绕行，任意改变行车路线；提醒抑郁质学员大胆操作，敢于独立完成驾驶，同时做好防危准备。通过训练，培养学员遵章守纪、镇定灵活等品质。气质本身不决定一个人成就的高低，也没有好坏之分。教练员不能以自己的喜好，表现出对某种气质学员的喜欢或厌烦。由于驾驶活动特别需要沉着镇定、机敏灵活等心理品质，教练员往往偏爱多血质和黏液质特征明显的学员。应该认识到，通过教育和训练，学员的气质都能得到改善，驾驶技能都能或迟或早地得到提高。

2 不同个性倾向性学员的教学特点

内倾性是指心理活动过程经常指向自己

内心世界的个性。具有这种个性的学员，勤于思考，内在体验深刻不外露，力求稳妥，讲究条理，喜欢单独行车；但反应缓慢，驾驶应变能力差，缺乏自信和果断，不敢快速行车，驾驶行为被动，临危避险易失误，超车缺少自我保护。对此，教练员首先要加强同学员的相互交流和理解，要求其不必过多顾虑批评和议论，大胆操作，若有错误不要指责。在动作交替运用阶段要敢于提高车速，增加科目练习，在成功中加强自信心，提高动作的敏捷程度。

外倾性是指心理活动过程经常指向外在事物的个性。具有这种个性的学员思维速度与行为动作趋于一致，性格开朗，操作敏捷，自信心强；但内在体验薄弱，易受情绪左右，好冲动，自我控制差，胆大心不细，喜欢冒险，盲目开快车，往往轧线行车，强行超车，遇行人横穿加速绕行，跟车过近。对这类学员，应加强基础动作反复练习，磨炼其耐心；引导他们总结行车经验，丰富安全行车方法，树立安全第一思想，增强人道主义精神，关心其他交通参与者；同时表扬要适当，批评要严厉。

个性倾向性与气质特点有联系。调查表明，驾驶员的个性倾向受年龄、性别的影响较为明显。青年学员中外倾性学员较多，年龄较大学员则趋于内倾性；男性学员较多趋于外倾性，而女性学员较多趋于内倾性。在训练中注意学员的性别、年龄、地域等具体情况，选择最适合学员的方法，因材施教。

3 不同性别学员的教学特点

男学员的心理特点为：大多数好胜心强，精力充沛，善于独立思考，敢说敢干；学习技能的接受能力强，但动作粗猛，缺乏耐心，不愿进行枯燥单一的基础动作练习；能迅速掌握行车方法，决策果断，但往往不愿听取遵章守纪的劝告，忽视交通法规，总想试一试超速行驶和冒险超车。对此，教练员应引导学员发挥其善于思考、反应敏捷、好学上进的特点，严格地反复练习基础动作，落实安全驾驶操作规程，重视安全教育和交通事故现场及案例的教育。

女学员的心理特点为：大多数温和细心，遵章守纪，尊敬师长；按操作规程练习，学习有耐心；动作柔和，行车谨慎，喜欢钻研业务知识和练习基础动作；爱面子，害怕当众批评和大声指责；思维缺乏主动性，掌握行车方法较慢，行驶中较长时间离不开教练员的指导和帮助；一旦停止指导，不易独立完成驾驶，处理情况犹豫不决，缺乏敏捷思路；还有一部分女学员目测空间目标和转向、倒车的能力较差。对此，教练员应讲究说话方式，以鼓励为主，打破“女性是弱者”的心理定式，培养强者精神；多增加训练时间，加大练习难度，经常到复杂道路交通环境中去培养镇定、果断、勇敢、机敏等心理品质。在经历复杂道路交通环境后，其自信心和独立驾驶能力会明显提高。同时，教练员还要顾及她们的生理特点，妥善安排训练内容和训练时间。

4 不同年龄学员的教学特点

年轻学员往往训练初期进步快，但满足于一知半解，学会动作后无耐心去巩固；兴趣容易转移，造成训练中技能提升停滞不前；往往忽视法律法规，不愿深入钻研有关安全行车法律方面的知识，认为自己反应敏捷，动作迅速可以应付危急交通情况，故经常造成险情发生。此外，还有一部分年轻学员学习态度不明确，认为开车好玩，但又怕苦怕脏，不愿意参加车辆维护；又由于思想不成熟，不善于处理师生和学员之间的关系，经常与教练员发生矛盾，干扰训练。对这类学员关键在于严格要求，明确学习目的，激发练习兴趣，培养正确的生活态度和劳动观点。

年龄较大的学员，其反应通常较年轻学员缓慢，行车中经常出现严重车辆闯动和不应有的停顿，在危急情况下容易做出反常动作；几种驾驶需要的感知能力形成较慢，技能形成迟缓。但他们尊师爱友，人生观已形成，学习态度明确，非常重视安全；练习刻苦认真，喜欢思索操作原理和安全行车方法，自觉学习车辆维护。对此，在训练初期应细心指导，加强基础动作训练，使其通过记忆使用操作机件的肌肉活动感觉，建立完整的动作表象。当动作表象形成后，这类学员的动作质量就能及时提高。一旦他们掌握了各基础动作，就有精力去学习观察、判断、总结行车方法。

5 不同智力水平学员的教学特点

智力水平高的学员能够迅速预测、判断道路交通情况的变化；处理情况思维敏捷，善于总结经验，能迅速掌握有关专业知识。但智力水平高并不代表动作协调性好，他们往往对自己的驾驶技术过于自信，漠视安全教育，不愿苦练基本功，容易出现违章行驶，延误处理情况的时间而出现险情。一部分学员不满足或不安心于驾驶训练，影响练习进度。对此，应端正这类学员的学习态度，加强安全教育，克服以自我为中心的自负情绪，踏实苦练基本功。特别应指出，若因智力水平高而缩短训练时间甚至不参加训练，是违背技能形成规律的，终会害人害己。

智力水平低的学员掌握专业知识较慢，技能形成缓慢，不容易理解教练员的指示和意图，判断能力低下，注意转移迟缓，对外界信息反应迟钝。但他们尊师爱友，训练刻苦，能够接受批评和指责，愿意反复苦练基础动作，并努力掌握各种操作方法。对此，教练员应热情鼓励耐心指导，多给练习机会，多与他们交流训练心得，帮助他们消除后进带来的心理压力。同时，应鼓励他们增强信心，避免自卑。

第四节 学员良好心理素质的培养

驾驶训练过程受到学员情绪、兴趣、注意、意志、主观能动性的影响，教练员注重培养学员良好的心理素质，有利于提升训练效果。

一 培养学员的良好情绪

情绪是人对客观事物所持态度的主观体验。学员需要用平和的心态，适度紧张、积极的情绪来认真对待学习活动，以较快地掌握驾驶技能。教学过程中，学员会出现很多不良情绪，若不及时控制和疏导，则妨碍驾驶技能的形成。

1 克服紧张情绪

紧张情绪是一种因某种强大压力引起的生理和心理上的变化。学习初期，由于难以完成规定动作、不熟悉学习环境，学员往往会产生过大的精神压力；随着学习环境和科目变换，学员还可能再次出现紧张情绪。例如，场地训练中第一次起步，学员通常会感到激动和紧张；道路驾驶训练中第一次起步，学员又会感到紧张。一旦适应了新的环境，紧张感会随之消失。过度的紧张情绪会使人感到惊慌、不安、激动和烦躁，操作时肌肉紧张、四肢僵硬、动作失调、行为紊乱、反应敏捷明显降低。因此，教学初期，不能对学员提出过高要求，适当放慢训练进度可以缓和紧张程度更有利于学习。教练员应有耐心，不能因学员操作失误而横加指责，这样会加重学员的紧张情绪。同时，教练员应采取各种方式进行疏导，帮助学员进行自我心理调节，避免过度紧张带来的危害。临考前，学员会再次出

现过度紧张，致使思维、记忆和操作动作的准确性均大幅降低的现象。因此，教练员应该重视学员考前心理状态，尽力减轻其心理压力。教练员可从以下几方面努力。

（1）巩固训练成果，提高学员技能水平。学员技术熟练，自信心增加，从而会减少紧张情绪。同时，由于驾驶操作形成自动化的动作，即使有一些紧张，也可无须特别控制意识而顺利完成操作。

（2）带领学员熟悉考试过程，明确考核标准。教练员应带领学员多到考场或考试路段训练，熟悉环境；举行模拟考试，让学员了解考核标准及考试过程。

（3）淡化考试的重要性，减少学员心理压力。教练员不可故弄玄虚，渲染考试的“严酷”；考前训练中，注意分清错误和失误的区别，不要过多指责学员偶然的失误，不要恐吓或羞辱学员；也不要对学员要求过高，以致增加学员心理负担。

（4）保持警觉，及时帮助学员消除消极的思想情绪。学员考前会出现焦虑、担心、急躁、厌倦、自卑情绪，从而影响技能的正常发挥。及时发觉、阻断学员的被动思维，提供心理指导和帮助，是教练员的职责。

（5）为学员创造宽松环境，形成良好的心态。教练员应引导学员劳逸结合，制止学员胡思乱想，使学员身心沉浸在精力充沛、心理稳定、没有压力、渴望考试的状态中。

（6）指导学员选择他们熟悉的方法缓解压力，如听音乐、唱歌。训练中可以教学员一些心理调节方法，如深呼吸法、想象放松法、肌肉松弛法等。

总之，教练员是学员心理稳定的重要支柱，一定要多掌握心理知识和心理调节技能，给予学员必要的指导和鼓励。

2 克服急躁情绪

急躁情绪不仅学员有，教练员也经常出现。部分学员因跟不上进度而产生急躁情绪，出现训练越多失误越多的现象。对此，教练员需要理智地分析，通过语言暗示作用使之放松，切忌在学员操作时进行动作分析，干扰训练。此外，还可以采取改变环境或暂时终止所训练的科目的方法：如学员上坡起步操作失败，反复多次仍未掌握要领，越急越做不好，这时就可以换一个训练内容，让其练习加挡行驶，离开当时环境，转移其注意，使其情绪放松，待其冷静下来后再帮助分析失败原因，寻找正确的训练方法。

3 克服骄傲、松懈的情绪

经过一段时间的训练，有的学员进步较快，受到好评后容易产生骄傲情绪，认为自己了不起，洋洋自得，操作时漫不经心，不认真纠正出现的错误，听不进别人的批评和劝告，顺利完成操作后，就会得意忘形，加速进、出库或移库，以显示自己比别人强。骄傲情绪妨碍学员继续上进；松懈情绪则容易造成注意力不集中，导致训练效果停顿。这两种情绪均应及时加以控制和消除，但切忌不要伤害学员的积极性。教练员既要要求学员端正学习态度，加大训练难度，使其意识到“学无止境”，又要发挥这类学员在群体中的示范作用。

4 克服犹豫的情绪

个性心理特征属黏液质型的学员，平时处理事情优柔寡断，训练中处理危险情况往往会犹豫不决。在遇到新情况时也会出现犹豫情绪，表现为眉头紧锁，瞻前顾后，想停不停，想走不走，拖泥带水，不能有效控制车速。对此，教练员应让学员充分了解犹豫不决对行车安全的危害，帮助分析犹豫不决所导致后果的严重性；同时尽量提升其观察、判断交通情况的能力，缩短其判断行车动态所需的时间和选择正确应对措施所需时间，引导其提高果断操作的能力。

5 消除恐惧的情绪

驾驶训练中造成恐惧情绪的原因除学员本身胆小怕事外，主要有以下几点。

（1）车辆行驶时动态环境对感官的刺激。

（2）目睹发生交通事故后的惨状或自身发生过交通事故。

（3）教练员态度过于严厉。

（4）由于紧张延缓而产生恐惧。

恐惧产生后，学员表情紧张呆板，四肢发抖，反应迟钝，注意力分配忙乱，操作顺序错乱，配合失当，遇到复杂情况束手无策。

对此，教练员一方面应引导学员采用自我鼓励和遗忘转移的方法，树立自信心，忘掉已经过去的失败，记住造成挫折的原因，避免再次失败；另一方面，应循循善诱和因人施教，注意学员情绪的变化，及时进行交流和疏导，融洽师生关系，给学员以安全感，以消除学员的恐惧情绪。

二 培养学员的学习兴趣

兴趣是人力求认识和趋向某客体的积极态度的个性心理特征。这种积极认识使人对事物或某项活动具有向往精神，并同时给予优先的注意。人的兴趣不是天生的，而是在后天的社会实践、生活环境和教育影响下形成的。在驾驶训练中，学员产生浓厚的兴趣，就会对学习充满热情，感知快而清晰，记忆牢固，思维活跃，注意力集中，意志坚定。兴趣对训练水平和驾驶技能的提高具有重要作用，因此，教练员应注意培养和提升学员的学习兴趣，并做好以下工作。

1 传授与机动车驾驶有关的知识和提高对学习的认识

教练员向学员传授机动车理论、机动车技术使用与维修、驾驶理论及操作原理、交通工程以及机动车驾驶安全心理学的知识，满足他们的好奇心和求知欲，培养直接和间接兴趣。此外，还应明确学习目的，明确掌握驾驶技能的重要性，才能调动起学员学习的积极性。

2 讲究训练方法，做到生动有趣

教学富有趣味性，才能诱发学员的直接兴趣，直接兴趣更能吸引学员的学习热情。训练中，教练员要用形象生动的教学语言，恰如其分地进行讲解，避免简单、粗暴的说教。训练时合理安排内容，采用丰富多样的方式。如：在道路训练中增加专项的坡道起步训练等；在规定范围不断改变训练路线，进行夜间驾驶训练等；逐渐增加训练难度，重视讲评和记录；经常组织学员讨论，交流训练心得；纠正妨碍学员进步的不良兴趣，创造和谐的气氛环境，使他们能将兴趣转移并集中到训练上。

3 端正学习态度，引导学员认识掌握驾驶技能对自己将来的影响

由于生活的需要，驾驶技能不再仅仅是为了谋求一个职业和作为一种谋生的手段，而逐渐转变为一种生活必需的技能。很大一部分人是为了工作和生活的方便而学习驾驶，可能会单纯追求取得驾驶资格而忽略驾驶技能的重要性。因此，应该引导他们了解掌握技能高低与安全、油耗、汽车使用寿命的关系。

4 珍惜兴趣的广泛性，运用悬疑问题吸引学员

一个人的兴趣往往是多样的，教练员要尽量把学员的兴趣引导到学习汽车知识和驾驶技能上来。如有的学员爱好无线电，便可引导他们钻研汽车电器知识。只要引导得当，即便是与汽车无关的兴趣和爱好，也会对汽车驾驶训练起到积极作用。另外在训练过程中，教练员要善于向学员抛出一些难题，并激励学员克服困难，学员克服困难越大，学习兴趣也就越强。

5 合理安排训练的量和训练时间

切忌不适当地加大训练量和重复训练次数，使学员感到烦躁而丧失兴趣。训练量过小，也会使学员感到太简单，不利于提高学员的学习兴趣。

三 培养学员的注意

注意是人的心理活动对一定事物的指向

和集中。驾驶员的注意，是指驾驶员在行车时他们的心理活动有选择地指向和集中于一定的道路交通信息上。它直接影响驾驶技能和安全行驶。

1 明确目的，养成注意力集中的习惯

注意力集中就是把全部精力集中到某一活动中，对其他事物的干扰有抵抗能力。为了使注意长时间集中于驾驶工作上，学员一进入驾驶室就应集中注意力，把与训练无关的事抛开，即专心专意。但学员应做到劳逸结合，保持精力充沛，防止注意力不集中，临危措手不及现象出现。尤其是在道路景观单调时，学员更容易分心，教练员应及时提醒学员注意路况、车速、路面的选择，引导学员集中注意力。

2 扩大注意范围

注意范围是指同一时间内，驾驶员所能感知的对象数量。有的学员注意范围狭窄，不能发现各种信息之间的变化和联系。教练员要引导学员努力提高技术熟练程度，丰富驾驶知识和经验，调动已经掌握的交通法规知识和安全操作规程指导行车实践，学会把貌似孤立的事物联系起来，弄清楚各种信息的类型特征，从而不断拓宽注意范围。

3 调节好注意的紧张度

注意的紧张度是指心理活动对某些对象或活动的高度集中，而同时能离开其余一切对象或活动的能力。高度集中的注意是提高工作效率和安全行车的必要前提，但持久的紧张注意也会导致注意分散。学员在面对新的训练科目和道路复杂的情况下，注意的紧张度明显增高。高度紧张影响了他们注意的范围和分配，所以要提示他们调整车速、减速缓行，既保持注意力集中，又能控制紧张程度。

4 培养注意分配能力

注意分配是指在同一时间内，把注意分配到两个或两个以上的目标或动作上。驾驶员在驾驶汽车时，应具有较强的分配注意的能力，不仅要自如地运用各操纵机构，又要注意交通标志和行人车辆动态。注意分配有不同的水平，它取决于同时并进的几种活动的性质、复杂程度以及人对活动的熟悉或熟练程度等条件。同时进行的几种活动越复杂或难度越大，注意分配就越困难。在智力和运动两种活动同时进行时，智力活动的效率比运动活动的效率有更大程度的降低。同时进行两种智力活动，则注意分配的困难更大一些。在影响注意分配的各种因素中，对活动的熟练程度起作用最大。要想能够很好地分配注意，首先是在同时进行的两种活动中，必须有一种活动达到了相对“自动化”的程度，即不再需要更多的注意，这样人就能把注意集中在比较生疏的活动上。其次，使同时进行的几种活动之间建立一定的联系，或通过训练使复杂的活动形成一定的反应系统，这样注意分配也就比较容易了。

5 提高注意转移的速度

注意转移是指有目的、及时地把注意从一个对象转移到另一个对象。驾驶员操纵动作的速度和准确度取决于注意转移的速度，有时一个动作刚开始，就得马上停止，立刻换另一动作，甚至是相反的动作。注意转移速度首先取决于驾驶员的经验。经过长时间锻炼，经验丰富的驾驶员能做到超车、会车、通过交叉路口及变换车道时，熟练地转移注意对象。为此，训练时应提示学员把注意从一个对象转移到另一个对象上，同时从众多现象中迅速分辨出主要现象，从众多动作中迅速分辨出起主导作用的动作。

注意转移的快慢和难易还取决于原来注意集中的程度，如果原来注意非常集中，那么，要将注意迅速转移到后来的活动上就不大容易。因此，训练前不要搞使学员注意特别集中的活动。注意转移快慢还与原来注意紧张程度有关，实践证明，原来注意的紧张度越大，则转移注意就越困难、

越缓慢；反之，注意的转移就比较容易和快些。例如，上坡转弯时，若学员非常紧张地注意减挡，那么注意转移到调控转向盘上就很困难，因而贻误转向时机。

观察迟钝反应缓慢的学员，在注意上表现为迟钝。注意迟钝一是由个性特征决定；二是由于学员缺乏对新情况的认识能力和适应能力。自觉地在实践中练习注意的转移是克服注意的根本途径。

四 培养学员坚强的意志

意志是人自觉确定目的，并支配行动克服困难，以实现预定目的的心理过程。驾驶员具备了良好的意志品质，对于克服困难完成任务和在危险情况下争取化险为夷意义重大。良好的意志品质不是先天就有的，要靠后天培养。在训练中教练员应加强对学员意志品质的培养和锻炼。

1 端正学习动机，明确目的

当学员有了明确的学习目的，训练的自觉性就会提高，即便遇到困难也会设法克服，即便向其提出新的要求或是要其完成高难度科目，学员都会创造条件去达成目标。但制定的目标一定要符合客观实际，目标低了不能调动积极性，太高又完不成，应紧紧围绕适合锻炼学员意志的目的，去确定各阶段的目标。

2 认真施教，鼓励克服困难

机动车驾驶教练员既要讲解清楚掌握操技能难度所在，又要帮助学员确立克服困难的信心。学员遇到困难时，要给予热情鼓励和指导，但决不能代替他们去做。少数学员会有娇气的惰性，更要严格要求，一丝不苟，不放过每一个环节，有意识地为其安排一些强化训练科目，并根据需要将学员带到复杂而又恶劣的环境中去磨炼毅力。教练员也应以身作则，严格要求自己，身教重于言传。例如在恶劣气候条件下能够不辞劳苦不厌其烦地进行指导，会激发学员的学习热情；危险情况下能镇定自若，也可促使学员形成较强的自制力。

3 针对不同意志类型的学员，采取相应的教学措施

（1）有的学员主动性和自制力较强，有的却比较任性，对后者应多做疏导工作，使其能够自觉抑制那些与教学目的相抵触的情绪。

（2）有的学员有始有终，坚韧不拔，但有的却“见异思迁”“虎头蛇尾”。对后者应训练他们的一贯性和韧性，对他们的进步要加以肯定、表扬，当他们遇到困难，要及时帮助。

（3）有的学员镇定、果断、勇敢顽强，但有的遇事惊慌失措，优柔寡断，鲁莽或怯懦。对后者应帮助他们提高认识，掌握行车规律和各种驾驶方法，在各种紧急困难情况下，能用理智控制自己，沉着处理突如其来的变化。

（4）加强体育锻炼，注意劳逸结合。体育锻炼不仅能使人有一副强壮的体魄，也是磨炼人意志品质的有效途径。

五 提高学员学习的主观能动性

驾驶训练是学员学习和教练员向学员传授技能的双边活动，训练中应充分发挥学员的主观能动性。使学员变“要我学”为“我要学”。为此，教练员要做好以下几点。

（1）尊重和爱护学员。教练员既要清醒地认识到自己在训练中的主导作用，又要认识到学员是训练的主体。只有充分发挥学员的主观能动性，才能提高训练质量。学员是有思想、有感情的人，况且学习驾驶的学员都已是成年人，人生观已基本形成，个性心理趋于稳定，是非界限明确，有成熟的理解、判断能力，很多人还怀有教练员所不具备的其他技能。教练员应该把学员当朋友，尊重和爱护他们，方能建立良好的师生关系。并以此为基础，充分发挥他们学习的积极性、创造性，提高学习效率。

（2）教练员既要指导、管理学员，同时也要树立服务思想，根据教学计划，毫无保留地传授自己的知识、经验和技能，为学员服务好。

（3）训练的目的是培养学员成为能单独实习的驾驶员，要尽可能采用启发式教学，有意识地锻炼他们独立完成驾驶操作的能力。这就需要尽可能地调动学员的主观能动性。

（4）主观能动性应与客观规律相结合。师生的积极性应与教学规律、技能形成规律相结合。夸大主观能动性作用，盲目蛮干，违反教学规律，只会给教学带来危害，“误人子弟”。压缩学习时间，减少训练科目和行驶里程，单纯追求经济效益的盲目做法，是违反教学规律和原则的，会降低培训质量，甚至给社会带来潜在的危害。

六 交通安全及安全性格的培养

机动车驾驶员是道路交通系统的信息处理者和决策者，是这个系统的中心。道路交通安全主要取决于驾驶员的安全可靠性，即取决于驾驶员的技术熟练程度。了解学员的个性心理特征，培养学员适应驾驶工作的安全性格，对安全行车和技能训练具有重要意义。在训练中，教练员每天都要同具有不同气质和性格特征的学员打交道，引导、帮助他们形成适应驾驶的安全性格是教练员的重要职责。消除学员不良个性，促进学员良好个性品质形成，学员的技能水平就会提升得更快。

1 危及安全的性格

并不是每一个人都具有适宜驾驶汽车的良好性格，大量交通事故的发生都与驾驶员不良性格紧密相关。实践证明，学员的以下不良性格如果得不到纠正，取得驾驶证后单独驾驶汽车，容易引发交通事故。

（1）反应迟钝。有的学员对车体、车速、车辆运动方向、道路交通情况感知迟钝，注意力转移迟缓，观察迟缓；有的学员判断迟钝，出现情况不能及时分析、决策；有的学员动作迟缓，且不能及时发觉动作错误。

（2）性情暴躁。有的学员易冲动，缺乏理智，不能自我控制；行车中强超硬挤，争道抢行，开“斗气车”“霸王车”，作风恶劣。

（3）神经过敏。有的学员当汽车起动后，两眼发直，手脚僵硬，过度紧张，无法接受教练员的指导；临危慌乱，不采取措施或动作反常。

（4）粗心、草率。有的学员粗枝大叶，思考问题肤浅，注意力容易分散，理解能力差，学习过的知识或技能经常遗忘。

（5）以自我为中心。有的学员任性轻浮，不踏实，不诚恳；行车中不关心其他车辆和行人，开“飞车”取乐，缺少同情心和人道主义精神。

（6）冷漠自私。有的学员不热爱生活，不关心他人生命，不珍惜国家财产，轻视社会道德和法律。

具有以上性格特征明显的人在学员中尽管只是极少数，但同样应当引起教练员的高度重视。

2 良好性格的培养

驾驶训练是教育人的工作。教练员应坚持“教育第一”的原则，既教技术又教人，帮助学员克服不良性格特征，培养良好的性格品质。

（1）注重行车公德的培育。

对驾驶员来说，公德心的培育至关重要。教学过程中，教练员要身教重于言传，时时处处向学员展现自己关心关爱其他交通参与人，以他人人身财产安全为重的良好品行，用实际行动感化学员，及时指出学员暴露出的不良行车习性可能导致的不良后果。

（2）注意性格的意志特征。

在训练中教练员应引导学员学会自

我控制，独立自主地解决问题。培养学员自觉性，克服盲从或独断；培养学员果断性，克服优柔寡断；培养学员自制力，克服易冲动、任性、知过不改等毛病性。

（3）注意性格的情绪特征。

稳定的情绪，平静的心境，适度的紧张在行车过程中至关紧要。教练员要引导学员温和、乐观地处理交通情况，克服暴躁、冷漠、悲观等不良情绪特征。

（4）注意性格的理智特征。

优秀的驾驶员表现为感知全面、记忆深刻、联系丰富、思维活动敏捷流畅、善于观察、判断正确，面对复杂多变的道路交通状况能迅速捕捉到主要危险点，及时采取应对措施。在开展学员动作技能训练的同时，教练员应注重对学员心智技能的培养，尽可能引导学员成为优秀驾驶员。

3 培养良好性格的途径

（1）训练是培养学员良好性格的基本途径。

学员带着学会驾驶汽车的强烈动机投入训练，为适应驾驶需要，他们努力克服性格上的弱点，自觉要求形成适宜驾驶的良好性格。教练员应懂得以下几点。

①训练环境的好坏是影响性格变化的重要因素。一个胆怯、孤僻的学员，在顺利的环境中（如训练内容丰富生动，教练员亲切耐心，学员之间相互信任）可以发生显著变化，驾驶操作表现出大方、庄重的姿态。而一个坚强、活泼的学员，在不顺利的环境中（如训练内容单调或要求过高，教练员急躁或冷酷，学员之间不信任）也会变得胆怯、沉默、优柔寡断，驾驶操作训练时会出现畏惧，犹豫的表情。

②主观上的自我调节是性格的改造的有利因素。性格比较稳定的学员，能在更大程度上实现性格发展的自我调节。学员一旦意识到自己性格的某些与训练要求不相适应，会引起改变的愿望，可以通过坚持不懈的主观努力去改造自己的性格。一个粗心、性急的学员在训练过程中，通过自我调节，可以养成细心、镇定的良好品质。指出学员的性格弱点，提供适当的心理方法，引导学员在主观上进行自我调节，可以让学员改造不良性格。

（2）树立良好的教风和学风。

教风和学风的好坏影响学员的性格形成。良好的教风和学风对学员优良性格的形成能起积极作用。在优秀教学集体中，一个自私自利的学员能够意识到自己的缺点，并为自己旧有行为习惯感到羞愧，产生关心他人和集体的愿望，经过长期、激烈的心理矛盾和冲突，在集体的帮助下，也会形成助人为乐的良好品质。所以，教练员的要培育一个有纪律、讲文明、重视安全的集体，充分发挥集体的舆论、评价作用，推动学员的性格变化。

（3）重视交通安全教育。

在行车中利用其他车辆的事故现场，结合以往的事故案例进行分析，组织安全学习活动，是培养学员性格的重要途径。抓好安全教育，教练员应注意以下几点。

①不同性格的学员对驾驶行为会作出不同的调节和选择。观察学员驾驶行为，可以分辨其是否具有良好性格。例如，可注意学员是否服从交通管理；接受、理解、处理交通信息是否容易，感知是否清晰、判断是否准确；对安全规则，操作规程是否肯接受、执行。每天训练结束，教练员不能只讲技术问题，还应联系学员行车中反映出来的个人问题，进行分析、讲评。

②启发学员自觉学习，提高增强安全意识的紧迫感。加强对学员交通法规、安全操作规程、安全驾驶规章制度、安全理论知识和技术知识的教育，以及典型事故案例分析的教育。

③教学方法要多样化。利用其他车辆的事故进行现场教育，能唤起学员安全警觉，促成安全性格形成。

4 培养良好性格的方法

（1）示范法。

以优秀驾驶员、优秀学员的言行为榜样、感染影响学员。这一方法符合正面教育为主的原则和学员模仿性强、积极向上的特点。运用这一方法应注意以下方面。

①选择好示范典型，要注意其先进性、权威性、真实性。榜样人物的性格、言行应能代表学员努力的方向。这些榜样是在学习和驾驶工作中自然形成的，要让学员信服。

②引导学员形成虚心学习的态度。学先进、找差距、见行动，防止学用脱节。

③学榜样，要进行指导。对优秀驾驶员，学员的优良性格、先进事迹，要用安全心理学、驾驶操作原理等方面的知识，进行分析、总结，以利于学员安全性格的形成。

④特别要重视发挥教练员的主导作用和模范作用。“有什么样的教练员，就有什么样的学员”，教练员的思想境界、性格特征会直接影响学员。

（2）说服法。

即摆事实讲道理的方法。教练员应该联系训练中的具体事例，运用驾驶理论、心理学原理、操作原理进行分析，使学员信服接受，以达到分清是非、培养良好性格的目的。运用这一方法应注意以下方面。

①应分清哪些是学员一时性的偶然表现，哪些是经常性的习惯表现。前者不能反映一个人的性格特征，要做到有的放矢。

②要说服，不要压服。不要把心理问题当思想政治问题。对心理问题，只能遵循心理发展规律，采用心理方法进行疏导和帮助，决不能简单、粗暴，任意批评，甚至采用压服、羞辱的方法。

③说服不等于说教，不限于谈话。可采用讲解、谈心、讨论、事故现场调查等多种方式。

④说服者要耐心、冷静、细致，注意教育艺术。一次不能说服的，可多次反复说理。

⑤视需要辅之必要的纪律约束。

（3）训练实践法。

这是培养适宜驾驶安全性格的主要方法。教育家马卡连柯认为，教育从一定意义上说，无非就是练习正确的行为。学员果敢的性格多是在复杂、危险的道路交通情境中逐渐养成的。

（4）奖惩鼓励法。

通过赞许、表扬、奖励，又辅之批评、惩罚，鼓励学员发扬优良品质，改正错误缺点，抛弃不良品质。运用这一方法应注意以下方面。

①表扬、奖励必须严肃认真、公平合理，掌握好表扬、奖励的标准，否则达不到应有的效果。

②以赞许、表扬、奖励为主，以利于学员良好性格的培养。教练员一句赞扬、一次点头。一个微笑都能给学员极大欣喜和鼓舞。

③批评时应注意学员的性格是多侧面、多层次的，切忌以偏概全，以点代面。批评必须着眼于教育。有一些心理问题，尽可能不要当众批评，并注意为学员的隐私保密。

（5）自我教育法。

引导学员对自己的性格进行分析，认清缺点，进行心理调节，自觉地向积极方面转化。运用这一方法应注意以下方面

①通过训练找出学员不适宜驾驶的部分性格特征，激发他们改造自己性格的动机。

②性格转变是学员心理矛盾发展的过程，具有斗争和转化的特点。教练员的任务不是代替学员进行心理转化，而是运用矛盾运动的规律，启发、引导、加速学员心理矛盾运动，推动他们的个性品质向期望的积极方面发展。

③指导学员从实际出发、循序渐进，切忌急于求成，允许出现反复现象。

（6）个别指导法。

对不同类型性格的学员进行个别指导，

切忌千篇一律。例如，对于有自卑感或训练无信心的学员，多加表扬和鼓励，或通过启发暗示，使他们看到自己的优点和能力，增强其上进心；对于自高自大的学员，不能总是夸奖，而批评又要顾及情面，留有余地，既要保持他的上进心，又要设法使他通过训练中的失败看到自己的缺点和错误，促使其虚心学习；对于轻率的学员，不应过分迁就或温存；对于倔强的学员，则要力求心平气和，避免“顶牛”；对于比较优秀的学员，也要防止其傲慢、不虚心倾向出现。

总之，优良性格能够促进驾驶技能更快提高。应该看到，只要教练员重视性格培养，并讲究方法，学员的利于安全行车的性格的形成是可求可及的。

第三章 C1车型基础教学与训练

C1车型基础教学的主要内容包括：车辆日常维护，上、下车动作及驾驶姿势，操纵装置、各种开关以及仪表的识别与操作，发动机起动、停熄，车辆起步、停车，换挡动作。

教学目标：掌握车辆检查维护内容与方法，了解各仪表和开关的作用和使用，掌握基础的驾驶操作要领，具备对车辆控制的基本能力。

第一节 车辆日常维护

一 教学内容、目标、要求、方法

1 教学内容

车辆的检查和维护。

2 教学目标

掌握车辆检查与维护的内容和方法，确保车辆技术状况良好，确保教学正常进行。

3 教学要求

了解日常维护的基本内容和技术要求，按规定的程序和方法完成车辆维护和检查。

4 教学方法

教练员先讲解，再结合实车边示范边讲解，最后学员在教练员的指导下进行实际练习。

二 教学过程

教练员先通过讲解日常维护的重要性、主要内容以及基本步骤，使学员对日常维护有一个初步认识，再分步进行具体内容的示范与讲解，最后由学员进行练习，教练员及时指导，加以巩固。

1 教练员讲解

车辆在使用过程中，各部件会产生不同程度的松动、磨损和损伤，使汽车技术状况变坏。日常维护是保持汽车正常状况的基础工作，由驾驶员负责完成。做好日常维护，是安全行车的基本保障。为了预防机械事故的发生和保证行车安全，应随时了解和掌握汽车的技术状况，汽车在使用时，驾驶员必须坚持进行日常维护。

车辆日常维护以清洁、补给、安全检视为主要内容，包括出车前、行车中、收车后对车辆的检查与维护，遵循从前到后，从上到下，从外到内的顺序进行。

② 教练员边示范边讲解

教练员进行日常维护的示范与讲解。

1）出车前的检查与维护

出车前的检查与维护应在发动机冷车起动前进行。

（1）检查车辆外部。

从车辆前部开始，逆时针绕车一周，逐项检查。

①车辆前部的检查。

a.首先检查前部号牌，应齐全、清晰、安装牢固。

b.检查灯光，前部转向灯、示廓灯、近光灯、远光灯、前雾灯和前号牌灯应齐全有效，灯罩完好无破损，并保持清洁。

c.后视镜完好清洁。

d.通过观察车辆底盘和车底地面是否有滴下的油渍、水渍痕迹，判断有无漏油、漏水现象。

e.检查前风窗玻璃，应无破损并保持清洁。

f.检查左前轮轮胎状况，内容包括螺栓应齐全、紧固，气压正常，胎面花纹深度符合标准，应不低于1.6mm，轮胎无损伤、裂痕和异常磨损，清除胎纹间的杂物。

g.清洁车辆前部外表。

②车辆左、后部的检查。车辆前部检查完成后，逆时针绕至车辆左、后部，检查左后轮轮胎状况，应保持状况良好。

a.检查后部号牌应齐全、清晰，安装牢固。

b.检查后部灯光，转向灯、示廓灯、制动灯、倒车灯、后雾灯和后号牌灯应齐全有效，灯罩完好、清洁。

c.打开行李舱盖，检查备胎是否固定牢固，气压是否正常，随车工具（千斤顶、扳手、三角警示牌、灭火器等）是否齐全、有效，检查完毕关闭行李舱盖。

d.通过观察车辆底盘和车底地面有无滴下的油渍痕迹，判断有无漏油现象。

e.清洁车辆左、后部外表。

③车辆右侧的检查。最后绕至车辆右侧，检查右侧状况。

a.检查右侧前、后轮轮胎状况，应保持状况良好。

b.检查加油口盖应完整、拧紧，油箱无漏油现象，燃油加注口侧盖应关闭严实；

c.清洁车辆右部外表。

（2）检查发动机舱。

车辆外部检查完成后，拨动驾驶室左下方的发动机罩开关，打开发动机罩，对发动机舱内的皮带、润滑油、冷却液、制动液、转向液、蓄电池液等进行检查，免维护蓄电

池查看检视孔。

①检查各种皮带有无老化、龟裂、起毛线等现象，用拇指按压皮带中部进行松紧度检查。

②拔出机油尺进行机油质和油量的检查，准备一张干净的面巾纸，拔出机油尺，将机油尺上残留的机油滴在面巾纸上进行机油清洁度检查，如果发现有金属杂质、色泽偏暗或有刺鼻气味等状况，则需要更换机油。

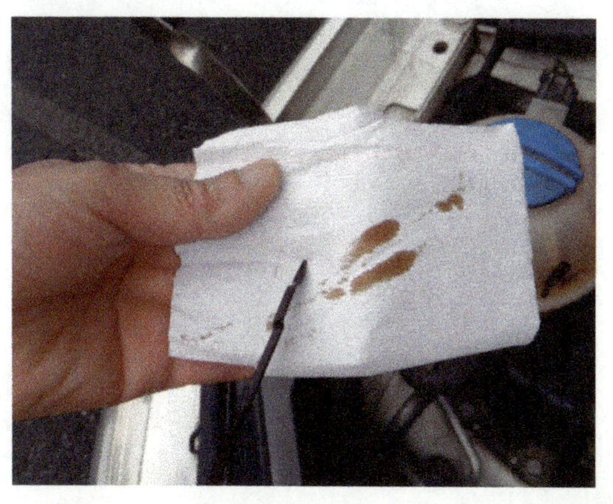

③用面巾纸将机油尺擦拭干净，重新插回，注意必须插到底，拔出机油尺查看机油尺末端的机油液面高度，液面应介于上、下限刻度间，若液面低于下限刻度，则需要添加机油，检查完成后插回机油尺。

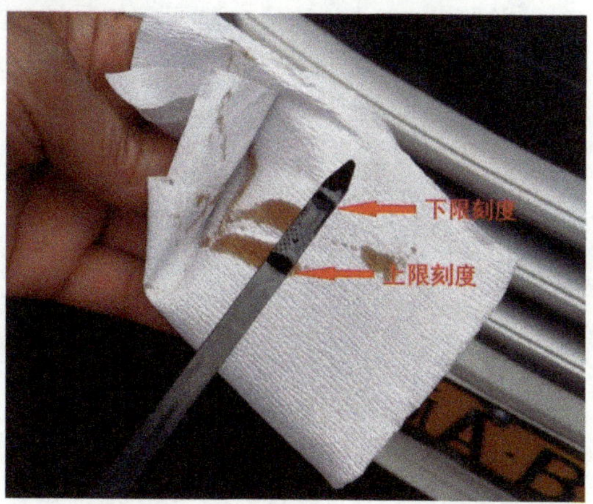

④对冷却液、制动液、转向液、玻璃水、蓄电池液进行检查，液面应在标准刻度间。免维护蓄电池应查看检视孔颜色，绿色表示正常，黑色或红色则表示需要充电，白色表示失效需要更换蓄电池。检查蓄电池正负接线柱是否安装紧固。

⑤查看发动机和散热器外部有无油渍和水渍，以此来判断有无漏油或漏水现象，清洁发动机舱。

（3）检查驾驶室内部。

驾驶室内部主要对灯光、仪表、后视镜及各操纵装置等进行检查。

①打开驾驶室车门，检查车门开、关是否顺畅，有无异响。

②进入驾驶室关好车门，车门关闭应严实，检查车窗玻璃升降应顺畅，无卡滞、异响。

③检查并调整座椅前后与高度位置，以刚好能将制动踏板踩到底为宜。

④调整安全头枕高度，高度应与后脑勺平齐。

⑤检查安全带，慢拉可以拉出，快拉应该锁止。

⑥调整好坐姿后，通过车内后视镜调整开关调整后视镜位置；车辆内后视镜应调整到地平线在后视镜水平中间位置，后视镜左侧刚好能看到自己的右耳；左侧外后视镜的位置应调整到左侧车身占后视镜1/4，地平线在后视镜水平中间位置；右侧外后视镜的位置应调整到右侧车身占后视镜1/4，地平线在后视镜水平中偏上位置。

⑦检查转向盘的自由转动量（也称转向盘的自由行程），自由转动量最大应不超过20°。

⑧检查离合器踏板与制动踏板，保证能够顺利将踏板踏到底，无卡滞现象，踏板下无异物。

⑨起动发动机，检查仪表，无故障报警灯常亮；检查灯光、刮水器、洗涤器、点火及各种电器开关、操纵机件、按钮等是否能正常使用。检查刮水器时应避免在干燥状态下进行，应配合洗涤器一起检查，否则容易损伤风窗玻璃和刮水器。

⑩检查车内物品是否放置正确或固定妥当，移除车内影响驾驶视线的装饰品等不必要物品。

⑪检查检验合格标志、保险标志，应齐全并在有效期内，检查驾驶证、车辆行驶证，应随车携带。

2）行车中的检查与维护

行车中的检查与维护包括行驶中的观察与处置和途中停车时的检查与维护。

（1）行驶中的观察与处置。

车辆行驶中，应该时刻检视各仪表是否工作正常；用听、闻等方法检查发动机和底盘各部有无异响及异味；在正常操作时，注意各操纵机构是否灵活、可靠，各机件是否有松旷现象，制动系统是否正常有效等，发现有以下这些情况时应该尽快将车辆停于安全处，排除故障：

①发动机温度过高；

②发动机或底盘有异响；

③转向机构工作失常；

④轮胎有异响或漏气现象；

⑤仪表工作不正常；

⑥离合器踏板行程突然变小或踩下踏板离合器不能分离；

⑦制动器出现异常（如异响、失灵、失效等）。

（2）途中停车时的检查与维护。

长途行车时，行驶一段路程或一定时间后，应选择平坦、宽阔、安全可靠、能遮风或遮阳的地方停车，进行途中停车的检查。主要检查汽车各部有无漏油、漏气、漏水现象；制动毂、轮毂、变速器及后桥壳的温度是否正常，如果温度过高，需要停车自然降温，检查时注意千万不能直接用手去触摸，而应将手背慢慢地靠近，去感觉温度高低；检查轮胎螺母的紧固情况和轮胎气压，检查轮胎上有无杂物等，如果轮胎纹路中有较多的小石子，则需要进行清理；巡视全车外观，检查有无异常情况。

3）收车后检查与维护

车辆在行驶（特别是长途行驶）后，技术状况会相应下降，收车后应对车辆进行清

洁与检查，发现故障或安全隐患，应及时维修、排除，收车后的检查和维护的项目主要有：

（1）车辆熄火前，检查各仪表的工作是否正常。

（2）检查有无漏油、漏液、漏气现象，视需要补充燃油、润滑油和冷却液等。

（3）检查轮胎螺母是否松动，保持紧固。

（4）检查轮胎气压，不足应及时补充，清除胎间及胎纹内的杂物。

（5）检查皮带松紧度，及时调整。

（6）检查、清洁全车外表和驾驶室内部。

3 学员练习，教练员随车指导

教练员示范讲解完毕后，由学员进行日常维护内容的实际操作练习，教练员及时进行纠正与指导。

三 技能重点与难点

（1）完好技术状态的掌握。

（2）非正常技术状态的识别。

四 教学重点

（1）车辆日常维护和程序。

（2）识别非正常技术状况的方法。

五 安全事项

（1）选择安全地点停放车辆；

（2）固定车辆（垫好三角木）确保安全。

六 练习标准

按驾培机构《车辆检查与维护的技术要求》进行，做好应对的安全措施。

七 纠错要点

训练中学员最易出现的错误：

（1）安全措施不到位。

（2）检查内容缺项。

（3）不正常内容难以发现和识别。

第二节 上、下车动作及驾驶姿势

一 教学内容、目标、要求、方法

1 教学内容

上车动作、下车动作、驾驶姿势。

2 教学目标

培养上、下车的安全意识，掌握正确的上、下车动作，确保上、下车过程安全；掌握合适的驾驶姿势，便于驾驶操作。

3 教学要求

上车前、下车后按逆时针方向环视车辆，确认车辆前后没有人和障碍物；上、下车开门前注意回头向后观察，确认安全；驾驶姿势要求自然、舒展。

4 教学方法

教练员先讲解，然后示范一遍规范的上、下车动作和驾驶姿势，再边示范、边讲解，最后，学员在教练员的指导下进行练习，并要求说出操作程序和流程。

二 教学过程

教练员先通过讲解规范上、下车动作与驾驶姿势的重要性，使学员对上、下车动作和驾驶姿势规范操作引起重视，再通过连续动作示范与分解动作示范和讲解，加深学员印象，最后由学员进行练习，教练员及时

指导，加以巩固。

❶ 教练员讲解

上、下车动作是驾驶操作动作中最基础的动作，也是车辆完全处于静止状态下的操作动作，但不要以为在车辆静止状态下所做的驾驶操作动作就很安全。有很多的事故是由于驾驶员上、下车动作不规范造成的，如车辆靠边停车后，直接打开车门，可能造成交通事故。所以在上、下车过程中必须特别注意观察车辆四周的交通情况，规范操作，保证安全。

正确的驾驶姿势是安全行车的基础与重要保证，驾驶员只有保持一个正确的驾驶姿势，才能在驾驶过程中准确、及时地做出驾驶操作动作。另外，保持正确的驾驶姿势也能够降低驾驶疲劳强度，避免过早地出现疲劳和肢体麻木现象。

❷ 教练员示范

教练员对上、下车动作和驾驶姿势进行示范，注意动作的准确与规范，并注意提醒学员仔细观察动作的各个细节，思考为什么要这样做。示范后，要求每个学员将自己观察到的动作细节进行描述，并说出自己的理解。

❸ 教练员边示范边讲解

教练员进行分解动作的示范与讲解。

1）上车动作

（1）学员从车辆右后方按逆时针方向环视车辆，当环视至车头处时，应向车辆后方瞭望，若发现有车辆正在或者准备超车时，应在车头处等待。

（2）待确认安全后。继续环视至左前门，身体正对门框，距离车门距离适当。在环视过程中，要对车辆四周进行安全检视，主要检查车辆外观、轮胎状况、车底情况以及车辆四周交通情况等。

（3）开门前向车后瞭望，再次确认后方无其他车辆接近。

（4）确认安全后，左手打开车门，同时换至门内把，左脚向前一步，右手拉住转向盘。

（5）右脚直接从地面伸进驾驶室放在加速踏板后方底板上，侧身坐进驾驶室，收起左脚，并将左脚放在离合器踏板的左下方。

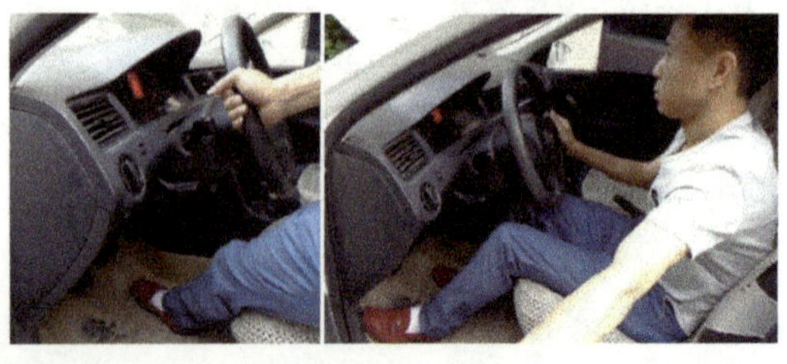

（6）采用二次关门法，即先左手把门拉近门框（车门距门框10~15cm左右），再用力将门关紧。车门关闭后，还应再推一推车门，以确保车门已完全关闭。

上车动作中要特别注意逆时针环视车辆与上车开门前的观察车辆后方交通情况，确保安全。

2）驾驶姿势

（1）座位位置的调整。

①上车关好车门后，先调整靠背角度，通过靠背调节开关将座位靠背调整到最适合自己的角度，一般调整到与坐垫成110° 左右。

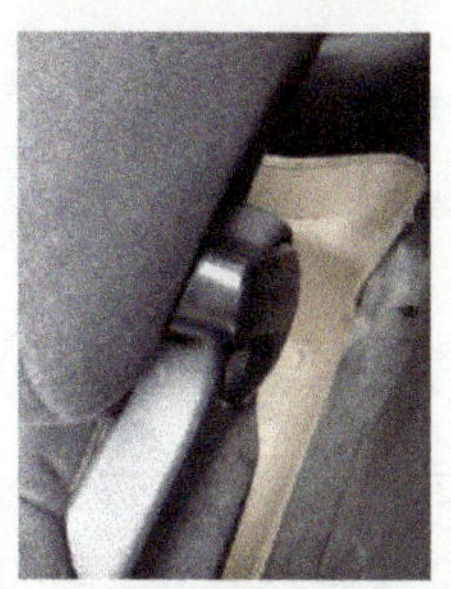

②靠背角度调整完成后，保持腰背部紧贴靠背，再调整座位前后位置，调整时应一只手握住转向盘，另一只手控制座位前后调节开关进行调整，一般调整到刚好能将离合器踏板和制动踏板轻松踩到底的位置。

③座位位置调整合适后，保持正确的驾驶姿势：身体对正转向盘，腰背部（腰部以下部位）靠于靠背，两眼平视，两手分别握于转向盘左右两侧；两肘自然下垂，头正颈直，全身自然放松；两脚适当分开，左脚置于离合器踏板下方，右脚轻放于加速踏板后方底板上，自动挡车右脚放在制动踏板上。

（2）后视镜的调整。

座位位置调整好以后，保持身体正直，身体和转向盘保持适当的距离，两眼平视，进行后视镜的调整，调整方法与第一节中相同。

（3）系、松安全带。

调整好座位与后视镜以后，必须系好安全带，要注意安全带的快拉锁止功能。解除安全带时，注意不要卡扣一解除就马上放手，以防安全带金属扣弹回，打碎玻璃或伤到人，必须手拿安全带将其慢慢送回。

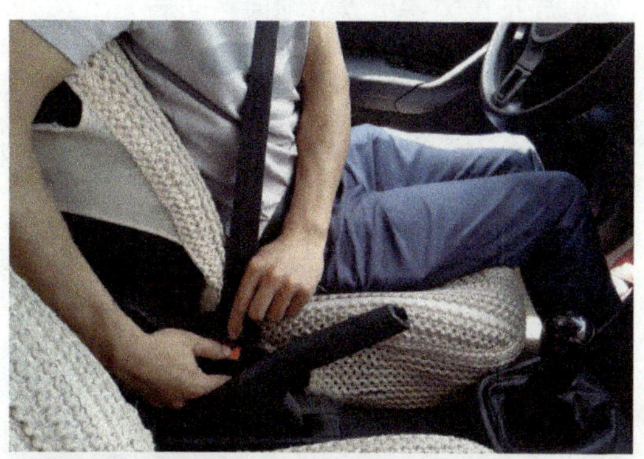

3）下车动作

解除安全带后，在下车开门前，必须注意车辆四周情况，特别是回头观察左后方的交通安全状况，下车采用“二次开门法”。

（1）先观察左后视镜，再回头观察左后方交通情况，注意来往车辆。

（2）确认无其他车辆或行人接近，交通状况安全后，用离车门远的那只手打开车门少许，再次回头向后瞭望，确认安全。

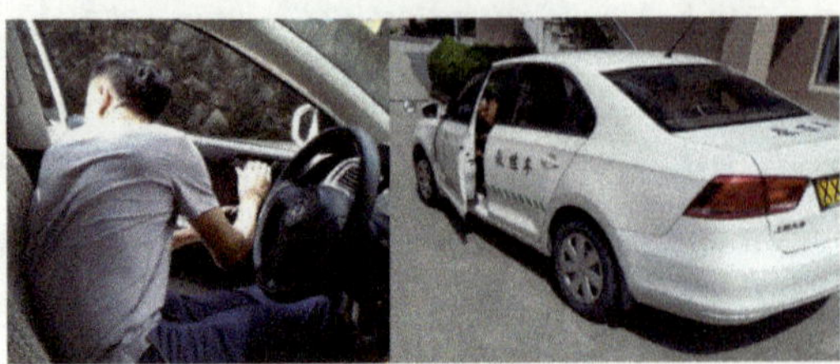

（3）确认安全后开大车门准备下车，下车时先把左脚伸出放至地面，向后退出。

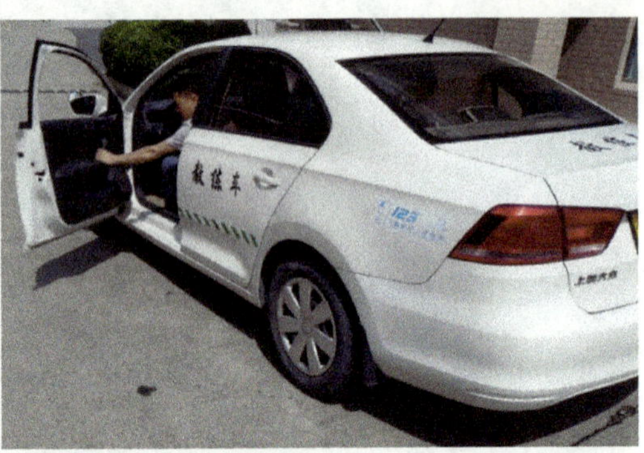

（4）关门不要一次关紧，应先关至离框15cm左右，再双手把门关紧，然后绕过车尾环视车辆至右后门。

4 学员练习，教练员随车指导

教练员示范讲解完毕后，由学员进行上下车动作和驾驶姿势调整内容的实际操作练习，教练员及时指导，在练习过程中可以让学员互相指出错误，以加深对规范动作的印象。

三 技能重点与难点

（1）逆时针方向环视车辆。

（2）上、下车前回头向后瞭望。

（3）保持正确的驾驶姿势。

四 教学重点

正确上、下车方法，正确的驾驶姿势。

五 安全事项

上、下车开门前的回头观察和环视车辆时注意安全，并注意来往车辆和行人。

六 练习标准

强调正确的上、下车方法和驾驶姿势，并养成良好的驾驶习惯。

七 纠错要点

练习中学员最易出现的错误：

（1）未能按逆时针方向环视车辆。

（2）上、下车开门前不回头观察交通情况。

（3）驾驶姿势不规范。

第三节 操纵装置的操作

一 教学内容、目标、要求、方法

1 教学内容

（1）转向盘、制动踏板、离合器踏板、加速踏板、变速杆、驻车制动器操纵杆的操作方法。

（2）开关的使用。

（3）仪表的识别。

2 教学目标

了解和掌握各操作装置的作用和使用方法，以确保驾驶时正确运用。

3 教学要求

使用方法正确，动作规范，操作熟练。

4 教学方法

教练员先讲解介绍各操纵装置、开关、仪表的名称、位置与作用，然后边示范、边讲解规范的操作方法，最后学员在教练员的指导下进行练习。

二 教学过程

教练员通过讲解与示范，使学员了解操作机件与开关规范操作的重要性，能够通过仪表显示了解车辆的工作状况，保证行车安全。

1 教练员讲解

车辆的主要有五大操作机件，即转向盘、变速杆、离合器踏板、制动踏板、加速踏板，除了这五大操作机件以外，还有驻车制动器操纵装置。

常用开关主要有转向灯开关、前照灯开关、雾灯开关、刮水器与洗涤器开关、危险报警闪光灯开关、喇叭开关等。

仪表主要有发动机转速表、车速里程表、燃油表、水温表等，仪表上还有各种警示灯。

2 教练员边示范边讲解

1）操纵机件

（1）转向盘。

①转向盘的作用：驾驶员通过操纵转向盘，使车辆按照驾驶员的意图保持或者改变运动方向。

②操作要求：双手用力均匀柔和，配合协调。

③转向盘握法：手心贴住转向盘的外缘，四指从转向盘外缘自然地握向内侧，大拇指紧贴转向盘内侧的上沿。

④握持位置：小型车转向盘握持位置是双手基本持平，左手握在时钟9点位置，右手握在时钟3点位置。

⑤操作方法：转向盘的操作以左手为主，右手为辅，操作时一手拉动，一手辅助推送，双手衔接紧凑，遵循“一拉二推三交叉”的原则，依靠手腕、肩部、手指的力量，轻揉协调地操控转向盘。

“一拉二推三交叉”的操作方法：以自右向左转向为例，先以左手往左拉动转向盘，右手辅助推送。

当左手拉至7点位置时，若转向量仍不够，以右手推送，左手放松滑动。

当右手推至9点位置时，若转向量仍不够，左手交叉接到11点位置处。

左手拉动转向盘，右手胸前自然翻腕。

⑥转向盘应用常见的五种错误方法：

a.搓方向。操纵转向盘时，不会运用交叉方向，出现双手上下搓动转向盘现象，造成转向过程不连贯，不平顺。

b.绞方向。

c.双手集于一侧。

d.操内把方向。

e.原地打方向，车辆处于静止时，双手用力转动转向盘，既造成轮胎磨损，又对转向系统造成损伤。

⑦转向盘应用三种严重错误：

a.双手同时离开转向盘。

b.单手不能有效地控制方向。指一手在操控转向盘，另一手在操纵变速杆或其他开关时，转向过程不稳、不准。

c.转向盘猛打猛回等。

（2）制动踏板。

①制动踏板的作用：驾驶员通过操纵制动踏板，实现操纵汽车减速或停车。

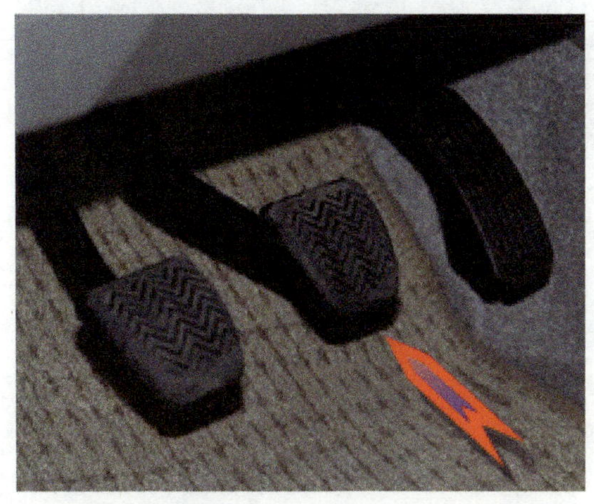

②操作要求：一脚制动，及时有效，“力松脚不离”。

“力松脚不离”指的是：松开制动踏板后，脚不能马上离开踏板，还需要随时做好安全防范措施。

③操作方法：将右脚掌踏在制动踏板上，以踝关节的运动做踏下和放松动作。操作制动踏板时不能低头下看踏板，必须迅速、准确找到位置，这是非常重要的。

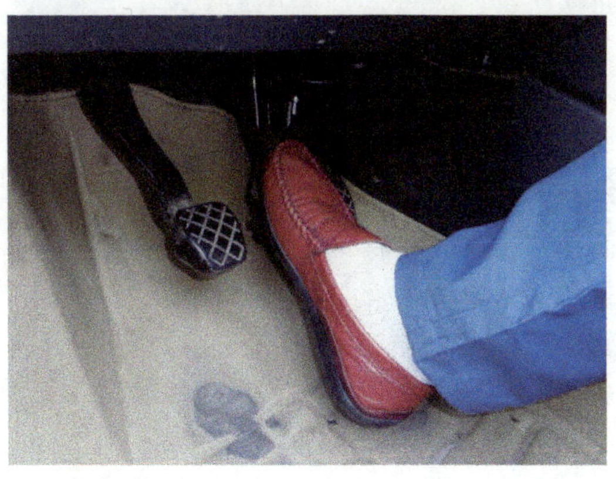

制动踏板的操作分为紧急制动和预见性制动两种。

a.紧急制动：在行车中遇到紧急情况时，应迅速将制动踏板全部踏下，使车辆在最短的时间、最短的距离内停下，以避免发生事故。

b.预见性制动：在行车过程中，驾驶员应集中注意力，时刻注意道路上的各种交通情况，对交通情况提前采取必要的安全措施，需要减速的提前踩下制动踏板，遵循“轻-重-轻”“重在前，修在后”的基本原则。

（a）“轻-重-轻”原则：前面的“轻”指使用制动时要及时消除踏板自由行程，使制动及时起效果，“重”指适当加重，使车辆达到及时减速的目的，后面的“轻”指再根据减速度的大小及交通情况的需要调整制动力，达到平稳停车的目的。

（b）“重在前，修在后”原则：“重在前”指开始时使用制动力度较重，要迅速达到减速效果，“修在后”指根据减速幅度与交通情况的间距来进行调节，如过重松一点，偏轻补一点。最后，在车辆即将停止的一刹那略放松制动，以防止车辆停车时的点头现象，真正实现安全平稳停车的目的。

（3）离合器踏板。

①离合器踏板的作用：驾驶员通过操纵离合器踏板，使发动机的动力与传动装置平稳地结合或暂时地分离，以便于驾驶员进行汽车的起步、停车、换挡等操作。

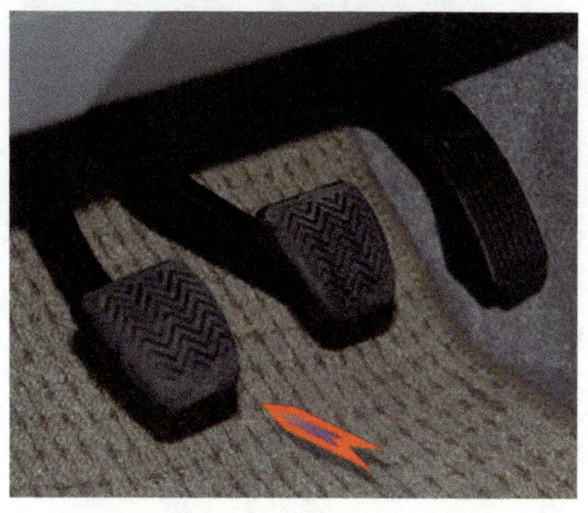

②操作要求：一踩到底、一抬到点，联动及时、接合平稳。也就是说，踩下动作要快，达到彻底分离，抬离合器踏板时不能操之过急，而是应该快慢结合，实现联动迅速及时，接合平稳，不发生闯动现象。

③操作方法：左脚掌放在离合器踏

板上，以膝关节和踝关节的伸屈做踩下或放松动作。踩要做到一踩到底，达到彻底分离，抬要做到“二快、二慢、中间一停顿”，这是平稳起步的关键。

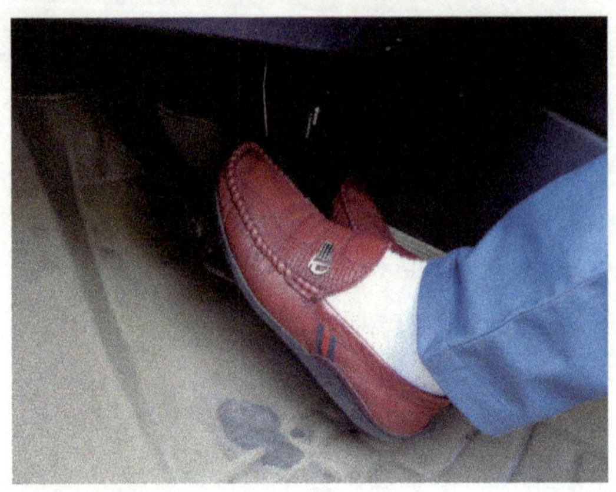

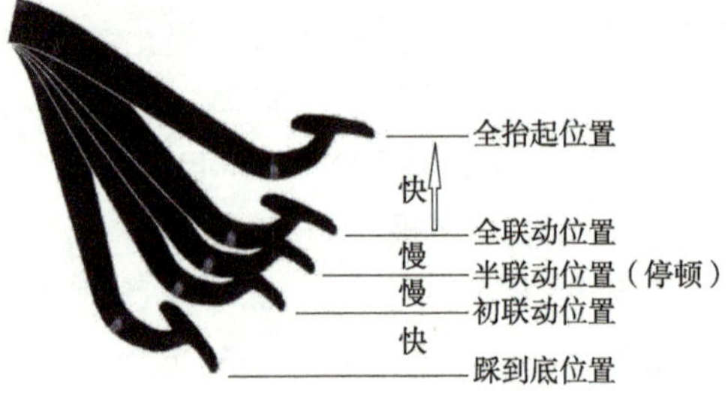

“二快、二慢、中间一停顿”：

一快：当开始松抬离合器踏板时（消除自由行程），动作要快；

一慢：当离合器接近联动状态（初联动），动作要慢；

一停顿：当离合器踏板抬到联动点（半联动），要做停顿；

二慢：当离合器踏板抬到即将离开“半联动”位置（全联动），动作要慢；

二快：当离合器踏板抬至完全接合（进入离合器的自由行程）时，动作要快。

④常见错误：

a.离合器踏板松抬过快、过慢。

b.左脚长时间搁在离合器踏板上。

（4）加速踏板。

①加速踏板的作用：驾驶员通过操纵加速踏板，控制发动机转速，从而控制车速。

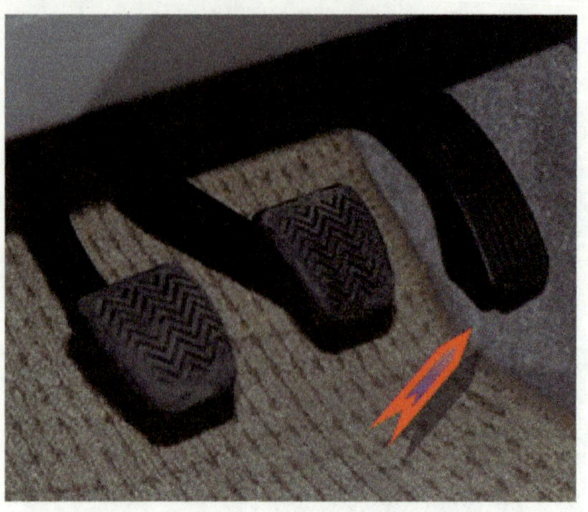

②操作要求：操作加速踏板时要做到轻踏、缓抬。

③操作方法：将右脚脚跟置于驾驶室底板上作为支点，近似于正对踏板。用踝关节的伸屈作踏下或放松动作。

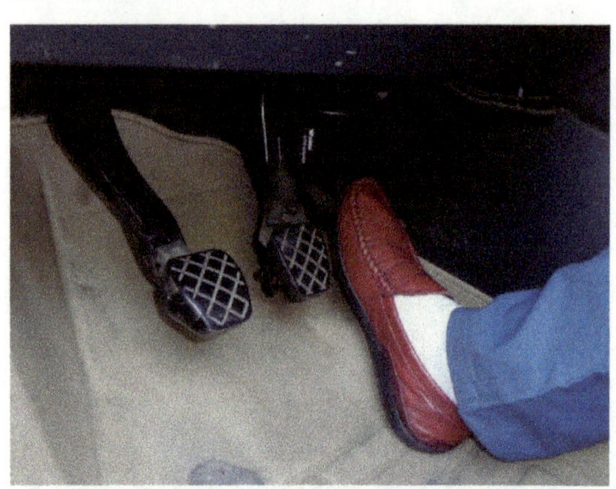

操纵加速踏板时，不可忽踏忽抬或连续抖动，训练时要学会听发动机声音，熟悉发动机声音大小与加速缓急之间的关系，逐渐掌握加速踏板的合理运用，做到轻踏、缓抬，踏、松加速踏板用力要柔和，避免出现踩空踏板和猛、急加速的现象。

（5）变速器操纵杆。

①变速器操纵杆的作用：驾驶员通过操纵变速器操纵杆,变换不同挡位，改变汽车的动力、速度和进退方向，使汽车实现加速、减速或倒车。

②操作要求：操作变速器操纵杆时要注意用力大小和移动的幅度。

③操作方法：右手掌心贴住球头，五指

向下自然握住球头，根据不同的速度需要选择合适的挡位，手掌可以做适当的转动。

操作时，以手腕和肘关节的力量为主，肩关节为辅。配合加速踏板和离合器踏板，准确地脱出或挂入某一选定的挡位。

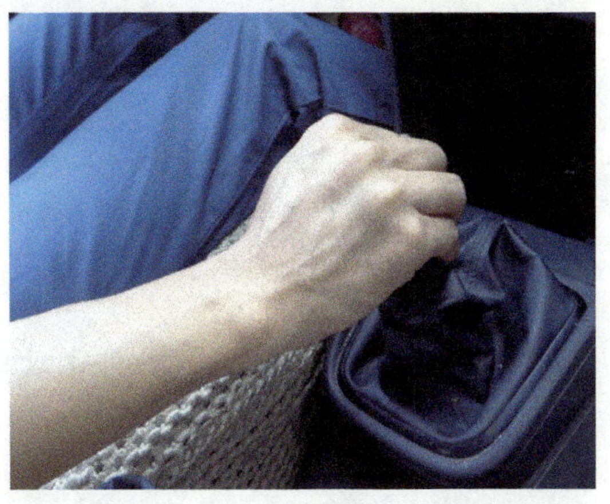

④练习时易出现的错误：手脚配合不协调，出现拍挡、强拉、硬推和下视变速器操纵杆现象。

（6）驻车制动器。

①驻车制动器的作用：在车辆停稳后用于稳定车辆，避免车辆在斜坡路面停车时由于溜车造成事故。

②操作方法：

a.拉紧驻车制动器操纵杆：直接向上拉紧就可以（一般小车2~3格）。

b.解除驻车制动：先拉紧操纵杆再按下锁止按钮，向下放松，即解除驻车制动。

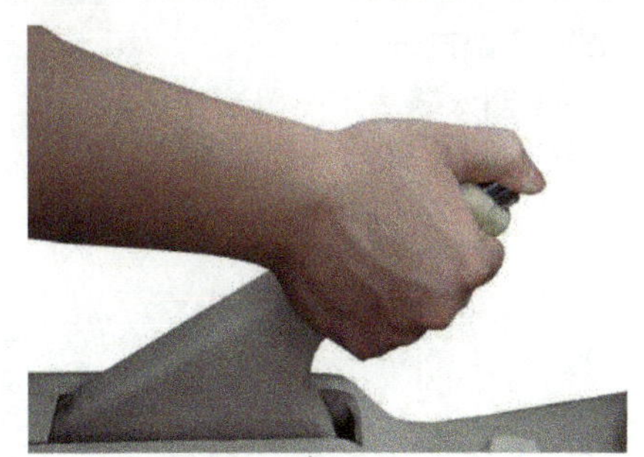

③常见错误：停车不拉紧驻车制动器操纵杆、起步不解除驻车制动，拉时未拉紧、松时不彻底。

2）开关的使用

车上的开关主要有：点火开关、灯光信号组合开关（转向灯、前照灯、示廓灯、前后位灯、雾灯）、刮水器与洗涤器开关、危险报警闪光灯开关、喇叭开关等。

（1）点火开关。

点火开关一般设置在转向盘右下方位置，设有 LOCK、ACC、ON、START四挡。

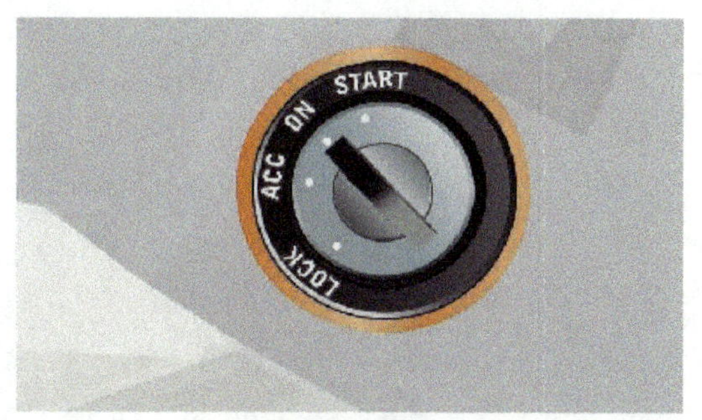

①点火开关的作用：点火开关用于接通或切断起动系、点火系以及电气设备的电源。

②点火开关的操作方法：点火开关转到“LOCK”位置，发动机熄火，拔出钥匙时转向盘会锁止。转到“ACC”位置，发动机关闭，接通部分电气设备电源；转到“ON”位置，接通全车电源，但在发动机熄火状态下，转到该挡位置，发动机不会起动，需继续转到“START”位置，起动发动机。发动机起动后应立即松开，点火开关会自动回到“ON”位置。操作点火开关在“START”位置停留不应超过2s。如遇转向盘处于锁止状态，起动时应一手轻转转向盘，一手转动点火开关。

（2）灯光信号组合开关。

灯光信号组合开关一般设置在转向盘左下方，用以控制转向灯、前照灯、示廓灯、后位灯和雾灯的开启与关闭。

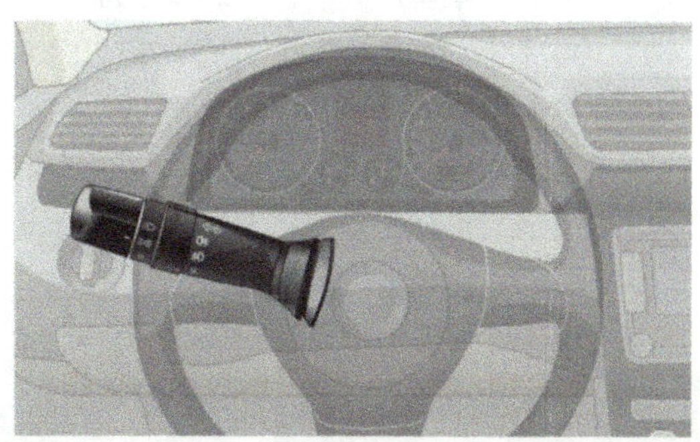

①转向灯。

转向灯的作用：转向灯是表达汽车动态信息的主要装置，安装在车身前后，开启转向灯，告之本车动态，使人们提前知道汽车动向。一般在起步、倒车、掉头、变更车道及停车时使用，需提前3s开启。

转向灯开关的操作方法：向上扳动表示打开右转向灯，向下扳动表示打开左转向灯。

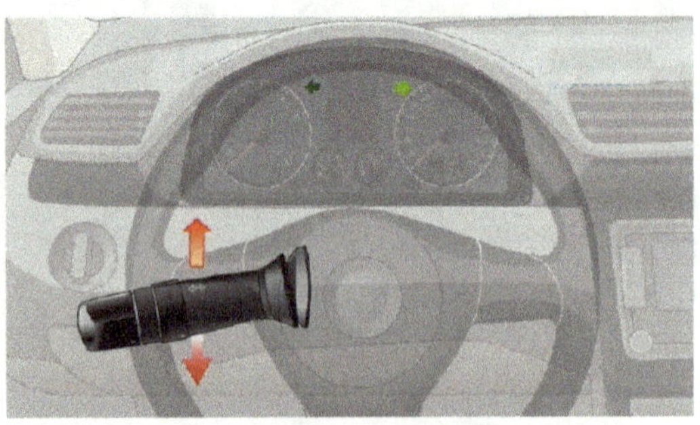

②前照灯、示廓灯和后位灯。

前照灯、示廓灯和后位灯的作用：车辆在夜间行驶时起到给车辆提供照明、显示车辆高度、宽度和空间位置的作用，前照灯分为远光灯和近光灯。夜间在有路灯或照明良好的道路上一般打开近光灯行驶，在照明不良的道路上打开远光灯行驶。

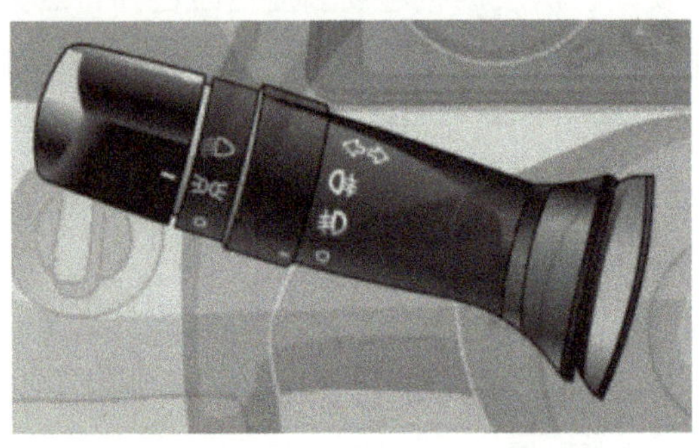

前照灯、示廓灯和后位灯的操作方法：

a.当开关位置在第一挡“ ”或“OFF”位置时，处于关闭状态；

b.当开关位置旋转到第二挡“ ”位置时，打开示廓灯和后位灯；

c.当开关位置旋转到第三挡“ ”时，开启前照灯，同时示廓灯、后位灯保持开启状态。将灯光信号组合开关朝远离转向盘的方向向下拨，即为开启远光灯，将灯光信号组合开关向上拨回靠近转向盘的挡即变换为近光灯。

③雾灯。

雾灯的作用：雾灯用于雾霾天、雨雪天等低能见度的天气状况下，具有较强的穿透力，能够提早引起其他车辆或行人的注意，防止碰撞事故的发生。雾灯不是很亮也不提供很远的照明度，但它的效果比普通的近光灯和远光灯更能引起对向或后方的车辆注意，分为前雾灯和后雾灯。

雾灯的操作方法：

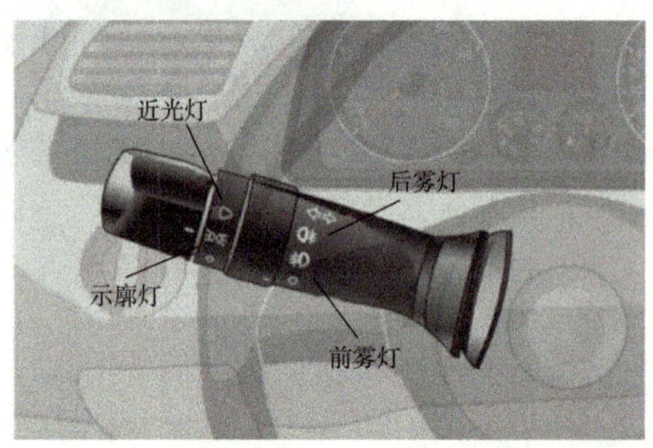

a.在开启雾灯之前，需先打开示廓灯和后位灯，夜间还应同时打开前照灯。当开关位置在第一挡“ ”或“OFF”位置时，雾灯处于关闭状态。

b.当开关位置旋转到第二挡“ ”位置时，前雾灯打开。

c.当开关位置旋转到第三挡“ ”时，前、后雾灯都打开。

（3）刮水器与洗涤器开关。

刮水器与洗涤器开关一般设置在转向盘的右下方，用来控制刮水器和洗涤器。

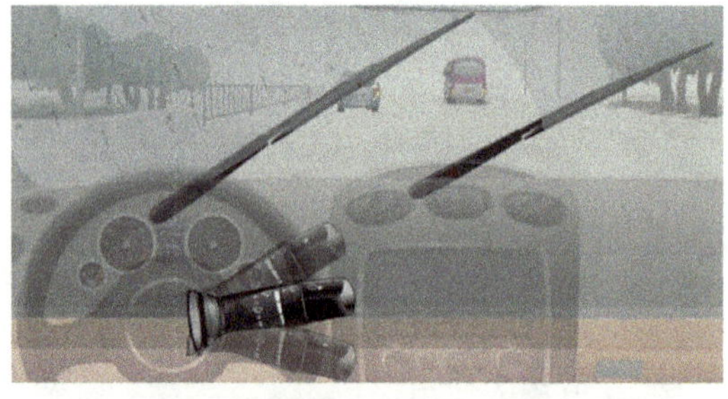

刮水器与洗涤器的作用：清除车辆前风

窗玻璃上的雨雪或其他影响驾驶员视线的污物，保证驾驶员有良好的驾驶视线。

刮水器与洗涤器的操作方法：刮水器与洗涤器开关用右手操纵，将开关手柄向下拉或向上推。可选择不同的刮刷挡位，“OFF”为停止挡，“INT”为间歇挡，“LO”为连续慢刮，“HI”为连续快刮。向转向盘方向拨动开关时会有清洁液喷出，同时刮水器开始工作，可将弄脏的车窗擦洗干净。干燥的玻璃表面有污物时，如果直接打开刮水器会伤害玻璃，所以在刮洗时一定要打开洗涤器喷出清洁液。

（4）危险报警闪光灯开关。

危险报警闪光灯通常称为“双闪”，一般设置在车辆中控台上方位置。

危险报警闪光灯的作用：危险报警闪光灯是一种提醒其他车辆与行人注意本车发生了特殊情况的信号灯，在车辆发生故障、牵引或被牵引、能见度低等情况下应打开危险报警闪光灯。按下危险报警闪光灯开关时，前后两侧转向灯都会同时闪烁。

（5）喇叭开关。

喇叭开关一般设置在转向盘中间位置。

喇叭的作用：喇叭是汽车的音响信号装置。在汽车的行驶过程中，驾驶员根据需要和规定发出必需的音响信号，警告行人和引起其他车辆注意，保证交通安全。

3）车辆仪表识别

车辆上的仪表一般有车速里程表、发动机转速表、燃油表和冷却液温度表等，驾驶员应该知道仪表的名称并了解其性能。行驶中需要经常察看仪表，以对汽车行驶状态和技术状况进行了解。

车辆仪表的作用：获取车辆行驶状态与技术状况的数据并通过仪表显示出来，给驾驶员提供必要信息。

（1）车速里程表。

车速里程表分为车速表和里程表，车速表显示车辆行驶速度，单位是km/h，仪表指针所指数字就是当前行驶速度；里程表显示车辆累计行驶里程。

（2）发动机转速表。

发动机转速表显示当前发动机转速，单位是1000r/min，一般在怠速时约800r/min。

（3）燃油表。

燃油表显示车辆所剩燃油量，指针指向“F”一侧，燃油量充足；指向“E”一侧，燃油量所剩不多；当指针指向红色区域时，需要补充燃油。

（4）冷却液温度表。

冷却液温度表显示车辆发动机冷却液温度，在发动机运行状态下正常冷却液温度应是90℃。

（5）仪表警示灯。

①驻车警示灯：驻车制动器处于制动状态或制动液不足时灯亮，起步时发现该灯亮说明驻车制动未解除。

②润滑油压力警示灯：发动机润滑油压力异常时灯亮。

③充电警示灯：充电状态异常时灯亮。

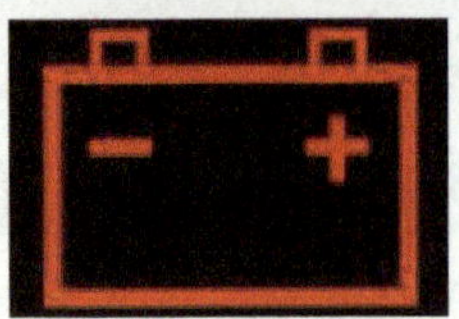

④车门未关闭警示灯：汽车车门未完全关闭时灯亮。

⑤冷却液温度过高警示灯：发动机冷却液温度过高时灯亮。

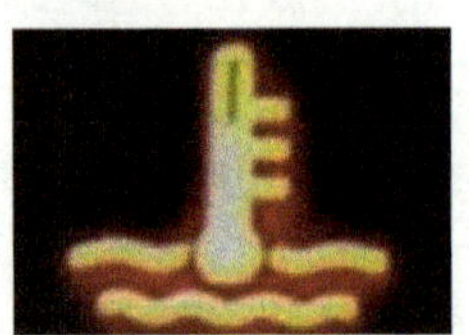

⑥燃油警示灯：剩余燃料不足时灯亮。

3 学员练习，教练员随车指导

教练员对每项内容示范讲解完毕后，由学员进行实际操作练习，教练员及时指导，指导过程中必须注意及时纠正错误动作，以培养良好的驾驶习惯。

三 技能重点与难点

五大操作机件规范操作、开关的使用方法和各仪表的识别。

四 教学重点

（1）操作动作的规范性。

（2）各仪表内涵与识别。

五 安全事项

选择安全地段，同时固定好车辆进行教学。

六 练习标准

（1）能了解五大操作机件的性能和作用。

（2）熟练掌握操作方法并能准确运用和识别。

七 纠错要点

（1）动作是否规范。

（2）操作熟练程度是否达到基本要求。

（3）内容掌握是否全面。

第四节 发动机起动、停熄和车辆起步、停车

一 教学内容、目标、要求、方法

1 教学内容

（1）发动机起动。

（2）发动机停熄。

（3）车辆起步。

（4）车辆停车。

2 教学目标

掌握发动机起动、停熄动作的操作顺序与要求；掌握车辆起步、停车动作的顺序与

要求。

3 教学要求

做到发动机起动、停熄顺序和方法正确；车辆起步要求顺序正确，做到迅速、平稳、不闯动、不后溜、不熄火；车辆停车要求顺序正确，做到“稳、准、正、直、边”。

4 教学方法

采用教练员边示范边讲解的方式，让学员了解发动机起动、停熄以及车辆起步、停车动作的顺序和方法，然后采用原地训练的方法，让学员进一步了解动作要领，最后采用边实际操作训练边指导的方式教学。

二 教学过程

教练员通过讲解与示范，使学员了解发动机起动、停熄以及车辆起步、停车动作的顺序和方法，并通过错误的顺序和方法的示范，使学员认识到其对于行车安全的影响。

1 教练员讲解

做到发动机起动、停熄顺序和方法正确，是保证行车安全的前提，车辆起步要做到迅速、平稳、不闯动、不后溜、不熄火，停车要做到稳、准、正、直、边，确保安全。

2 教练员边示范边讲解

1）发动机起动

发动机起动前应做好两件事：

（1）检查驻车制动器操纵装置，保持驻车制动器处于制动状态。

（2）左脚踩下离合器踏板，将变速器操纵杆移入空挡（右脚放在加速踏板后方底板上）。

做好前面两件事后再转动点火开关至“START”（起动）挡，待发动机起动即松开点火开关至“ON”（行驶）挡。

注意起动开关在起动挡位置不能超过2s，一次不能起动应间隔15s后再起动，连续起动不能超过3次。

2）发动机停熄

发动机停熄的操作顺序：待车辆停稳后，拉紧驻车制动器操纵杆，将变速器操纵杆挂入低速挡（1挡），关闭点火开关，松抬离合器踏板，最后松抬制动踏板。

注意车辆必须停稳后才能拉紧驻车制动器操纵杆，必须挂入低速挡后再熄火，熄火后先松抬离合器踏板，后松抬制动踏板，松抬顺序不能颠倒。

3）车辆起步

车辆起步顺序：发动机起动适当预热后，打开左转向灯，踩下离合器踏板，挂入1挡，鸣喇叭，观察内、外后视镜并回头观察左后方交通情况，确认安全后，松开驻车制动器操纵杆，稍踩加速踏板，缓抬离合器踏板，平稳起步。不准出现倒溜、闯动和熄火。

强调起步前观察情况的方法，确保安全。

4）车辆停车

车辆停车顺序：打开右转向灯，通过内后视镜观察后方交通情况，通过右后视镜和回头观察车辆右后侧交通情况，确认安全后（转向灯开启3s后），适当往右转动转向盘靠边，同时稍踩制动踏板平稳减速，待车辆前轮接近道路边缘线时，往左转动转向盘将车辆拉直，待车速降至20km/h以下时，踩下离合器踏板，车辆接近正直回正转向盘，平稳停车。

注意车辆后方与右后侧交通情况的观察，确保安全。转向盘的转动不能过猛、过大，踩制动踏板要注意“轻-重-轻”的原则。停车做到安全、合理、平稳、准确、正直。

3 学员练习，教练员随车指导

教练员对发动机起动、停熄，车辆起步、停车示范讲解完毕后，由学员进行实际操作练习，教练员及时指导，指导过程中必须注意错误动作及时纠正，以培养良好的驾驶习惯。

三 技能重点与难点

（1）发动机起动和停熄的顺序正确。

（2）起步、停车注意情况的观察和做到安全、平稳。

四 教学重点

安全、平稳地起步和停车。

五 安全事项

起步、停车前注意对车辆周边情况的观察，做到平稳起步和安全停车。

六 练习标准

熟练掌握正确的发动机起动、停熄和车辆起步、停车的顺序，安全平稳地起步和停车。

七 纠错要点

（1）顺序错误。

（2）起步不稳或闯动倒溜、熄火，停车制动过急或不平顺。

第五节 换挡动作

一 教学内容、目标、要求、方法

1 教学内容

加挡、减挡。

2 教学目标

熟练掌握换挡动作的动作要领，能根据发动机动力及时加、减挡。

3 教学要求

换挡动作正确及时、配合协调、平稳、动作迅速。

4 教学方法

采用教练员边示范边讲解的方式，让学员了解换挡动作的流程，然后采用原地训练的方法，让学员进一步了解动作要领，最后进行实际道路上的操作练习，教练员随车指导，要求学员逐渐掌握听发动机声音判断动力，及时换挡。

二 教学过程

通过教练员的讲解、示范以及学员的原地操作练习，了解与熟悉换挡动作规范操作，再结合起步、停车进行连贯的实际道路练习，使学员掌握动作要领。

1 教练员边示范边讲解

1）加挡

车辆加速达到高一级挡位车速后，右脚松抬加速踏板的同时左脚踩下离合器踏板，迅速将变速器操纵杆移入空挡，稍作停留后将变速杆挂入高一级挡位，稍踩加速踏板，缓抬离合器踏板。

注意整个加挡动作要做到连贯及时，动作与动作之间停留时间不能太长，对变速器操纵杆的操纵要注意用力大小和移动的幅度，不能越级加挡。

2）减挡

车辆遇到交通情况减速后，造成动力不足时，应踩下离合器踏板，将变速器操纵杆移入空挡，稍作停留后将变速器操纵杆挂入与当前车速相匹配的挡位，稍踩加速踏板，缓抬离合器踏板。

注意整个减挡动作要做到连贯及时，动作与动作之间停留时间不能太长，注意挡位的选择要与车速相匹配。

强调在驾驶过程中不得低头下视，除了观察后视镜、观察侧后方交通情况和倒车的情况外，两眼都应平视前方，目光离开行驶

方向不得超过2s。

2 学员练习，教练员随车指导

学员先在原地对换挡动作进行练习、熟悉，动作基本连贯后，进行实际道路起步、换挡、停车连贯动作练习，练习初期可以起步后只加1~2个挡位，然后逐级减挡减至1挡，再靠边停车，如此反复练习，待动作基本掌握后，逐渐加大难度，加至最高挡进行练习。

练习过程中，教练员应随时注意协助控制行驶方向和行驶速度，确保安全，对于学员练习过程中出现的错误动作，应及时加以提醒与纠正，特别是不得低头下视，注意根据速度的不同合理调整观察的距离，以便培养学员良好的驾驶习惯。

三 技能重点与难点

（1）换挡动作需迅速、连贯。

（2）挡位正确的选择。

（3）加速踏板、离合器踏板、变速器操纵杆三者配合协调。

（4）换挡时，要做到两眼平视前方，不能低头下视。

四 教学重点

换挡时机，换挡时加速踏板、离合器踏板、变速器操纵杆三者的配合，换挡时方向的控制。

五 安全事项

要保持两眼平视前方，注意对交通情况的观察，换挡动作完成后，踩加速踏板要柔和，避免出现猛踩现象。

六 练习标准

熟练掌握正确的换挡动作，加速踏板、离合器踏板、变速器操纵杆三者配合协调。

七 纠错要点

（1）低头下视。

（2）挡位与车速不匹配。

（3）加速踏板、离合器踏板、变速器操纵杆三者配合不协调。

第四章 C1车型场地驾驶教学与训练

C1车型场地驾驶教学的主要内容包括：离合器半联动的操控、曲线行驶、直角转弯、侧方停车、倒车入库、坡道定点停车和起步、模拟城市街道驾驶。

C1车型场地驾驶教学的教学目标为：熟练掌握场内驾驶的基本方法，正确控制车辆运动空间位置的能力，能够准确地控制车辆的行驶位置、速度和路线。

第一节 通用评判标准

C1车型场地驾驶考试分为满分为100分，成绩达到80分的为及格。根据《机动车驾驶人考试内容和方法》（GA 1026—2017），C1车型场地驾驶考试的通用评判标准见表4-1。

场地驾驶考试的通用评判标准　表4-1

序号	内　容
	考试时出现下列情形之一的，评判为不合格
1	遮挡、关闭车内音视频监控设备的
2	不按考试员指令驾驶的
3	不能正确使用灯光、刮水器等车辆常用操纵件的
4	起动发动机时挡位未置于空挡（驻车挡）的
5	起步时车辆后溜距离大于30cm的
6	不松驻车制动器操纵杆起步，未及时纠正的
7	驾驶汽车双手同时离开转向盘的
8	使用挡位与车速长时间不匹配，造成车辆发动机转速过高或过低的
9	车辆在行驶中低头看挡或连续2次挂挡不进的
10	行驶中空挡滑行的
11	视线离开行驶方向超过2s的
12	违反交通安全法律、法规，影响交通安全的

续上表

序号	内　　容
13	不按交通信号灯、标志、标线或者交通警察指挥信号行驶的
14	不按规定速度行驶的
15	车辆行驶中骑轧车道中心实线或者车道边缘实线的
16	长时间骑轧车道分界线行驶的
17	对可能出现危险的情形未采取减速、鸣喇叭等安全措施的
18	因观察、判断或者操作不当出现危险情况的
19	行驶中不能保持安全距离和安生车速的
20	行驶中身体任何部位伸出车外的
21	制动、加速踏板使用错误的
22	考生未按照预约考试时间参加考试的
考试时出现下列情形之一的，扣10分	
1	起动发动机后，不及时松开起动开关的
2	不松驻车制动器操纵杆起步，但能及时纠正的
3	驾驶姿势不正确的
4	起步时车辆后溜距离小于30cm的
5	操纵转向盘手法不合理的
6	起步或行驶中挂错挡，不能及时纠正的
7	转弯时，转、回方向过早、过晚，或者转向角度过大、过小的
8	换挡时发生齿轮撞击的
9	遇情况时不会合理使用离合器半联动控制车速的
10	因操作不当造发动机熄火一次的
11	制动不平顺的

第二节 离合器半联动的操控

一 教学内容、目标、要求、方法

1 教学内容

（1）直线前进和后倒时离合器半联动的控制。

（2）运用方向过程中离合器半联动的控制。

2 教学目标

训练学员了解和熟悉离合器半联动的操作方法及要求，掌握利用离合器半联动控制极低速行驶的方法。能根据行驶阻力的变化，调整离合器的半联动，以控制车辆速度，达到低速、匀速、不中停。

3 教学要求

合理控制离合器半联动，保持车辆匀速前进和后倒。

4 教学方法

教练员采用先讲解训练内容，然后采用示范讲解相结合的方法，再练习指导。

教学中分三步练习：第一步练习半联动

直线前进，第二步练习半联动直线倒车，第三步练习转向过程中的半联动控制方法。可以利用训练场的路边线或项目边线练习，每人练习3~4次，时间约2h。

二 教学过程

先分步讲解操作方法，然后实际示范一次，再由学员逐一练习获取操作体验。

1 教练员讲解

首先，教练员指导学员上车后调整好座位的前后与高低，以左脚刚好能将离合器踏板踩到底而略有余地为合适，使身体与转向盘之间保持合适的间距，活动自如，操作灵便。

（1）离合器半联动的控制。

①转向过程中，行驶阻力随之增加，造成车速降低。为防止车辆出现“中停”，应将离合器踏板适当上抬，以克服较大的行驶阻力。

②回正转向盘时，行驶阻力随之减小，车速会有所提高，为防止车速过快，应将离合器踏板适当下压，以达到控制车速的目的。

（2）半联动前进。

挂1挡按起步要求平稳起步，使车辆沿场地某一段直线行驶。行驶过程中，车辆发动机罩某一处对准直线前进，如车辆偏向一侧，及时修正。

（3）半联动倒车。

挂倒挡，按起步要求平稳起步，车辆沿场地某一段直线缓缓后倒。观察左后视镜，如车辆偏向左侧（车尾与近地面线距离越来越小），适当向右转向。如车辆偏向右侧（车尾与近地面线距离越来越大），适当向左转向。

2 教练员边示范边讲解

车辆后倒时，注意左侧前、后轮距离直线的距离。若前大后小，说明车尾偏左，应向右修正方向。

若前小后大，说明车尾偏右，应向左修正方向。

方向修正根据“大打左，小打右，直回正”的方法，及时发现，及时修正，回正转向盘的量不宜过多。

3 学员练习，教练员随手指导

学员练习中对操作结果不确定时，可根据后视镜所显现的图像，在车上和车下进行观察比较，增加实际体验。

教学时，刚开始可以采用口令式的指导，然后逐步放手让学员自主操作，加深体验，逐步掌握，逐步提高。学员最不易掌握的是转向过程中半联动控制，容易出现顾此失彼现象，这是教学指导中的重点。

三 技能重点与难点

（1）离合器半联动位置感觉。

（2）在转向时随着行驶阻力增大，离合器踏板适当上抬。

（3）在回正转向盘时行驶阻力减小，离合器踏板适当下压。

四 教学重点

能随着行驶阻力的变化，自如地调整和控制离合器半联动。

五 安全事项

后倒时注意观察内、外后视镜，右脚放在制动踏板上，随时做好停车准备。

六 练习标准

熟练掌握离合器半联动，做到低速、匀速前进或后倒、不中停。

七 纠错要点

（1）离合器半联动调整幅度过大。

（2）转向时出现身体移动，造成左脚离合器踏板控制不稳。

一 教学内容、目标、要求、方法

1 教学内容

曲线行驶。

2 教学目标

指导学员掌握操纵转向盘，控制车辆通过曲线行驶的正确操作方法。

3 教学要求

学员驾驶车辆以2挡（含）以上挡位从弯道的一端前进驶入，从另一端驶出，行驶中转向平稳、角度合理，速度均匀，中途不得停车，车轮不得碰轧车道边线。

4 教学方法

采用教练员现场讲解和示范结合讲解的方法教学，最后练习、指导。

二 教学过程

教学从三个方面入手：进入曲线、通过曲线和曲线交接处的操作。

1 教练员讲解

（1）进入曲线时，注意调整好车位，使外侧前轮靠近外侧边缘线，车头正对弯道入口。

（2）进入弯道后向左转向，右侧紧贴右边缘线，车头左前角对准右边缘线时，向左转动转向盘（向左转一圈转向盘），保持车头左前角始终对准右边线行驶。

（3）当行驶至左右转弯交接处,车辆左前角对准左边线时，及时向右回正转向盘。

（4）保持车头右前角沿着左边线平稳驶出该曲线。

2 教练员边示范边讲解

让学员在车上进行逐一观察每个操作要点，加深印象，重点指导如下练习：

（1）进入曲线时车辆的摆位，车头正对弯道入口偏外侧位置。

（2）左转时保持车头左角沿右边线行驶。

（3）左右转弯交接处,车辆左前角对准左边线时，向右转动转向盘。

（4）保持车头中偏右位置对准左边线行驶。

（5）同时注意左右后视镜的观察（一般左转看左后视镜，右转看右后视镜，保持车轮与边线50cm左右为宜）。

3 学员练习，教练员随车指导

操作技术点的逐一运用。但也不能死盯记号，应多方注视。

第一次练习时可采用口令式指导，而后逐步放手让学员自主操作，加深体验。练习时出现错误及时分析原因，及时反馈，及时纠正。

三 技能重点与难点

（1）车身空间位置的判断和内轮差的估计。

（2）速度、方向控制平稳，眼睛应看近顾远。

四 教学重点

（1）半联动控制平稳，不得中途停车。

（2）转向平顺，曲线交接处转向及时、准确。

五 安全事项

合理控制行驶速度，注意对车轮行驶轨迹的估计判断，防止驶出路边线。

六 练习标准

熟练掌握曲线的操作方法和考试要求。不轧、出边线，转向平顺，不出现中停现象。

七 纠错要点

（1）转向盘回正时机和量不准。

（2）眼睛视线过近，死盯记号。

八 评判标准

（1）车轮轧道路边缘，不合格。

（2）中途停车，不合格。

（3）行驶时挡位未挂在2挡以上的，扣5分。

第四节 直角转弯

一 教学内容、目标、要求、方法

1 教学内容

（1）向左直角转弯。

（2）向右直角转弯。

2 教学目标

训练学员了解和熟悉急弯路段的驾驶方法及要求，能正确操纵转向盘，对车轮内外轮差作出正确的判断，掌握急弯路段的驾驶技术。

3 教学要求

车辆按规定的路线行驶，由向左或向右直角转弯，一次通过，中途不得停车，车轮不得碰轧车道边线。转弯前，应开启转向灯，完成转弯后，关闭转向灯。

4 教学方法

（1）采用先讲解，后示范的方法，同时示范和讲解相结合就车指导。

（2）详细说明操作程序和流程，反复练习。

二 教学过程

将车辆停在直角入口处，进行现场讲解，然后示范。

1 教练员讲解

以向左转弯通过直角为例：

（1）进入项目前减速并打开左转向灯，踩离合器挂入1挡，利用半联动控制车速，车头中间对右边线内侧20cm左右进入直角。

（2）当左前车门门把手后端对准直角内边线(或车头将前边线遮挡住时)，向左快速转足转向盘。

（3）当车辆快正直时回正转向盘，关闭转向灯，完成该项目。

向右直角转弯的方法与向左直角转弯的操作方法左右正好相反。

2 教练员边示范边讲解

每个操作要点让学员上车进行实际观察，应重点指导如下练习：

（1）左转直角。

①左转直角的靠边（车头中间对应边线20cm）。

②左前车门门把手后端对准直角内边线（或车头将前边线遮挡住时）。

③当车辆快正直时回正转向盘，通过该项目。

（2）右转直角。

①右转直角发动机罩左肋对应左边线20cm左右时，车辆靠近左边线进入直角。

②当右前车门门把手后端对准直角内边线(或车头将前边线遮挡住时)，向左快速转足转向盘。

③当车辆将要正直时回正转向盘，通过该项目。

③ 学员练习，教练员随车指导

先练习左转直角，再练习右转直角，转向时方向盘运用要快速，大把交替，同时应根据自身的实际情况适当调整转动、回正转向盘的时机。

学员第一次练习时可采用口令式指导，而后逐步放手让学员自主操作，加深体验。练习时出现错误及时分析原因，及时反馈，及时纠正。

三 技能重点与难点

（1）通过直角转弯时转向时机的把握。

（2）转弯时内轮差的估计和判断。

四 教学重点

（1）正确判断通过急弯时的车辆位置与行驶轨迹。

（2）对车轮的内外轮差作出正确的估计和判断。

（3）正确把握回正转向盘方向的时机。

五 安全事项

训练时注意控制车速，防止车辆冲出边线，并注意来往车辆和行人。

六 练习标准

熟练驾驶车辆通过直角转弯，转向迅速，做到不碰、轧车道边缘线，不中停。

七 纠错要点

（1）回正转向盘时机过早或过迟。

（2）靠边距离控制不当。

八 评判标准

（1）车轮轧道路边缘线，不合格。

（2）转弯时不适用或错误使用转向灯，转完后不关闭转向灯，扣10分。

（3）中途停车，每次扣5分。

第五节 侧方停车

一 教学内容、目标、要求、方法

1 教学内容

侧方停车（S形倒车）。

2 教学目标

训练学员了解和熟悉侧方停车的方法及要求，掌握在运动中操纵车辆正确停入道路右侧车位(库)的技术，以满足日常生活临时停车需要。

3 教学要求

在教学中要求学员驾驶车辆在车库前端靠右停稳，车辆在库前方一次倒车入库，中途不得停车，车轮不触轧车道边线，车身不触碰库位边线。再前进时向左前方出库，出库前应开启左转向灯，出库过程中车轮不触轧车道边线，车身不触碰库位边线，出库后关闭转向灯。项目完成时间不得超过1.5min。

4 教学方法

（1）采用先讲解、后示范，边示范、边讲解相结合的方法。

（2）详细说明操作程序和流程，每人练习若干遍。

二 教学过程

先讲解侧方停车场地练习的运行路线。

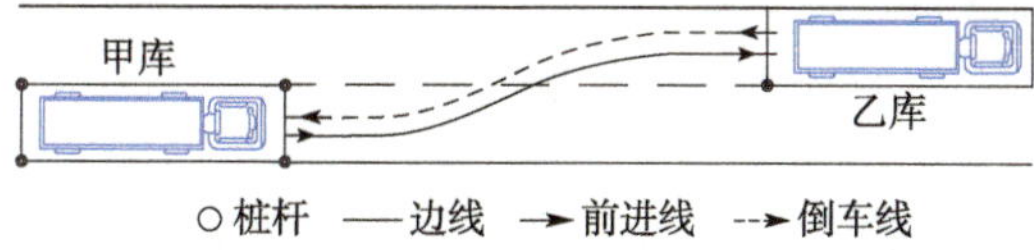

1 教练员讲解

（1）开启右转向灯，保持车辆右侧车身距车库左边线30cm左右前行，平行于车库停于车库前端（车尾刚过库位前端线）。

（2）倒车并观察右后视镜，库位前端线刚被挡住时向右转足转向盘。

（3）观察左后视镜，估计当车尾左侧距离库右后角20cm左右时回正转向盘。

（4）继续观察左后视镜，左后轮轧车库外边缘线时向左转足转向盘。

（5）车身正直时回正转向盘停车。

（6）出库：打开左转向灯，向左转向驶离车库。

2 教练员边示范边讲解

每个操作要点让学员上车进行实际观察，应重点指导如下练习：

（1）车辆距库位左边线30cm左右前行，观察右侧后视镜，车库前端线出现在后视镜中时停车。

（2）转动转向盘时机：倒车并观察右后视镜，待库位前端线刚被挡住时向右转足转向盘。

（3）回正转向盘时机：观察左后视镜，估计当车尾左侧距离库右后角20cm左右时回正方向。

（4）车辆入库处理：观察左后视镜，感觉左后轮轧车库外边缘线。

（5）驶离库位回方向时机：当发动机罩中心对准路边缘线时，向右回正转向盘并驶离车库。

3 学员练习，教练员随车指导

调整好合适的后视镜角度，同时应根据自身的实际情况适当调整观察点，通过练习，反复体验，准确掌握。

学员第一次练习时教练员可采用口令式指导，而后逐步放手让学员自主操作，加深体验。练习时出现错误及时分析原因，及时反馈，及时纠正。

三 技能重点与难点

（1）车辆须平行于车库，且保持30cm左右间距，正确停于车库前端。

（2）强调掌握观察后视镜并正确把握转向时机。

（3）离合器半联动控制。

四 教学重点

转向时机和回正转向盘时机的正确把握，离合器半联动的控制。

五 安全事项

车辆入库后注意观察，防止车辆出库

位线，冲出路基。进出车库前注意来往车辆和行人，确保安全。

六 练习标准

熟练操纵车辆准确停入道路右侧车位（库）中，中途不停车、车身不出线、轮胎不触轧车道路边缘线。

七 纠错要点

（1）转向时机不准、观察位置变化频繁难以固定。

（2）入库后回正转向盘时机不准，造成停车后车不正直。

八 评判标准

（1）车辆入库停止后，车身出线，不合格。

（2）项目完成时间超过规定时间，不合格。

（3）行驶中轮胎触轧车道边线，扣10分。

（4）行驶中车身触碰库位边线，扣10分。

（5）出库时不适用或错误使用转向灯，扣10分。

（6）中途停车，每次扣5分。

第六节 倒车入库

一 教学内容、目标、要求、方法

1 教学内容

倒车入库（L形倒车）。

2 教学目标

训练学员了解和熟悉倒车入库的操作方法和考试要求，掌握参照地面目标，在运动中操纵车辆从道路两侧规范、顺利、安全地倒车入库和驶出车库的技能。

3 教学要求

从道路一端控制线（两个前轮触地点在控制线以外）倒入车库停车，再前进出库向另一端控制线行驶，待两个前轮触地点均驶过控制线后，倒入车库停车，前进驶出车库，回到起始点。考试过程中，车辆进退途中不得停车，车身不得出线，项目完成时间不得超过3.5min。

4 教学方法

采用先讲解后示范，示范和讲解相结合的方式。针对练习过程中出现的不当之处，现场指导及时纠正，每人不少于5~6次。

二 教学过程

教学中分解为两个内容进行教学：第一倒、第二倒。

1 教练员讲解

（1）车辆距道路边缘线1.5m左右，直线前进，当驾驶室过控制线时停车。

（2）当前保险杠与控制线对齐时，向右转足转向盘。

（3）观察右后视镜，当右后轮距离库右边线30cm时调整方向进库，车身即将正直时回正转向盘。

（4）库前端线出现在左后视镜下沿少许时停车，完成第一倒。

（5）车辆起步前行驶向另端控制线。

（6）第二倒与第一倒方法基本相同，观察后视镜稍有区别。

2 教练员边示范边讲解

每个操作要点让学员上车进行实际观察，应重点指导如下练习：

（1）车辆距道路边缘线1.5m左右，当驾

驶室过控制线时停车，注意两个前轮触地点必须驶过控制线。

（2）转向时机：前保险杠与控制线对齐时（左后视镜下沿对准控制线），向右转足转向盘。

（3）角度控制，车辆右侧距离库右前角30cm左右，适当修整方向。

（4）回正转向盘时机：观察左侧后视镜，当车库左后角出现在后视镜中时，开始回正转向盘。

（5）平分直倒，保持车辆与库位两边边线距离均匀。

（6）停车时机：库前端线被左后视镜下沿挡住时停车。

（7）驶出车库：车头发动机罩与车道边缘线重叠时向左转动转向盘。

（8）车辆正直时回正转向盘直行，待两个前轮触地点均驶过控制线后停车。

（9）第二倒与第一倒的操作方法基本相同。

3 学员练习，教练员随车指导

分解练习：第一步练习直线倒车入库；第二步练习由右边倒车入库；第三步练习由左边倒车入库，基本掌握后再进行综合练习。

学员第一次练习时，教练员可采用口令式指导，而后逐步放手让学员自主操作，加深体验。练习时出现错误及时分析原因，及时反馈，及时纠正（温馨提示：右和左倒车

入库转向时机不可偏迟，否则无法倒入，宁可略早，中途可以修正）

三 技能重点与难点

（1）车辆处于控制线位置时，保证车身与道路边缘线之间距离为1.5m左右。

（2）转向时机的观察位置，因人而异。

（3）入库后，观察左右后视镜，调整车身与两侧库边线间距，要求两侧距离基本相同。

（4）离合器半联动的控制。

四 教学重点

（1）起点转向时机的把握。

一般需做到前保险杠与控制线垂直平齐。

（2）入库前方向的修正与调整。

无论是左侧倒车还是右侧倒车，要求驾驶学员学会通过后视镜观察，保证车身（后轮位置）与库左前角或右前角始终保持30cm间距。

五 安全事项

练习时要注意来往车辆和行人，确保安全。

六 练习标准

在运动中操纵车辆从车道两侧正确倒入车库，不出现中停、车身不出库位线和道路边缘线。

七 纠错要点

（1）进退途中车速控制（半联动掌控）易出现中停现象。

（2）容易打反方向。

（3）转向时机把握不准。

（4）入库角度调整和控制不准确。

八 评判标准

（1）不按规定路线、顺序行驶，不合格。

（2）车身出线，不合格。

（3）倒库不入，不合格。

（4）在倒车前，未将两个前轮触地点均驶过控制线，不合格。

（5）项目完成时间超过规定时间，不合格。

（6）中途停车，每次扣5分。

第七节 坡道定点停车和起步

一 教学内容、目标、要求、方法

1 教学内容

（1）坡道定点停车。

（2）坡道起步。

2 教学目标

训练学员了解和熟悉坡道定点停车与起步的操作方法，掌握在上坡路段驾驶车辆在固定地点靠边停稳，准确使用挡位和离合器，在上坡路段等候放行时的操作技能。

3 教学要求

学员应通过视觉和感觉正确判断坡道的坡度大小、长短及道路宽度等情况，采取正确的操作方法，控制车辆平稳、准确停车，并做到及时、平稳起步，做到不闯动、不后溜、不熄火，起步时间不超过30s。

4 教学方法

（1）采用边讲解边示范，讲解与示范相结合的方法。

（2）每人练习5~6次，并要求学员能说出操作程序和流程。

二 教学过程

先熟悉坡道定点停车的场地运行图。

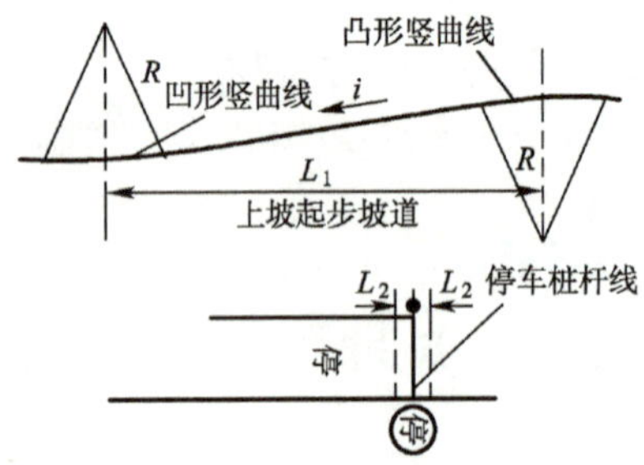

1 教练员讲解

在进行上坡定点停车和起步项目时主要掌握三个方面的技能：一是车辆靠边方法，二是定点停车，三是上坡起步。

靠边：进入项目前先开启右转向灯，减到低速挡，同时观察内、外后视镜，并回头观察右后方交通情况，确认安全后慢慢靠边，运用“三把方向”（一靠边、二拉直、三回正）的方法将车身拉直。

定点停车：当车辆前保险杠与停止线平齐时停车，拉紧驻车制动器操纵杆。

起步：开左转向灯，挂入1挡，观察内、外后视镜并回头观察左后方交通情况，鸣喇叭，确认安全后起步。

2 教练员边示范边讲解

（1）“三把方向”的教学方法：指导学员通过观察车头中间对准道路边缘线内侧10cm左右时平稳前行，确保车身与道路边缘线的间距在30cm以内。

（2）定点停车位置和参照点的正确把握。初期，教练员可通过指挥停车后，让学员观察车辆与标杆和地面上的停车线的方法来判断相应的空间位置。

（3）上坡起步：先拉紧驻车制动器操纵杆，并按下锁止按钮，适当踩下加速踏板，提高发动机转速；将离合器踏板抬至半联动位置时稳住不动；松驻车制动器操纵杆，再略踩下加速踏板，缓抬离合器，使车辆平稳起步。

重点指导如下练习：

（1）进入项目前减速减1挡，并用离合器踏板半联动控制车速。

（2）靠边方法及参照记号：采用“三把方向”（一靠边、二拉直、三回正）的方法靠边。

（3）停车目标：左后视镜下端看见桩杆线。

（4）起步时强调离合器踏板的一抬到点和半联动位置的控制，注意离合器踏板、加速踏板和驻车制动操纵杆三者的有效配合。

3 学员练习，教练员随车指导

坡道定点停车采用三步法：减速减挡、

合理靠边、准确停车。

坡道起步的重点：一是离合器踏板的一抬到点（这是达到快速起步关键）；二是半联动点的控制以及三者的配合（这是解决起步不熄火、不后溜、不闯动基本保证）。

学员第一次练习时，教练员可采用口令式指导，而后逐步放手让学员自主操作，加深体验。练习时出现错误及时分析原因，及时反馈，及时纠正。

三 技能重点与难点

（1）“三把方向”的正确运用。

（2）坡道定点停车位置和参照点的正确把握。

（3）坡道起步的正确方法。

四 教学重点

（1）视坡道坦陡、长短及路宽等实际情况，强调加速踏板、离合器踏板、制动踏板、变速器操纵杆及驻车制动器操纵杆的平稳、协调运用。

（2）坡道停车过程做到转向正确，换挡迅速，转向盘、制动踏板、离合器踏板三者配合准确协调。

（3）发生车辆熄火与上坡起步时后溜的处理方法。

五 安全事项

注意规范操作，防止车辆发生车辆熄火和起步时后溜，教练员要注意做好防范措施。

六 练习标准

熟练掌握坡道定点停车和起步的操作要领，准确控制停车位置，协调运用加速踏板、驻车制动器操纵杆和离合器踏板，平稳起步。

七 纠错要点

（1）靠边距离控制不当，“三把方向”靠边不准确。

（2）停车点估计不准。

（3）上坡减挡后加速不及时。

（4）起步时离合器半联动位置判断不准和控制不稳。

（5）离合器踏板、加速踏板和驻车制动器操纵杆三者配合不协调。

八 评判标准

（1）车辆停止后，汽车前保险杆未定于桩杆线上，且前后超出50cm，不合格。

（2）车辆停止后，车身距离路边缘线超出50cm，不合格。

（3）起步超过规定时间，不合格。

（4）车辆停止后，汽车前保险杠未定于桩杆线上，且前后不超出50cm，扣10分。

（5）车辆停止后，车身距离路边缘线超出30cm，未超出50cm，扣10分。

第八节 模拟城市街道驾驶

一 教学内容、目标、要求、方法

1 教学内容

模拟城市街道驾驶。

2 教学目标

培训学员了解和熟悉模拟城市街道通行与考试的方法及要求，掌握通过人行

横道、路口、学校区域、居民小区、公交车站、医院、商店、铁路道口等路段时的操作要领。培养学员在城市街道安全驾驶车辆的能力。

3 教学要求

掌握安全通过城市街道的驾驶方法，合理控制车速、礼让行人，做到文明驾驶，礼让行车，遵守通行规则，按规定车道行驶。

4 教学方法

讲解与示范相结合，每人训练4~5次。

二 教学过程

先带领学员熟悉城市街道交通标志、标线和交通信号，然后进行讲解。

1 教练员讲解

（1）看到人行横道预告标志、标线时，要提前减速。通过人行横道时将车速控制在30km/h以下。

（2）车辆行驶至有信号灯的路口，仔细观察左右两侧及人行横道上的情况，有行人、非机动车横过时，要停车让行。

（3）提前选择车道，按箭头灯指示行驶，不得在导向车道区域变更车道。

（4）在行驶中尽量随车流行进，不得随意变道、穿插和无故停车。

2 教练员边示范边讲解

城市街道驾驶应重点强调如下方面：

（1）控制合理的车速和跟车距离。

（2）情况处理要有预见性和提前量。

（3）集中注意力，注意要有指向性和选择性，避免顾此失彼。

（4）严格遵章守法，规范操作。

（5）增强安全意识和文明行车、礼让行人的理念。

3 学员练习，教练员随车指导

严格按城市街道的通行要求进行操作，增强安全意识、树立文明行车、礼让行人的观念，训练中多观察、多体会、多总结，掌握城市街道的交通特性，提高城市街道的驾驶技能。

学员刚开始练习时，教练员可采用口令式指导，帮助学员观察、分析、判断、处理交通情况，以指导带指教、以指教带提高。

三 技能重点与难点

（1）城市街道交通特性的掌握。

（2）通过城市街道的速度控制。

（3）复杂情况的处理和各操纵机件的有效配合。

四 教学重点

通过有信号灯的路口、遇有行人时的驾驶操作方法。

五 安全事项

遇有人行横道预告标志、标线时，要提前减速，遇有行人需停车让行，不得闯红灯、抢黄灯、抢绿灯，复杂情况需多方面顾及。

六 练习标准

熟练通过城市街道，做到文明、礼貌行车。

七 纠错要点

遇有路口未做到减速，遇有行人通过街道不能停车让行，出现争道抢行现象。

综合驾驶及考核

一 综合驾驶及考核训练

综合驾驶与考核训练的目的是：通过综合训练，使学员能够将各个场地训练项目进行衔接，熟悉类似于科目二考试环境的一整套综合动作，从而对前期单个项目训练过程中未能发现的错误加以纠正。

综合驾驶与考核训练采用基础与各个场地训练项目连续进行的方式，强调各项目在实际驾驶生活中的运用。

二 综合驾驶及考核评判标准

综合驾驶及考核评判标准见表4-2。

综合驾驶与考核评判标准 表4-2

类　别	情　形	评判标准
	遮挡、关闭车内音视频监控设备的	不合格
	不按考试员指令驾驶的	不合格
	不能正确使用灯光、刮水器等车辆常用操纵件的	不合格
	起动发动机时挡位未置于空挡（驻车挡）的	不合格
	起步时车辆后溜距离大于30cm的	不合格
	不松驻车制动器起步，未及时纠正的	不合格
	驾驶汽车双手同时离开转向盘的	不合格
	使用挡位与车速长时间不匹配，造成车辆发动机转速过高或过低的	不合格
	车辆在行驶中低头看挡或连续2次挂挡不进的	不合格
	行驶中空挡滑行的	不合格
	视线离开行驶方向超过2s的	不合格
	违反交通安全法律、法规，影响交通安全的	不合格
	不按交通信号灯、标志、标线或者交通警察指挥信号行驶的	不合格
	不按规定速度行驶的	不合格
	车辆行驶中骑轧车道中心实线或者车道边缘实线的	不合格
	长时间骑轧车道分界线行驶的	不合格
	对可能出现危险的情形未采取减速、鸣喇叭等安全措施的	不合格
	因观察、判断或者操作不当出现危险情况的	不合格
	行驶中不能保持安全距离和安全车速的	不合格
	行驶中身体任何部位伸出车外的	不合格
	制动、加速踏板使用错误的	不合格
	考生未按照预约考试时间参加考试的	不合格
	起动发动机后，不及时松开起动开关的	扣10分
	不松驻车制动器起步，但能及时纠正的	扣10分
	驾驶姿势不正确的	扣10分

续上表

类　别	情　形	评判标准
通用评判标准	起步时车辆后溜距离小于30cm的	扣10分
	操纵转向盘手法不合理的	扣10分
	起步或行驶中挂错挡，不能及时纠正的	扣10分
	转弯时，转、回方向过早、过晚，或者转向角度过大、过小的	扣10分
	换挡时发生齿轮撞击的	扣10分
	遇情况时不会合理使用离合器半联动控制车速的	扣10分
	因操作不当造发动机熄火一次的	扣10分
	制动不平顺的	扣10分
曲线行驶	车轮轧道路边缘的	不合格
	中途停车的	不合格
	行驶时挡位未挂在二挡以上的	扣5分
直角转弯	车轮轧道路边缘线的	不合格
	转弯时不适用或错误使用转向灯，转完后不关闭转向灯的	扣10分
	中途停车的	每次扣5分
侧方停车	车辆入库停止后，车身出线的	不合格
	项目完成时间超过规定时间的	不合格
	行驶中轮胎触轧车道边线的	扣10分
	行驶中车身触碰库位边线的	扣10分
	出库时不适用或错误使用转向灯的	扣10分
	中途停车的	每次扣5分
倒车入库	不按规定路线、顺序行驶的	不合格
	车身出线的	不合格
	倒库不入的	不合格
	在倒车前，未将两个前轮触地点均驶过控制线的	不合格
	项目完成时间超过规定时间的	不合格
	中途停车的	每次扣5分
坡道定点停车和起步	车辆停止后，汽车前保险杆未定于桩杆线上，且前后超出50cm的	不合格
	车辆停止后，车身距离路边缘线超出50cm的	不合格
	起步超过规定时间的	不合格
	车辆停止后，汽车前保险杠未定于桩杆线上，且前后不超出50cm的	扣10分
	车辆停止后，车身距离路边缘线超出30cm，未超出50cm的	扣10分

第五章 C1车型实际道路驾驶教学与训练

C1车型实际道路驾驶教学的主要内容包括：跟车行驶，变更车道，靠边停车，车辆安全掉头，直线行驶，通过路口，会车，超车，让车，通过学校区域，通过人行横道，通过公共汽车站，夜间行驶，行驶路线选择等。

C1车型道路驾驶考试满分为100分，成绩达到90分的为及格。

C1车型道路驾驶教学的教学目标为：掌握道路驾驶时的安全行车相关知识；熟练掌握一般道路和夜间驾驶方法，能够根据不同的道路交通状况安全驾驶；具备自觉遵守交通法规、有效处置随机交通状况、无意识合理操纵车辆的能力，做到安全、文明、谨慎驾驶。

第一节 通用评判标准

根据《机动车驾驶人考试内容和方法》（GA 1026—2017），C1车型道路驾驶技能的通用评判标准见表5-1。

道路驾驶考试的通用评判标准　表5-1

序号	内　容
考试时出现下列情形之一的，评判为不合格	
1	遮挡、关闭车内音视频监控设备的
2	不按考试员指令驾驶的
3	不能正确使用灯光、刮水器等车辆常用操纵件的
4	起动发动机时挡位未置于空挡(驻车挡)的
5	绿灯亮起后，前方无其他车辆、行人等影响通行时，10s内未完成起步的
6	起步时车辆后溜距离大于30cm的
7	驾驶汽车双手同时离开转向盘的

续上表

序号	内容
8	单手控制转向盘时，不能有效、平稳控制行驶方向的
9	车辆行驶方向控制不准确，方向晃动，车辆偏离正确行驶方向的
10	不能根据交通情况合理选择行驶车道、速度的
11	使用挡位与车速长时间不匹配，造成车辆发动机转速过高或过低的
12	车辆在行驶中低头看挡或连续2次挂挡不进的
13	行驶中空挡滑行的
14	视线离开行驶方向超过2s的
15	违反交通安全法律、法规，影响交通安全的
16	不按交通信号灯、标志、标线或者交通警察指挥信号行驶的
17	不按规定速度行驶的
18	车辆行驶中骑轧车道中心实线或者车道边缘实线的
19	长时间骑轧车道分界线行驶的
20	起步、转向、变更车道、超车、靠边停车前不使用或错误使用转向灯的
21	起步、转向、变更车道、超车、靠边停车前，开转向灯少于3s即转向的
22	争道抢行，妨碍其他车辆正常行驶的
23	行驶中不能保持安全距离和安全车速的
24	连续变更两条或两条以上车道的
25	通过积水路面遇行人、非机动车时，有不减速等不文明驾驶行为的
26	遇行人通过人行横道不停车让行，不主动避让优先通行的车辆、行人、非机动车的
27	将车辆停在人行横道、网状线内等禁止停车区域的
28	行驶中身体任何部位伸出窗外的
29	制动、加速踏板使用错误的
30	对可能出现危险的情形未采取减速、鸣喇叭等安全措施的
31	因观察、判断或者操作不当出现危险情况的
32	考生未按照预约考试时间参加考试的
考试时出现下列情形之一的，扣10分	
1	驾驶姿势不正确的
2	起步时车辆后溜，但后溜距离小于30cm的
3	操纵转向盘手法不合理的
4	起步或行驶中挂错挡，不能及时纠正的
5	转弯时，转、回方向过早、过晚，或者转向角度过大、过小的
6	换挡时发生齿轮撞击的
7	遇情况时不会合理使用离合器半联动控制车速的
8	因操作不当造成发动机熄火一次的
9	不能根据交通情况合理使用喇叭的
10	制动不平顺的
11	遇后车发出超车信号，不按规定让行的

第二节 跟车行驶

一 教学内容、目标、要求、方法

1 教学内容

跟车距离和跟车速度控制。

2 教学目标

熟悉跟车时合理控制跟车速度、保持跟车距离知识，掌握跟车行驶的安全驾驶方法。

3 教学要求

在车辆行驶过程中，指导学员能根据不同的行驶速度跟随前车，保持安全距离；极低速跟车时使用半联动。教学中着重对中速和极低速行驶的跟车方法教学。

4 教学方法

教练员先讲解一般跟车方法，再讲解极低速跟车操作方法，使学员对跟车的操作方法有一定的了解；然后教练员根据道路情况进行跟车示范；最后由学员学习跟车项目，教练员现场指导，及时纠正。通过反复练习，达到教学目的，最后对训练结果进行讲评。每位学员练习3~4次。

二 教学过程

先分解讲解操作方法，然后示范1次，再由学员学习体验。

1 教练员讲解

教练员先讲解跟车的要素：跟车的车速控制和安全距离。车速基本与前车相同，前车加速时，及时加速，做到同步跟进。前车速度过快时就放弃跟车，教练车一般不宜跟随车速高于50km/h的车辆。

安全距离的控制与车速有关，车速快时跟车距离适当加大，车速慢时跟车距离可以适当缩小，一般以50km/h的速度时跟车距离50m以上，车速30km/h时跟车距离30m以上，以此类推。

如前车极低速行驶，后车应保持能看到前车整体后轮位置的跟车距离。

跟车的时候不要只看前车，也要注意观察前车前方车辆的动态，特别是当制动灯亮时，说明前面的车制动减速，就应迅速把右脚从加速踏板移向制动踏板，这样既能保证及时制动，又能警示后车。

2 教练员边示范边讲解

跟车项目练习前，首先确定跟车目标，跟车时既要保证安全距离，又要控制车速，做到平稳跟进。当前车速度加快时，跟车距离适当增加，车速降低时要注意及时减速，保持好跟车距离。

如果前车车速极低，要注意能看到前车

后轮落地位置，这时须制动减速换入低挡。如果是跟在行人后面，车速应降到5km/h以下，并使用半联动控制车速。

3 学员练习，教练员随车指导

学员练习时经常会出现跟车距离太近、太远；速度与挡位不匹配；前车制动时不能及时发现和减速；跟车时不能顾及两侧情况等错误。

（1）有时学员跟车时发现距离过近，会采取紧急制动，主要是由前车减速未及时发现或者发现前车减速后制动不及时所致。有些学员对车距发生变化缺乏感觉。

（2）跟车距离过远：一种情况是学员对速度和安全距离的关系未真正理解；另一种情况是当前车加速时，学员未能准确判断，一旦发现后加速过迟，导致距离过远。

（3）速度与挡位不匹配；加速后未及时升挡，造成低挡高速；当制动减速后未及时减挡，造成拖挡现象。

（4）跟车时未顾及两侧情况：一方面学员在跟车时心理过度紧张，无暇顾及；另一方面是粗心大意忽略了对左右情况的观察。

（5）跟车过程中前车车速过快和遇行人、非机动车占道时应放弃跟车，以处理交通情况为先。

三 技能重点与难点

跟车安全距离的估计和控制；跟车车速的控制；跟车时道路交通情况的观察与处理。

四 教学重点

跟车时，同步跟进练习车速与跟车距离的关系处理。前车的速度发生变化时，要及时调整车速和跟车的安全距离。

五 安全事项

跟车时要时刻注意前车动态，防止前车紧急制动；注意观察前车两侧尤其是前车右侧行人和非机动车动态，防止其突然进入机动车道；通过后视镜及时了解车后及两侧交通情况。

六 练习标准

熟练掌握加减挡位操作和制动应用，能根据前车动态，熟练控制车速和保障跟车的安全距离。

七 纠错要点

（1）前车加速或减速时不能及时调整车速。

（2）跟车时安全距离控制不当。

（3）不能观察了解车辆周围交通情况。

第三节 变更车道

一 教学内容、目标、要求、方法

1 教学内容

安全变更车道。

2 教学目标

培养学员了解变更车道时的观察、安全距离判断、控制行驶速度知识，掌握使用灯光信号、合理选择变更车道时机、平稳变更车道的安全驾驶方法。

3 教学要求

指导学员掌握在行驶中根据需要正确变更车道的操作方法：变更车道前，正确开启转向灯，通过内、外后视镜观察，并向变更车道方向回头观察后方道路交通情况，

确认安全后变更车道，变更车道完毕关闭转向灯。变更车道时，判断车辆安全距离，控制行驶速度，合理选择变道时机，变道过程平顺，不妨碍其他车辆正常行驶。

4 教学方法

教练员先讲解变更车道操作方法，然后带领学员进行讲解边示范，再由学员学习体验，练习指导，最后进行练习结果讲评。每人练习3~4次。

二 教学过程

先讲解操作方法，然后示范结合讲解。

1 教练员讲解

提问：为什么要变更车道？因为车辆在行驶过程中必须按车道行驶，需根据行驶方向调整车道，这就是变更车道。

在学习变更车道前首先学员应先掌握车道分界线和导向车道线含义。

车道分界线是用来分隔同向行驶的交通流，车道分界线为一条白色虚线或实线；导向车道线是引导车辆行驶方向的车道标线，用来指示车辆在路口按所指方向行驶，为白色实线。实线路段禁止变更车道。

以下是变更车道的操作方法：

（1）变更车道前，正确开启转向灯，通过内、外后视镜和并向变更车道方向回头观察后方道路交通情况，确认安全后缓慢转向，变更车道完毕后关闭转向灯。变更车道时，要严格控制行驶速度，注意交通情况，不得妨碍其他车辆正常行驶。

（2）每次变更车道，只能变更一条车道，不能连续变更两条以上车道。

（3）车辆进入导向车道后不得再变更车道。

2 教练员边示范边讲解

（1）如果需向左或向右变更车道，应先控制车速，观察前方情况，再通过后视镜并向变更车道方向回头观察后方道路交通情况，确认安全后开启转向灯（提前3s以上），再平稳转向。车辆进入所需车道后回正方向，关闭转向灯，完成变更车道过程。

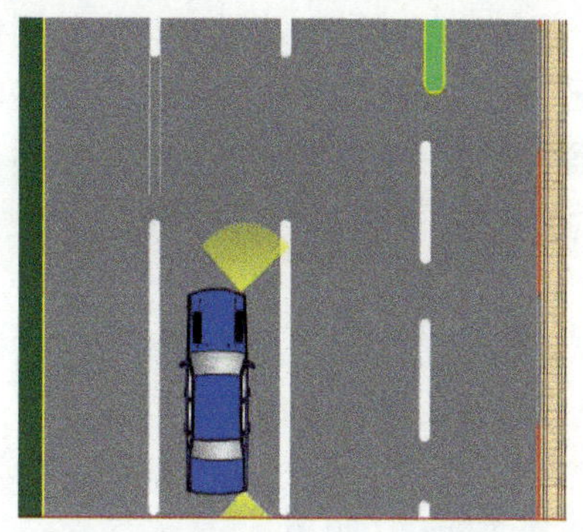

（2）每次变更车道，只能变更到相邻的车道，若需变更到相邻以外的车道，应先变更到相邻的车道，行驶一段距离后，再变更到另一条车道，不能连续变更两条以上车道。

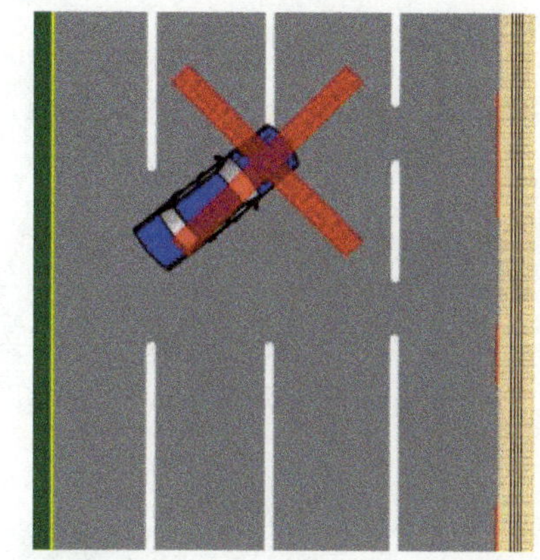

（3）左右两侧车道的车辆都要向中间车道变道时，左侧车道的车辆应让右侧车道车辆优先变道。

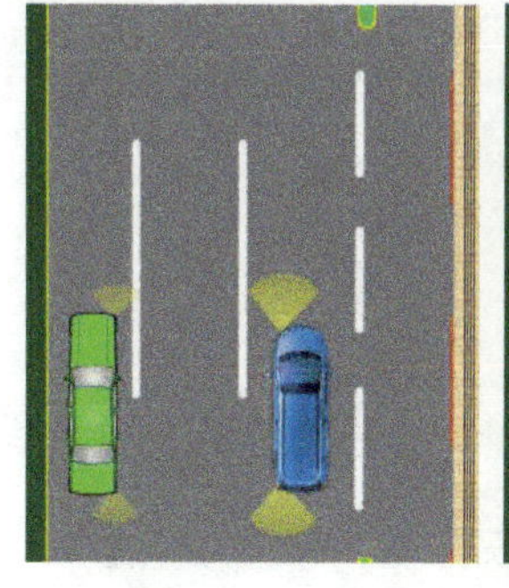

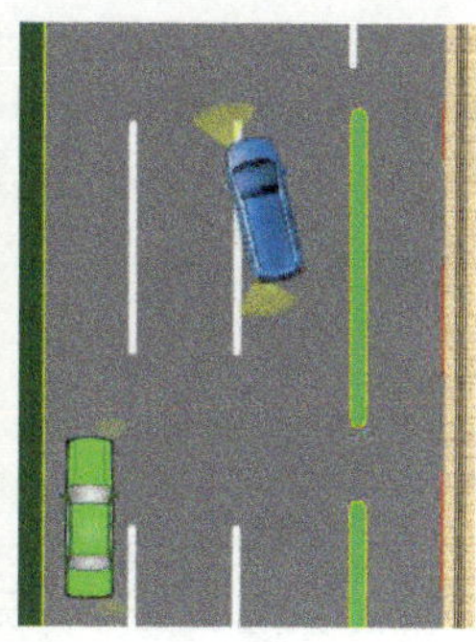

3 学员练习，教练员随车指导

学员练习变更车道项目时出现的主要问题是：变道前未确认安全、变道不开转向灯、变道时转向不平缓（转向过急）、转向时车速不稳等。

在车辆变更车道前应观察车前道路状况，通过后视镜和侧头观察车后、两侧交通情况，确认安全后才能变道，打开转向灯3s后缓慢转动转向盘，进入目标车道后，回正转向盘，按车道行驶方向行进，并关闭转向灯。

从开始变更车道至完成变更车道的过程中应合理控制车速、转向圆滑平顺。

三 技能重点与难点

（1）变更车道前的观察方法。

（2）变更车道时转向幅度和转向速度的控制。

四 教学重点

交通情况观察方法，合理控制车速，合理避让来往车辆。

五 安全事项

不得随意变更车道，变更车道前要通过内、外后视镜和侧头观察侧、后方道路交通情况，避免妨碍其他车辆正常行驶造成事故。

六 练习标准

熟练掌握变更车道的操作要领和方法，安全合理地变更车道。

七 纠错要点

变更车道前未确认安全、变更车道不开转向灯、变更车道时转向不平缓或转向过急、转向时车速不稳等。

八 评判标准

（1）变更车道前，未通过内、外后视镜观察并向变更车道方向回头观察后方道路交通情况，不合格。

（2）变更车道时，判断车辆安全距离不合理，妨碍其他车辆正常行驶，不合格。

（3）变更车道时，控制行驶速度不合理，妨碍其他车辆正常行驶，不合格。

第四节 靠边停车

一 教学内容、目标、要求、方法

1 教学内容

靠边停车。

2 教学目标

熟悉靠边停车时正确使用灯光信号，观察后方和两侧交通状况知识，掌握靠路边顺位停车、倒入路边车位（S形倒车入位）、倒入车库（L形倒车入位）的驾驶方法。

3 教学要求

指导学员掌握“三把方向”将车辆靠边和停车方法，正确判断、估计车身空间位置，做到准确靠边停车，注重安全。

4 教学方法

教练员先讲解靠边停车的操作方法，使学员对靠边停车操作方法有一定的了解；然后教练员根据道路情况进行停车示范。最后，由学员学习靠边停车，教练员现场指导，及时纠正。通过反复练习，达到教学目的，对训练结果进行讲评。每位学员练习3~4次。

二 教学过程

先讲解操作方法，再由学员学习体验，然

后示范结合讲解1次，最后由教练员指导练习。

1 教练员讲解

首先选择靠边停车的地点，然后观察道路右侧的交通情况，确认安全后，开启右转向灯。再通过内、外后视镜观察后方和右侧交通情况，并回头观察交通情况，确认安全后松抬加速踏板、踩制动踏板，减速，当车速降至20km/h以下时（不拖挡的前提下），踩下离合器踏板，采用“三把方向”靠边，平稳停车。要求做到停车平稳、车辆正直，距道路边缘线不大于30cm。

在选择停车地点时应注意，不得在禁止停车的地点停车。

2 教练员边示范边讲解

（1）在选择停车地点时先观察交通标志、标线，在允许停车的路段选择停车地点；观察前方道路右侧有无妨碍停车的障碍物；通过后视镜观察车辆右方和后方情况并回头观察确认安全。

（2）停车地点确定后，打开右转向灯，松抬加速踏板，轻踩制动踏板，当车速降低后踩下离合器踏板。

（3）采用“三把方向”将车辆靠边，车辆不能轧道路边缘线，但也不能离路边线太远，要在30cm以内。

（4）停车后拉紧驻车制动器操纵杆，挂空挡，抬离合器踏板与制动踏板，关闭转向灯。

（5）如需要下车，应回头观察左后方交通情况，待确认安全后，缓慢打开车门。下车后关闭车门，从车后方离开。

3 学员练习，教练员随车指导

教练员示范完成后，先让学员每人练习1次。学员练习时经常会出现停车地点选择不当、车辆靠边前不观察车辆右侧交通情况、不回头观察、停车不靠边或轧路边线、停车不正、车辆未能停到预定区域等错误。

（1）停车地点应选择在道路宽阔、视线良好、无障碍物的地点。

（2）在停车过程中应注意观察道路右侧和后方情况，如果发现行人、非机动车尤其是电动车在车辆右侧或车后，应放弃停车另行选择地点。

（3）靠边采用“三把方向”的方法，转向应平顺圆滑，不能过急。正确估计车辆与路边线之间的距离，不能轧道路边缘线，车身右侧距道路边缘线在30cm以内。

（4）学员开始练习停车时，会出现停车位置不准确的现象，可以通过反复练习，逐渐掌握调整制动力和车身位置的控制方法。

（5）不得在人行横道和网状线区域停车。

三 技能重点与难点

（1）通过后视镜观察右方和后方情况和回头观察情况。

（2）靠边停车做到“平稳、准确、正直、靠边”。

四 教学重点

靠边时右侧情况观察、“三把方向”靠边方法的掌握和停车过程制动的应用。

五 安全事项

靠边停车前和停车过程中的观察，并注意来往车辆和行人。

六 练习标准

能熟练掌握车辆靠道路右侧停车（顺位停车）的方法，做到停车准确、平稳、安全。

七 纠错要点

（1）停车地点选择不当。

（2）车辆靠边前不观察车辆右侧交通情况。

（3）停车不靠边或轧路边线、停车不正。

（4）车辆未能停到预定区域。

八 评判标准

（1）停车前，不通过内、外后视镜观察后方和右侧交通情况，并回头观察确认安全，不合格。

（2）考试员发出靠边停车指令后，未能在规定的距离内停车，不合格。

（3）停车后，车身超过道路右侧边缘线或者人行道边缘，不合格。

（4）需要下车的，在打开车门前不回头观察左后方交通情况，不合格。

（5）下车后不关闭车门，不合格。

（6）停车后，车身距离道路右侧边缘线或者人行道边缘超出50cm，不合格。

（7）停车后，车身距离道路右侧边缘线或者人行道边缘超出30cm，未超出50cm，扣10分。

（8）停车后，未拉紧驻车制动器操纵杆，扣10分。

（9）拉紧驻车制动器操纵杆前放松行车制动踏板，扣10分。

（10）下车前不将发动机熄火，扣5分。

第五节 车辆安全掉头

一 教学内容、目标、要求、方法

1 教学内容

一次性掉头、倒车掉头、窄路掉头。

2 教学目标

熟悉掉头时降低车速、观察交通状况的知识，掌握正确选择掉头地点、时机和安全掉头的驾驶方法。

3 教学要求

指导学员掌握掉头地点的选择和在各种路段的掉头方法，做到安全掉头。

掉头前能做到观察前、后交通情况，确认安全后减速或停车，开启左转向灯后掉头。掉头时不妨碍其他车辆和行人的正常通行。

4 教学方法

教练员先分别讲解和学习一次性掉头、利用路口倒车掉头和窄路掉头的三种掉头操作方法，使学员对各种掉头方法有一定的了解；每种掉头方法讲解后，教练员都要结合讲解进行示范。最后，由学员练习，教练员现场指导，及时纠正。通过反复练习，达

到教学目的，并对训练结果进行讲评。每位学员每种掉头方式练习3~4次。

二 教学过程

先讲解操作方法，再边讲解边示范，然后学员学习体验。在学员练习中，教练员进行现场指导，及时纠正。

1 教练员讲解

一次性掉头的地点选择十分重要，有时错过一次掉头机会，可能在短时间内不易找到掉头地点。一次性掉头一般利用较空旷岔路进行。如利用右侧岔路掉头时，可开启右转向灯，减速后采用合理挡位，观察右侧交通情况，向右转向，充分利用路口宽度，适当前行，向左转向前开启左转向灯，观察左右交通情况，确认安全后，转向盘向左转足，完成一次性顺车掉头。掉头时严格控制车速，观察道路交通动态，必要时可停车进行观察，确保安全通过。

利用道路右侧路口倒车掉头，应提前开启右转向灯，待车辆驶过路口靠边停车，开启右转向灯倒车，观察右后视镜，感觉右后轮接近路口时向右转足转向盘，车身基本正直时回正转向盘停车；开启左转向灯，观察前方左右交通情况，平稳起步，缓慢向左转向驶离掉头路段。

道路狭窄不能一次顺车掉头时，可运用前进与后退相结合的掉头方法进行，一般采用“三进两退”的方法完成掉头。

2 教练员边示范边讲解

（1）根据道路条件，选择交通情况较少的路口，如利用右侧路口进行一次性掉头。

先观察路口及车辆前后交通情况，开启右转向灯，确认安全后降低车速，向右侧路口转向，充分利用路口宽度，开启左转向灯，适时向左转向，再次观察路口交通情况（必要时停车观察），以平稳的车速转向，使车辆完成一次性掉头。

（2）利用右侧路口倒车掉头同样需要选择道路上右侧有岔路的路段进行。

开启右转向灯，待车辆驶过路口后靠边停车，挂倒挡，开启右转向灯，当车辆后轮接近路口时向右转向，当车辆与岔路右侧边线接近平行时回正转向盘停车；开启左转向灯，观察路口左右交通情况，确认安全向左转向，驶离路口，完成倒车掉头。

（3）窄路掉头是在无法采用一次性掉头和倒车掉头的情况下采用的掉头方式，一般用于交通流量较小，视线良好的路段，采用进、退相结合的方式完成。

3 学员练习，教练员随车指导

教练员每种掉头示范完成后，都安排学员每人练习1次，让学员感受、体会这三种掉头方法的操作。学员练习一次性掉头时，经常会出现车辆进入右侧岔路前不观察、进入路口后向左转向时机把握不准、出路口时对道路情况判断不准、不能根据情况及时驶离路口的情况。

（1）一次性掉头应强调在行驶中充分利用路口宽度，仔细观察路口和车后情况，确认安全后才能进行掉头。

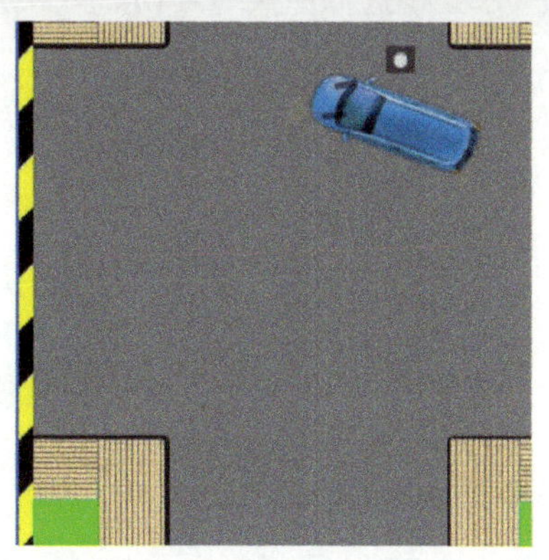

许多学员在掉头过程中发现情况停车后起步不及时，影响其他车辆正常通行，原因是离合器半联动运用不熟练。

有时学员掉头地点选择正确，但转向时机把握不准，使实际掉头地点与预计地点发生偏差，导致不能完成掉头。

（2）倒车掉头应强调在倒车过程中注意观察路口交通动态和倒入右侧道路转向时机的准确把握。

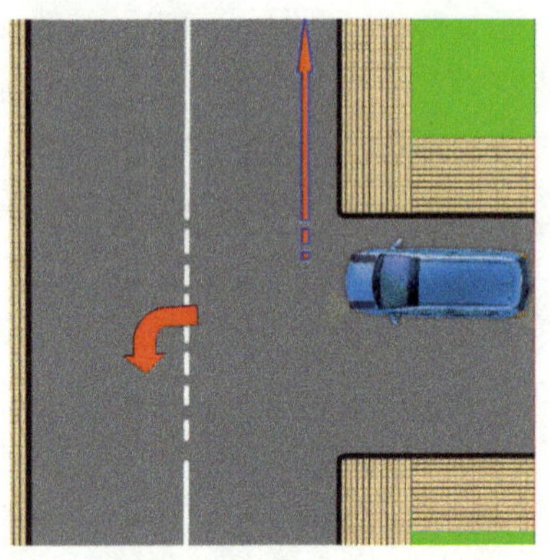

（3）窄路掉头应强调利用“三进两退”完成掉头和掉头过程中对前、后轮位置的判断。练习时应注意前轮接近边线或后轮接近道路边缘线时，在车上相应的观察位置。

三 技能重点与难点

（1）正确选择掉头地点和掉头方法。

（2）掉头过程平稳，迅速。

（3）掉头时不妨碍其他车辆和行人的正常通行。

四 教学重点

指导学员掌握选择合适的掉头地点及不同路况条件下的掉头方式。

五 安全事项

注重掉头前和掉头过程中的观察，并注意来往车辆和行人。

六 练习标准

能熟练掌握三种掉头方法，做到安全掉头。

七 纠错要点

一次性掉头和倒车掉头主要问题：车辆进入右侧岔路前不观察、进入路口后向左转向时机把握不准、出路口时对道路情况判断不准；不能根据情况及时驶离路口。

窄路掉头出现的问题：不能利用“三进两退”完成掉头和掉头过程中前轮或后轮轧路边线。

八 专项评判标准

（1）不能正确观察交通情况选择掉头时机，不合格。

（2）掉头地点选择不当，不合格。

（3）掉头前未开启左转向灯，不合格。

（4）掉头时，妨碍正常行驶的其他车辆和行人通行，扣10分。

第六节 直线行驶

一 教学内容、目标、要求、方法

1 教学内容

直线行驶。

2 教学目标

根据道路情况合理控制车速，正确使用挡位，保持直线行驶，跟车距离适当，行驶

过程中适时观察内、外后视镜，视线不得离开行驶方向超过2s。

3 教学要求

在车辆直线行驶教学中， 车速要达到30~40km/h；挡位合适，方向平稳，保持直线行驶，行驶过程中能适时观察内、外后视镜。

4 教学方法

教练员采用讲解操作方法，使学员了解直线行驶的基本方法。教练员现场指导，及时纠正，通过反复练习，达到教学目的。每位学员练习3~4次。

二 教学过程

先分解讲解操作方法，再由学员学习体验，条件允许时可边示范边讲解。

1 教练员讲解

（1）由于注视方向与观察距离和坐姿有关，因此，驾驶车辆首先要调整好驾驶姿势。保持正确的驾驶姿势，才能在行驶中根据左侧车轮行驶的延长线来观察车辆的前进方向偏离情况。

（2）沿直线行驶前，首先应调整好方向，使车辆在道路上保持正直，转向盘处于正直位置。

（3）开始练习时，用低速行驶的方法，使车辆沿道路中心线或车道分界线行驶，可以利用车上某处对准中心线或分界线，保持直线行驶，发现偏离时及时小幅修正方向。

（4）速度应控制在30～40km/h范围内；直线行驶时换挡，一定要注意对转向盘的控制，防止偏离行驶方向。

（5）在行驶时如前方有行人、非机动车时，应提前减速，观察其动态再作处理，必要时停车让行；如有固定障碍物，应提前转向，绕开障碍物。行驶过程中应适时观察内、外后视镜，了解车后及两侧道路交通情况，但视线离开行驶方向不得超过2s。

2 教练员边示范边讲解

教练员进行示范并结合讲解，突出强调双眼平视前方，控制车辆与中心线之间横向间距，如发生方向偏离时（靠左或靠右），应及时修正。

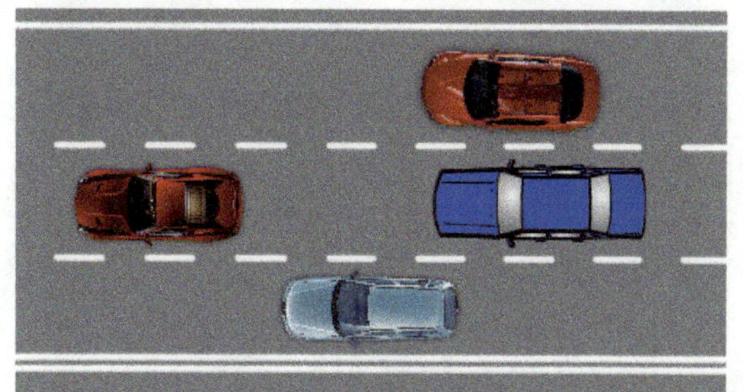

换挡时左手握稳转向盘，右手换挡，在此过程中，强调转向盘不得出现晃动现象。

在行驶中注意观察道两侧交通情况，防止非机动车和行人突然横穿道路而措手不及。

3 学员练习，教练员随车指导

在学员训练时会出现视距过近、行驶方向偏离不能及时发现、调整方向幅度过大、换挡时不能有效控制方向而出现方向偏离等现象。

车辆行驶中要目视前方，注意两侧道路交通。

应随着车速的变化调整视距。车速快，注视点应放远，做到看远顾近；车速慢，应适当看近，并用余光注意车辆周围的情况，做到看近顾远。适时通过后视镜观察车后情况。

修正方向时，要“早打、少打、有打有回”，做到一手拉动一手推送，双手配合操作，保持车辆直线进行。

三 技能重点与难点

（1）直线行驶方向修正。

（2）对车速的控制。

（3）通过后视镜观察后方情况。

（4）遇障碍物的处理。

四 教学重点

直线行驶时对方向的把握和速度的控制。

五 安全事项

行驶时要与前车保持安全距离，防止过急制动和追尾，注意观察后视镜，了解车辆两侧和后方情况。

六 练习标准

熟练掌握方向控制，保持车辆直线行驶，合理控制车速。

七 纠错要点

（1）行驶时视线过近。

（2）方向控制不稳“逃方向”。

（3）不能适时通过内外后视镜观察后方交通情况。

八 评判标准

（1）方向控制不稳，不能保持车辆直线运行，不合格。

（2）遇前车制动不及时采取减速措施，不合格。

（3）不能适时通过内、外后视镜观察后方交通情况，扣10分。

（4）未及时发现路面障碍物或发现路面障碍物未及时采取减速措施，扣10分。

第七节 通过路口

一 教学内容、目标、要求、方法

1 教学内容

直行通过路口、路口左转弯、路口右转弯。

2 教学目标

熟悉路口合理观察交通状况知识，掌握减速或停车瞭望，直行通过路口的安全驾驶方法。

熟悉路口合理观察交通状况及视野盲区知识，掌握减速或停车瞭望，正确使用灯光信号，左、右转弯通过路口的安全驾驶方法。

3 教学要求

根据实际行车需要，指导学员掌握车辆直行通过路口、路口左转弯和路口右转弯的操作方法，重点强调遵守路口通行原则，观察道路交通标志、标线，注意礼让、安全通过。

4 教学方法

教练员采用讲解操作方法，使学员了解直行通过路口、路口左转弯和路口右转弯的基本操作方法。学员在练习时，教练员现场指导，及时纠正，通过反复练习，达到教学目的。每位学员练习3~4次。

二 教学过程

先分解讲解操作方法，再讲解结合示范，让学员学习和体验。

1 教练员讲解

通过路口要遵守路口通行原则，进入路口前的观察。

在通过时应提前减速，观察路口交通情况，根据交通信号灯指示停车或通行，通过时还应观察左右及前方情况，保持平稳的车速。

通过路口左、右转弯时，首先要观察交通状况及注意视觉盲区，减速行驶，必要时做到停车瞭望。正确使用转向灯。右转弯通过路口时尤其注意礼让行人，必要时停车让行。

2 教练员边示范边讲解

（1）直行通过路口的方法：进入路口前减速，观察车道前方交通情况，如是绿灯则以低速平稳的车速通过；如绿灯时有行人通过应停车让行。如是红灯，应将车停在停止线以外等候，待绿灯亮时再快速起步通过路口。

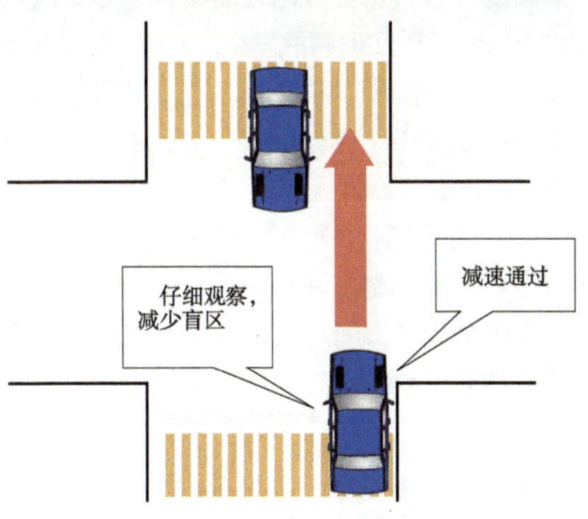

（2）通过路口左转弯的方法：要注意路口指示标志，提前了解路口车道布置形式，打开左转向灯，向左变更车道，在路口停止线以外减速，强调向左回头观察交通情况。注意视觉盲区，必要时停车瞭望。礼让行人和非机动车，左转弯时紧靠路口中心点小转弯，安全通过。

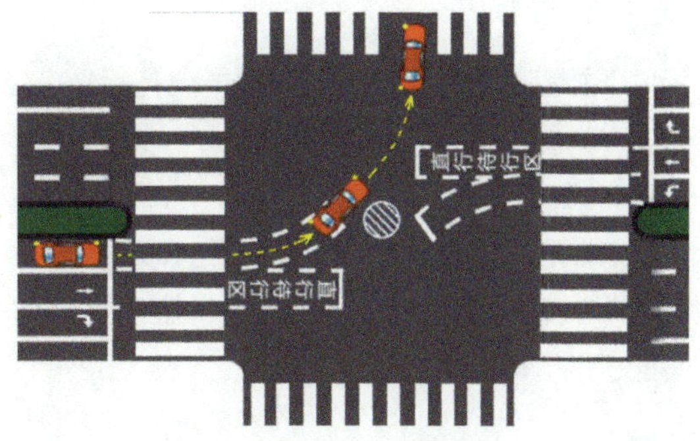

（3）通过路口右转弯的方法：打开右转向灯，向右变更车道，强调向右回头观察交通情况。注意视觉盲区，并在路口停止线以外减速。遇红灯时，应礼让非机动车和行人优先通行，必要时停车瞭望。

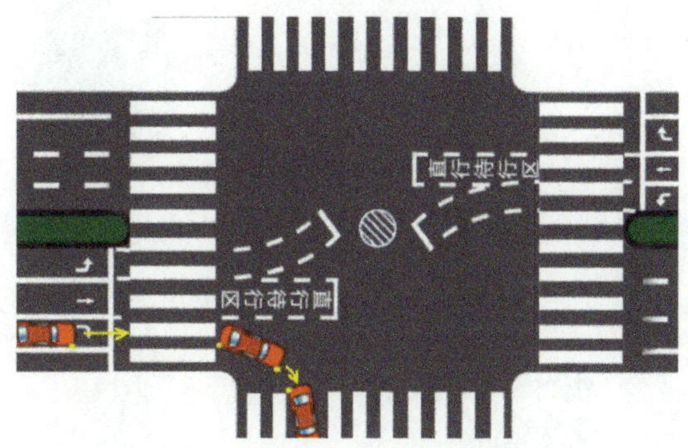

3 学员练习，教练员随车指导

在学员训练时会出现不注意观察交通标志、进入导向车道过迟、车道选择错误等问题。

车辆行进中要注视前方，在进入路口前注意观察路口交通情况，在确定可以左、右转弯后应提前开转向灯，在车道分界线路段进入导向车道，根据交通信号平稳通过路口，注意礼让行人和非机动车。

三 技能重点与难点

（1）进入路口前的观察方法。

（2）遵守交通标志、标线和交通信号。

（3）进入路口减速礼让。

四 教学重点

培养安全行车的意识，遵章守法通过交

叉路口，做到“一慢、二看、三通过”。

五 安全事项

注意观察，控制车速，不争道抢行。

六 练习标准

掌握正确直行通过路口、路口左转弯、路口右转弯的操作要领，熟练掌握观察方法和文明行车。

七 纠错要点

不注意观察交通标志和导向箭头、进入导向车道过迟而轧车道线，向左、向右进入导向车道不开转向灯。

八 评判标准

（1）不按规定减速或停车瞭望，不合格。

（2）不观察左、右交通情况，转弯通过路口时，未观察侧前方交通情况，不合格。

（3）不主动避让优先通行的车辆、行人、非机动车，不合格。

（4）遇有路口交通阻塞时进入路口，将车辆停在路口内等候，不合格。

（5）左转通过路口时，未靠路口中心点左侧转弯，扣10分。

第八节 会　车

一 教学内容、目标、要求、方法

1 教学内容

安全会车。

2 教学目标

培养学员熟悉掌握正确选择会车地点、会车时机及与对方车辆保持安全距离知识，掌握安全会车驾驶方法。

3 教学要求

要求学员在车辆行驶中，注意对方车辆，选择合理的会车地点，并做好随时减速停车的准备。会车时与对方车辆保持安全距离，安全会车。会车有危险时，能控制车速，提前避让，调整会车地点。

4 教学方法

教练员采用讲解会车的操作方法和要求，让学员建立感性认识，然后边讲解边示范，使学员领悟会车方法，再安排学员练习，教练员指导，最后进行教学讲评。

二 教学过程

1 教练员讲解

在一般的行驶过程中，会车是发生频率最高的内容，也相对比较简单，但会车时操作不当会导致交通事故发生。

（1）根据双方车辆速度、道路状况和交通情况适当控制车速，选择合理的会车地点，靠道路右侧通过。

（2）跟车过程中会车时，应与前车保持足够距离，避免跟车太近，一般道路车距控制可采用“2s间距”；会车时应注意右侧行人和非机动车动态，保持足够的横向安全距离。

（3）弯道会车，应以道路中心线为界；没有划中心线的，以道路的几何中心为界，靠道路右侧通过。

（4）遇到雨、雪、雾天气，视线不良条件下会车时，应降低车速，加大横向安全距离，必要时停车避让。

② 教练员边示范边讲解

（1）在行驶中要求目视前方，一旦发现前有来车，就要做好会车的准备。会车前，要估计来车速度、行驶空间位置、有无占道情况，根据双方车速，正确估计会车时需预留的横向安全距离，并选择会车地点。会车时，握稳转向盘，同时保证两车之间有足够的横向安全距离。

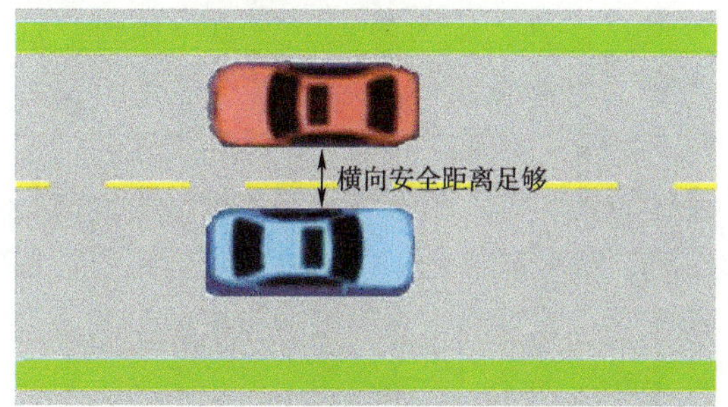

会车时横向安全距离的控制与车速有关，车速越快，所需的横向安全距离越大。

（2）如果本车道前方有障碍物，而对向车辆已接近障碍物时，应选择在障碍物前减速或停车，让对向车辆先行，不准抢道会车。

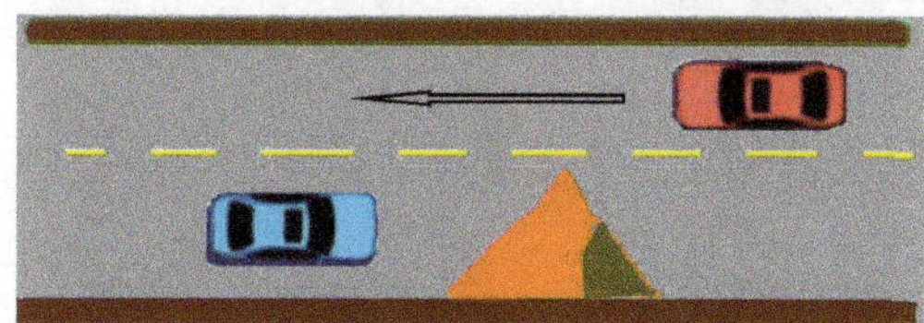

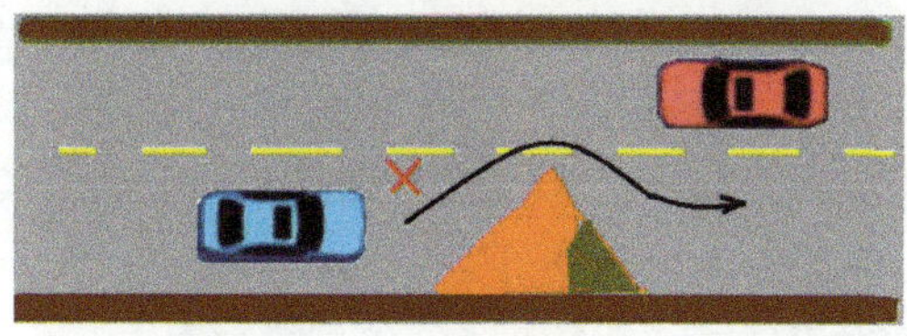

在障碍物处会车时，如形成“三点一线”是很危险的，特别是在道路不宽畅，障碍物占位较大的地方。如果障碍物不是固定障碍物，而是非机动车、行人，则更加危险。

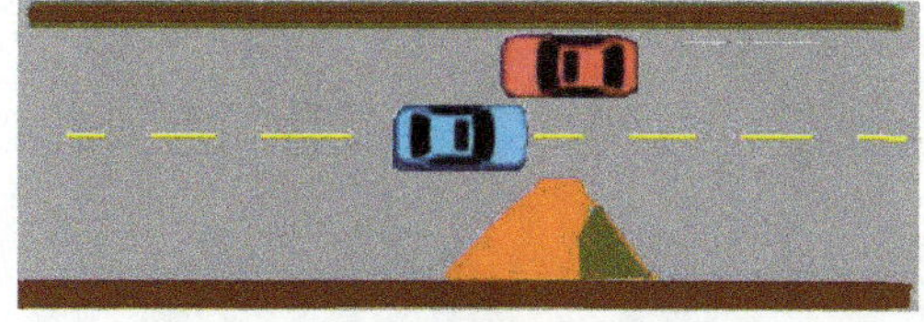

（3）夜间会车时要关闭远光灯，改用近光灯，并同时降低车速，控制方向。

（4）在靠山临崖的狭窄道路上会车，靠山一侧的车辆应让临崖一侧的车辆先行。

③ 学员练习，教练员随车指导

在练习中，学员会出现不注意观察对向车辆空间方位和趋势、缺乏横向间距估计能力、有障碍物时会车地点选择不当等情况。

发现对向来车，首先应观察来车的空间方位和趋势、车速情况，然后选择适合地点会车，靠右侧行驶，控制好横向安全距离。

如前方有障碍物，应根据障碍物的距离以及双方车速和距离，选择在障碍物前还是越过障碍物再会车。会车时严格靠右，礼貌、安全会车。

三 技能重点与难点

会车的地点选择；会车横向安全距离和车速控制。

四 教学重点

指导学员掌握选择会车地点，会车时安全距离的估计和控制。

五 安全事项

会车时车速控制和横向安全距离控制。

六 练习标准

能熟练掌握会车方法，正确估计安全间距。

七 纠错要点

不注意观察对方车辆空间方位，对横向间距缺乏感觉，有障碍物时选择会车地点不当等情况。

八 评判标准

（1）在没有中心隔离设施或者中心线的道路上会车时，不减速靠右行驶，或未与其他车辆、行人、非机动车保持安全距离，

不合格。

（2）会车困难时不让行，不合格。

（3）横向安全间距判断差，紧急转向避让对方来车，不合格。

第九节 超车、让车

一 教学内容、目标、要求、方法

1 教学内容

安全超车、让车。

2 教学目标

超车前，保持与被超越车辆的安全跟车距离。开启左转向灯，通过内、外后视镜观察后方和左侧交通情况，并回头观察确认安全后,选择合理时机，鸣喇叭或交替使用远近光灯，从被超越车辆的左侧超越。超车时，观察被超越车辆情况，保持横向安全距离。超越后，开启右转向灯，通过内、外后视镜观察后方和右侧交通情况，并回头观察确认。在不影响被超越车辆正常行驶的情况下，逐渐驶回原车道，关闭转向灯。

3 教学要求

指导学员熟悉选择超车时机和地点，掌握超车与让超车的安全操作方法。

4 教学方法

教练员采用先讲解再示范的教学方法，让学员对超车和让车有一定的认识，然后练习指导，使学员掌握超车和让车的方法以及注意事项，确保超车、让车过程的安全，对练习的结果进行讲评。每人练习3~4次。

二 教学过程

1 教练员讲解

相对于会车来说，超车的难度系数更高，并有一定的危险。超车时要严格遵守交通法规。

在行驶中，首先应确定被超车辆，观察被超车辆前方的交通情况，再回头观察左后方情况，确认安全后，做好超车准备。注意在准备超车前保持与被超越车辆的安全跟车距离，开启左转向灯，适当提速，向左缓慢转向，进入超车道；回头观察右侧被超车辆，确保与被超车辆的横向安全距离，加速行驶；超越后，在不影响被超越车辆正常行驶的情况下，开启右转向灯，逐渐驶回原车道，关闭转向灯，完成超车。

让超车的方法：发现后车有超越本车的意向，应观察前方道路情况，在确认具备让车条件时，开启右转向灯，适当减速并靠右让行，适时关闭转向灯。在让超车过程中应注意观察左侧正在超车的车辆动态并保持横向安全距离。

2 教练员边示范边讲解

在行驶中要求双眼看远顾近，远近兼顾，对车辆前后交通情况有足够的了解。

先确定超越的目标车辆，选择合适的超车地点，回头观察左侧、左后侧交通情况，开启左转向灯，发出超车信号，鸣喇叭（禁止鸣喇叭地段除外）。此时，本车仍处于跟车状态，所以应控制跟车的安全距离。

当前方车辆让超车时，应向左变更车道进入超车道，并向右回头观察被超车辆，确保与被超车辆横向安全距离，加速行驶。

超车后，驶回原车道前，要通过内、外后视镜观察后方和右侧交通情况并回头观察确认安全，在与被超车辆存在足够的纵向安全距离后，开启右转向灯，观察右侧交通情况，缓慢驶回原车道，关闭转向灯。

让车指的是让超车，后车发出超车信号，在条件许可的情况下，做到既让速，又让路，即开启右转向灯，降低车速并尽可能靠右行驶，留出足够的路面让后车超车。既不能让路不让速，也不能让速不让路，要做到安全让超，文明驾驶。

3 学员练习，教练员随车指导

在练习中，学员会出现不观察左前方和左后方交通情况，盲目超车、超车过程中横向安全距离不能确保、超车后妨碍被超车辆正常行驶等情况。

超车前应注意观察前车及前方道路交通情况和左后方交通情况，并回头观察交通情况，这是超车的必备条件；其次，超车前还应判断前车速度和路况是否适合超车，然后才能确定是否超车，再选择超车的时机和地点。要控制超车过程中与被超车之间的横向安全距离、保持足够的动力。超车后，要与被超车之间有足够的纵向安全距离，不妨碍被超车辆正常行驶。

让超车时，首先应确定是否具备让超车条件。有条件让超车时，应先开启右转向灯，让车时做到既让速又让路。

三 技能重点与难点

（1）超车的时机的确定和超车地点的选择。

（2）超车时横向安全距离控制。

（3）让超车的操作方法。

四 教学重点

指导学员掌握判断超车时机和超车地点的选择，超车时安全距离的估计和控制。

五 安全事项

超会前的情况观察，超车过程中横向安全距离和驶回原车道的安全距离的把握。

六 练习标准

能熟练掌握超车方法，正确估计安全距离。

七 纠错要点

超车前不观察左前方和左后方交通情况而盲目超车、超车过程中横向安全距离未能确保、超车后妨碍被超车辆正常行驶。

八 评判标准

（1）超车前，不通过内、外后视镜观察后方和左侧交通情况并回头观察确认安全，不合格。

（2）超车时机选择不合理，影响其他车辆正常行驶，不合格。

（3）超车时，未回头观察被超越车辆动态，不合格。

（4）超车时未与被超越车辆保持安全距离，不合格。

（5）超车后，驶回原车道前，不通过内、外后视镜观察后方和右侧交通情况并回头观察确认安全，不合格。

（6）在没有中心线或同方向只有一条行车道的道路上从右侧超车，不合格。

（7）超车后急转向驶回原车道，妨碍被超越车辆的正常行驶，不合格。

（8）当后车发出超车信号时，具备让车条件不减速靠右让行，扣10分。

第十节 通过学校区域

一 教学内容、目标、要求、方法

1 教学内容

安全通过学校区域。

2 教学目标

熟悉通过学校区域时要提前观察、减速或停车，文明礼让，避让学生和校车的知识，掌握安全通过学校区域的驾驶方法。

3 教学要求

教学中指导学员在通过学校区域时，提前减速至30km/h以下，观察情况，文明礼让，确保安全通过，遇有学生横过马路时应停车让行。

4 教学方法

教练员先讲解车辆通过学校区域的操作要求和方法，使学员在头脑中形成初步印象，然后通过示范、讲解相结合的教学方法，进一步增加感性认识；每人练习2~3次，体验驾驶车辆通过学校区域的操作和礼让方法。

二 教学过程

1 教练员讲解

学校区域的交通特点：

（1）学校附近是学龄儿童与家长经常来往的地方，人员和车辆密集，交通拥堵、混乱，易发生交通事故。

（2）学生安全意识淡薄，经常嬉戏、打闹，年龄较小的儿童甚至会冲上道路，相互追赶、奔跑。

通过学校区域要做到“一慢、二看、三礼让”。

一慢：当驾驶车辆行至学校附近或有注意儿童标志路段时，一定要及时减速，注意保持车速降至30km/h以下，以防突然情况的发生。

二看：观察交通标志、标线，禁鸣喇叭；注意观察道路两侧或周围的情况，时刻提防学生横过道路。尤其在上学或放学时段，应与前车保持较大的安全距离，随时准备停车避让。

三礼让：当发现有学生通过道路时，应及时停车让行，不得鸣喇叭或与学生抢行。

2 教练员边示范边讲解

通过学校区域前先观察有无学生在该区域活动和其他车辆行人动态，降低车速至30km/h以下，如无学生和其他人员，则保持低速通过。

如有学生或其他人员横过学校区域时，应将车辆停在停止线以外等待，在学生或其他人员通过后再低速通过。

③ 学员练习，教练员随车指导

在练习中，学员会出现不注意观察学生动态，进入学校区域不减速等错误。

在教学中强调车辆进入学校区域前，必须提前减速至30km/h以下，并观察前方两侧交通情况，特别是遇有学生通过学校区域时，做到停车让行，并做到注意力均匀分布、视线合理转移。

三 技能重点与难点

（1）学校区域减速。

（2）学生动态预判能力。

（3）礼让意识。

四 教学重点

指导学员掌握在通过学校区域时的减速动作和控制安全车速的能力，注意观察交通情况，体现文明礼让的安全意识。

五 安全事项

通过学校区域时密切注意学生，尤其是儿童的动向，并注意来往车辆、行人。

六 练习标准

通过学校区域时能熟练采取措施降低车速，正确观察学生动态，掌握学生动态规律，自觉做到文明礼让。

七 纠错要点

（1）未能及时减速，控制车速。

（2）对学生动态预判不足。

（3）有学生通过学校区域时不能停车让行。

八 评判标准

（1）不按规定减速慢行，不合格。

（2）不观察左、右方交通情况，不合格。

（3）未停车礼让行人，不合格。

第十一节 通过人行横道

一 教学内容、目标、要求、方法

① 教学内容

安全通过人行横道。

② 教学目标

培养学员在人行横道前减速，观察两侧交通情况的意识，并在确认安全后，合理控制车速通过。

③ 教学要求

教学中指导学员驾车进入人行横道线时，能观察前后左右的交通情况，并减速至30km/h以下。遇有行人和非机动车通过人行横道时，停车让行，正确掌握安全通过人行横道的驾驶方法。

4 教学方法

教练员先讲解车辆通过人行横道的操作要求和方法，使学员在头脑中形成初步印象，然后通过示范、讲解相结合的教学方法，进一步增加学员感性认识；每人练习3~4次，体验驾驶车辆通过人行横道的操作方法。

二 教学过程

1 教练员讲解

人行横道是人员密集区域，交通秩序比较混乱，易发生交通事故；行人通过人行横道时神色各异，表现匆忙，可能不注意观察情况，遵守法规的意识薄弱。

通过人行横道要做到“一慢、二看、三礼让”。

一慢：当车辆接近人行横道时要注意行人动态，并提前减速至30km/h以下，以防突然情况的发生。

二看：注意观察道路两侧或周围的情况，时刻提防行人横过道路。尤其在上下班高峰期时，行人秩序混乱，随时准备停车避让。

三礼让：当发现有行人通过人行横道时，应及时停车让行，不得鸣喇叭或与行人抢行。

2 教练员边示范边讲解

在行驶中要求观察交通标志和标线，注意人行横道附近行人动态。车辆接近人行横道前应降低车速至30km/h以下；如无人通过人行横道时保持低速通过。

如有行人通过时，应将车停在停止线以外让行，待行人通过后再低速通过，不能争道抢行和鸣喇叭催促。

3 学员练习，教练员随车指导

在练习中学员会出现在接近人行横道前不提前减速、不注意观察人行横道左右行人动态、与行人争道抢行等错误。

在教学中强调车辆进入人行横道前必须提前减速至30km/h以下，并观察前方两侧交通情况，特别是遇有行人通过人行横道线时，要做到停车让行，注意力均匀分布、视线合理转移。

三 技能重点与难点

（1）进入人行横道前减速。

（2）行人动态预判能力。

（3）礼让意识。

四 教学重点

指导学员掌握在通过人行横道时的减速的方法，注意观察行人动态，体现文明礼让的安全意识。

五 安全事项

通过人行横道时密切注意车辆、行人动向，注意礼让。

六 练习标准

通过人行横道时能熟练降低车速，正确观察交通情况，掌握行人动态规律，自觉做到文明礼让。

七 纠错要点

（1）在人行横道前未能及时减速，控

制车速。

（2）对行人的动态预判不足。

（3）有行人通过人行横道时不能停车让行。

八 评判标准

（1）不按规定减速慢行，不合格。

（2）不观察左、右方交通情况，不合格。

（3）未停车礼让行人，不合格。

第十二节 通过公共汽车站

一 教学内容、目标、要求、方法

1 教学内容

安全通过公共汽车站。

2 教学目标

通过公共汽车站前能提前减速，观察公共汽车进、出站动态和乘客上下车动态，着重注意同向公共汽车前方或对向公共汽车后方有无行人横穿道路。

3 教学要求

教学中指导学员在通过公共汽车站时要提前减速，并注意观察左、右两侧，公共汽车进、出站动态和乘客上下车动态，着重注意同向公共汽车前方或对向公共汽车后方有无行人横穿道路。

4 教学方法

教练员先讲解车辆通过公共汽车站的操作要求和方法，使学员在头脑中形成初步印象，然后通过示范、讲解相结合的教学方法，进一步增加感性认识；每人练习3~4次，体验驾驶车辆通过公共汽车站的操作方法。

二 教学过程

1 教练员讲解

公共汽车站的交通特点：

公共汽车进出车站，停车、起步、变道、超车等情况频繁，行人经常从车前、车后蹿出，且上下车乘客神色各异，表现匆忙，可能不注意观察情况，遵守法规的意识薄弱。

车辆通过公共汽车站的操作方法：

（1）减速慢行，车速降至30km/h以下，并注意观察公共汽车周围的交通情况，以防突发情况。

（2）在超越公共汽车时，注意提防公共汽车起步后突然向左转向或上、下车的乘客从车前、后突然横穿。应与公共汽车保持较大的横向安全距离，并随时做好停车避让的准备；公共汽车有出站动向时，应及时停车礼让。

（3）注意避让超越公共汽车的非机动车或行人。

2 教练员边示范边讲解

当车辆接近公共汽车站时，提前降低车速至30km/h以下；如站台附近无车辆、行人时可保持低速通过；如有公共汽车临近车站，应注意观察公共汽车靠站动向和站台乘客动态。公共汽车靠站上下客时，遇有行人横穿，应将车停在公共汽车左后方，不能争道抢行和鸣喇叭催促，做到文明礼让。

3 学员练习，教练员随车指导

在练习中学员会出现未能在接近公共汽车站前观察和减速、不注意观察上下乘客动态、与行人争道抢行等错误。

针对学员在通过公共汽车站训练时，应在教学中强调：车辆接近公共汽车站前必须提前减速至30km/h以下；观察到站公共汽车动向和上下乘客动态，尤其要注意下车乘客突然从公共汽车前方蹿出的突发情况出现。

遇有乘客横穿时，要求做到停车让行，均匀分布注意力、合理转移视线。

三 技能重点与难点

（1）进入公共汽车站前减速。

（2）上下乘客动态预判能力。

（3）礼让意识。

四 教学重点

指导学员掌握在通过公共汽车站时的减速方法，注意观察乘客动态，体现文明礼让的安全意识。

五 安全事项

通过公共汽车站时减速，密切注意上下车乘客，尤其注意从公共汽车前方蹿出的乘客，防止公共汽车突然起步向左转向。

六 练习标准

通过公共汽车站时能迅速降低车速，正确观察车辆和上下乘客的动态，具备应急措施，并自觉做到文明礼让。

七 纠错要点

（1）在接近公共汽车站前未能及时减速，控制车速。

（2）对上下车乘客的动态预判不足。

（3）有乘客横穿时不能停车让行。

八 评判标准

（1）不按规定减速慢行，不合格。

（2）不观察左、右方交通情况，不合格。

（3）未停车礼让行人，不合格。

第十三节 夜间行驶

一 教学内容、目标、要求、方法

1 教学内容

正确使用灯光与夜间安全驾驶。

2 教学目标

使学员熟悉夜间起步、会车、超车、通过急弯、通过坡路、通过拱桥、通过人行横道或者在没有交通信号灯控制的路口正确使用灯光，掌握夜间安全驾驶方法。

3 教学要求

教学中指导学员了解夜间行驶特点，根据行驶中根据各种照明、道路和车流情况按规定使用灯光。

在起步前开启前照灯，行驶中正确使用灯光。无照明或照明不良的道路条件下使用远光灯；照明良好的道路、会车、路口转弯、近距离跟车等情况，使用近光灯。超车、通过急弯、坡路、拱桥、人行横道或者没有交通信号灯控制的路口时，应交替使用远近光灯示意。

4 教学方法

教练员先讲解车辆在夜间行驶条件下的操作要求和方法，使学员在头脑中形成初步印象，然后通过示范、讲解相结合的教学方法，进一步增加感性认识；每人练习4~5次，体验驾驶车辆夜间行驶的感觉。

二 教学过程

1 教练员讲解

车灯被认为是“汽车的语言”，不同的车灯代表不同的意义，车灯的作用是照明和信号，使用时要特别注意。

1）夜间行车特点

（1）驾驶员视力变差，视野变窄。

（2）驾驶员容易疲劳，导致观察力和判断力降低。

2）夜间灯光的使用要注意的事项

（1）灯光开启的时机一般根据视线和道路情况而定。

（2）夜间起步前应先打开前照灯，看清道路及周边情况，确认安全后再起步。

（3）在无照明或照明不良的道路上行驶，应使用远光灯。

（4）车辆在有路灯、照明良好的道路上行驶应使用近光灯。

（5）车辆在会车、近距离跟车时使用近光灯。

（6）通过急弯、坡路、拱桥、路口、人行横道和超车前应交替使用远近光灯示意。

（7）停车时，待车辆停稳后再关闭前照灯。

2 教练员边示范边讲解

车辆起步和道路照明良好时使用近光灯，如无路灯或照明不良环境下使用远光灯。

1）根据灯光照射情况来识别路面

（1）如灯光照射由远及近就有可能车辆接近上坡路段或驶近急转弯路段。

（2）如灯光照射由近变远有可能车辆即将进入下坡道或在下缓坡时进入下陡坡、即将由弯道进入直道。

（3）灯光偏离路面时，灯光由路中移向路侧，前方为一般弯道；若灯光随之从一侧移到另一侧，则进入连续弯道。

（4）灯光离开路面时前方有可能出现急转弯或车辆即将驶到坡顶。

（5）前方路面出现黑影的情况：车辆驶近时，若黑影逐渐消失，则前方有浅坑小洼；而车辆驶近时，若黑影未消失，前方可能有深坑大洼。

2）夜间会车时灯光的使用

（1）首先要减速。

（2）距对向来车150m以外将远光变为近光，若来车未变光应连续变光提示来车，同时减速靠右。在窄路、窄桥与非机动车会车时应使用近光灯。

3）夜间超车时灯光的使用

夜间行车应尽量避免超车，如确需超车时要变换远近光灯提示前车，待确认前车减速避让后方可超越。

4）遇特殊情况的灯光使用

（1）紧跟前车时要使用近光灯，不得使用远光灯。

（2）在风、雪、雨、雾等恶劣天气条件下夜间驾驶，需开启雾灯或防炫目近光灯。

（3）在无交通信号灯控制的交叉路口，交替变换远、近光灯，开启近光灯通过。

3 学员练习，教练员随车指导

在练习中，有时学员会在照明条件良好时开远光灯、会车时不能及时变近光灯、超车前不能交替变换远近光灯提示前车，不能根据灯光照射情况判断道路情况等。

在教学中应及时提醒纠正。会车时、跟车时严格要求开启近光灯，尤其是通过无交通信号灯控制的交叉路口要交替变换远、近

光灯，使用近光灯通过。

4 模拟夜间灯光使用练习

模拟夜间灯光使用，需在指令发出后5s内做出正确灯光操作：

（1）请开启前照灯（打开前照灯开关），夜间在没有路灯、照明条件不良时行驶（变换成远光灯），夜间同方向近距离跟车行驶（变换成近光灯），夜间通过急弯、坡路（交替使用远近光灯示意二次以上），夜间在道路上发生故障，妨碍交通又难以移动（关闭前照灯，示廓灯和后位灯保持打开状态，打开危险报警闪光灯），模拟夜间考试完成，请关闭所有灯光（关闭所有灯光）。

（2）请开启前照灯（打开前照灯开关），夜间在没有路灯、照明条件不良时行驶（变换成远光灯），夜间在窄路与非机动车会车（变换成近光灯），夜间通过坡路、拱桥（交替使用远近光灯示意两次以上），夜间在道路上发生故障，妨碍交通又难以移动（关闭前照灯，示廓灯和后位灯保持打开状态，打开危险报警闪光灯），模拟夜间考试完成，请关闭所有灯光（关闭所有灯光）。

（3）请开启前照灯（打开前照灯开关），夜间在没有路灯、照明条件不良时行驶（变换成远光灯），夜间同方向近距离跟车行驶（变换成近光灯），请将前照灯变换成远光（变换成远光灯），夜间在窄路、窄桥与非机动车会车（变换成近光灯），雾天行驶（打开雾灯、危险报警闪光灯），模拟夜间考试完成，请关闭所有灯光（关闭所有灯光）。

（4）请开启前照灯（打开前照灯开关），夜间在没有路灯、照明条件不良时行驶（变换成远光灯），夜间在窄桥与非机动车会车（变换成近光灯），夜间通过急弯、拱桥（交替使用远近光灯示意两次以上），雾天行驶（打开雾灯、危险报警闪光灯），模拟夜间考试完成，请关闭所有灯光（关闭所有灯光）。

（5）请开启前照灯（打开前照灯开关），夜间在没有路灯、照明条件不良时行驶（变换成远光灯），夜间同方向近距离跟车行驶（变换成近光灯），夜间通过拱桥、人行横道（交替使用远近光灯示意两次以上），夜间在道路上发生故障，妨碍交通又难以移动（关闭前照灯，示廓灯和后位灯保持打开状态，打开危险报警闪光灯），模拟夜间考试完成，请关闭所有灯光（关闭所有灯光）。

（6）请开启前照灯（打开前照灯开关），夜间在没有路灯、照明条件不良时行驶（变换成远光灯），夜间同方向近距离跟车行驶（变换成近光灯），请将前照灯变换成远光（变换成远光灯），夜间在窄路、窄桥与非机动车会车（变换成近光灯），雾天行驶（打开雾灯、危险报警闪光灯），模拟夜间考试完成，请关闭所有灯光（关闭所有灯光）。

（7）请开启前照灯（打开前照灯开关），夜间在没有路灯、照明条件不良时行驶（变换成远光灯），夜间在窄桥与非机动车会车（变换成近光灯），夜间通过拱桥、人行横道（交替使用远近光灯示意两次以上），夜间在道路上发生故障，妨碍交通又难以移动（关闭前照灯，示廓灯和后位灯保持打开状态，打开危险报警闪光灯），模拟夜间考试完成，请关闭所有灯光（关闭所有灯光）。

（8）请开启前照灯（打开前照灯开关），夜间在没有路灯、照明条件不良时行驶（变换成远光灯），夜间在窄路、窄桥与非机动车会车（变换成近光灯），夜间通过没有交通信号灯控制的路口（交替使用远近光灯示意两次以上），雾天行驶（打开雾灯、危险报警闪光灯），模拟夜间考试完成，请关闭所有灯光（关闭所有灯光）。

（9）请开启前照灯（打开前照灯开关），夜间在没有路灯、照明条件不良时行驶（变换成远光灯），夜间同方向近距离

跟车行驶（变换成近光灯），请将前照灯变换成远光（变换成远光灯），夜间在窄路与非机动车会车（变换成近光灯），夜间在道路上发生故障，妨碍交通又难以移动（关闭前照灯，示廓灯和后位灯保持打开状态，打开危险报警闪光灯），模拟夜间考试完成，请关闭所有灯光（关闭所有灯光）。

（10）请开启前照灯（打开前照灯开关），夜间在没有路灯、照明条件不良时行驶（变换成远光灯），夜间同方向近距离跟车行驶（变换成近光灯），请将前照灯变换成远光（变换成远光灯），夜间在窄路、窄桥与非机动车会车（变换成近光灯），雾天行驶（打开雾灯、危险报警闪光灯），模拟夜间考试完成，请关闭所有灯光（关闭所有灯光）。

三 技能重点与难点

（1）根据灯光照明情况正确判断识别路面情况。

（2）不同路段不同情况灯光的正确使用。

四 教学重点

指导学员掌握各种情况下灯光的正确使用。

五 安全事项

夜间行车正确开启灯光，合理控制车速。临时停车时，关闭前照灯，开启示廓灯、后位灯和危险报警闪光灯。

六 练习标准

根据各种照明、道路条件和车流情况正确、熟练使用灯光。

七 纠错要点

在照明条件良好时开启远光灯、会车时不能及时变换近光灯、超车前不能交替变换远近光灯提示前车、不能根据灯光照射情况判断道路情况等。

八 评判标准

（1）不能正确开启灯光，不合格。

（2）同方向近距离跟车行驶时，使用远光灯，不合格。

（3）通过急弯、坡路、拱桥、人行横道或者没有交通信号灯控制的路口时，不交替使用远近光灯示意，不合格。

（4）会车时不按规定使用近光灯，不合格。

（5）通过路口时使用远光灯，不合格。

（6）超车时未交替使用远近光灯提醒被超越车辆，不合格。

（7）在有路灯、照明良好的道路上行驶时，使用远光灯，不合格。

（8）在路边临时停车不关闭前照灯或不开启示廓灯，不合格。

（9）进入无照明、照明不良的道路行驶时不使用远光灯，扣5分。

第十四节 行驶路线选择

一 教学内容、目标、要点、方法

1 教学内容

自行选择行驶路线安全驾驶。

2 教学目标

根据道路情况，能够合理判断和设计行驶路线，安全驾驶。

③ 教学要求

在教学中，指导学员根据前方道路情况，能选择和设计通过的路线，合理绕开障碍物和其他车辆及行人，确保安全。

④ 教学方法

教练员先讲解车辆通行中对路线选择的要求和方法，使学员在头脑中形成初步印象，然后通过示范、讲解相结合的教学方法，进一步增加感性认识；每人练习3~4次，体验行驶路线选择的感觉。

二 教学过程

① 教练员讲解

所谓行驶路线选择就是针对道路前方路面特点，如坑洼、水潭、石块和弯道等，在不能按正常方法行驶时，需要临时设定通过方案，选择路线通过。

在行驶中，道路地表形态变化会对行车产生不良影响，因此需要经常变换位置，采取避让处理。这种处理方式就称为行驶路线选择。

（1）路线选择的原则。

选宽不选窄、选平不选偏、选中不选侧、选缓不选急、选硬不选软、选旧不选新、选直不选弯。

（2）车体的感觉方法和行驶位置的确定。

机动车驾驶员对车身整体的感觉主要有车宽、车长、车高和离地间隙等，确认车体感可以利用标杆来体验感觉，了解车辆空间位置。利用场地驾驶的经验正确判断、估计轮胎行驶轨迹。

② 教练员边示范边讲解

在行驶中首先要做到要看远顾近，观察路面情况，估计本车能否正常通过。关于路线的设计和选择主要解决2个问题：确定前方路线目标和如何安全通过。如前方道路右侧有停放的车辆，应考虑前车突然开门、突然起步或前车车头突然有人蹿出等情况，要先降低车速，与停放车辆保持足够的横向安全距离，低速通过。

③ 学员练习，教练员随车指导

练习中，学员在通过前方路边有停放车辆的路段，有时会不考虑横向安全距离而发生危险，路中出现水沟、深坑时无法合理选择路线通过。

在教学中应及时提醒纠正，如遇特殊情况要先降低车速，保持足够的横向安全距离，低速通过。

（1）遇坑洼、深沟就要采用绕越通过。

（2）前面是视线被遮挡的弯道，道路情况不明时，在确保安全的情况下，要尽量靠右行驶。

三 技能重点与难点

根据道路情况，合理选择设计行车路线，并严格按预定的路线行驶，正确判断车身位置，确保安全。

四 教学重点

车身空间位置的判断和行驶路线的设计选择。

五 安全事项

在绕越各种障碍物时正确估计车轮轨迹

和车身空间方位，防止剐蹭。

六 练习标准

针对道路上各种交通情况和路面特点，能正确选择和设计行驶路线，保证道路顺畅通行。

七 纠错要点

不能根据道路特点和各种道路上的行车障碍设计选择通行路线和通过方法。在绕越障碍物时不能确保安全距离。

第十五节 综合驾驶及考核

一 综合驾驶及考核训练

综合驾驶与考核训练的教学目标是：使学员掌握道路驾驶时的安全行车相关知识，熟练掌握一般道路和夜间驾驶方法，能够根据不同的道路交通状况安全驾驶，具备自觉遵守交通法规、有效处置随机交通状况、无意识合理操纵车辆的能力，做到安全、文明、谨慎驾驶。

进行综合训练时，教练员先讲解行车时根据道路情况和发动机动力情况，合理加减挡位，对道路交通情况采用科学合理的方法处理方法，并自行对路线选择，然后通过示范、讲解相结合的教学方法，使学员进一步领会实际道驾驶操作要求；根据学员训练情况，酌情安排练习次数，实现教学目标。

综合训练主要内容为两个方面：

（1）进一步熟练机件操作，根据道路交通情况和发动机动力灵活换挡，做到无意识合理操纵车辆。

（2）能够根据不同的道路交通状况安全驾驶，自觉遵守交通法规、有效处置随机交通状况，做到安全、文明、谨慎驾驶。

要求学员在行驶过程中注意道路交通标志、标线，了解道路信息，做到自觉遵守交通法规，强调安全意识和文明礼让意识的体现。

二 综合驾驶及考核评判标准

综合驾驶及考核评判标准见表5-2。

综合驾驶与考核评判标准　　表5-2

类　别	情　形	评判标准
通用评判标准	遮挡、关闭车内音视频监控设备的	不合格
	不按考试员指令驾驶的	不合格
	不能正确使用灯光、刮水器等车辆常用操纵件的	不合格
	起动发动机时挡位未置于空挡(驻车挡)的	不合格
	绿灯亮起后，前方无其他车辆、行人等影响通行时，10s内未完成起步的	不合格
	起步时车辆后溜距离大于30cm的	不合格
	驾驶汽车双手同时离开转向盘的	不合格
	单手控制转向盘时，不能有效、平稳控制行驶方向的	不合格

续上表

类　别	情　形	评判标准
通用评判标准	车辆行驶方向控制不准确，方向晃动，车辆偏离正确行驶方向的	不合格
	不能根据交通情况合理选择行驶车道、速度的	不合格
	使用挡位与车速长时间不匹配，造成车辆发动机转速过高或过低的	不合格
	车辆在行驶中低头看挡或连续2次挂挡不进的	不合格
	行驶中空挡滑行的	不合格
	视线离开行驶方向超过2s的	不合格
	违反交通安全法律、法规，影响交通安全的	不合格
	不按交通信号灯、标志、标线或者交通警察指挥信号行驶的	不合格
	不按规定速度行驶的	不合格
	车辆行驶中骑轧车道中心实线或者车道边缘实线的	不合格
	长时间骑轧车道分界线行驶的	不合格
	起步、转向、变更车道、超车、靠边停车前不使用或错误使用转向灯的	不合格
	起步、转向、变更车道、超车、靠边停车前，开转向灯少于3s即转向的	不合格
	争道抢行，妨碍其他车辆正常行驶的	不合格
	行驶中不能保持安全距离和安全车速的	不合格
	连续变更两条或两条以上车道的	不合格
	通过积水路面遇行人、非机动车时，有不减速等不文明驾驶行为的	不合格
	遇行人通过人行横道不停车让行，不主动避让优先通行的车辆、行人、非机动车的	不合格
	将车辆停在人行横道、网状线内等禁止停车区域的	不合格
	行驶中身体任何部位伸出窗外的	不合格
	制动、加速踏板使用错误的	不合格
	对可能出现危险的情形未采取减速、鸣喇叭等安全措施的	不合格
	因观察、判断或者操作不当出现危险情况的	不合格
	考生未按照预约考试时间参加考试的	不合格
	驾驶姿势不正确的	扣10分
	起步时车辆后溜，但后溜距离小于30cm的	扣10分
	操纵转向盘手法不合理的	扣10分
	起步或行驶中挂错挡，不能及时纠正的	扣10分
	转弯时，转、回方向过早、过晚，或者转向角度过大、过小的	扣10分
	换挡时发生齿轮撞击的	扣10分
	遇情况时不会合理使用离合器半联动控制车速的	扣10分
	因操作不当造成发动机熄火一次的	扣10分
	不能根据交通情况合理使用喇叭的	扣10分
	制动不平顺的	扣10分
	遇后车发出超车信号，不按规定让行的	扣10分

续上表

类别	情形	评判标准
变更车道	变更车道前，未通过内、外后视镜观察并向变更车道方向回头观察后方道路交通情况的	不合格
	变更车道时，判断车辆安全距离不合理，妨碍其他车辆正常行驶的	不合格
	变更车道时，控制行驶速度不合理，妨碍其他车辆正常行驶的	不合格
靠边停车	停车前，不通过内、外后视镜观察后方和右侧交通情况，并回头观察确认安全的	不合格
	考试员发出靠边停车指令后，未能在规定的距离内停车的	不合格
	停车后，车身超过道路右侧边缘线或者人行道边缘的	不合格
	需要下车的，在打开车门前不回头观察左后方交通情况的	不合格
	下车后不关闭车门的	不合格
	停车后，车身距离道路右侧边缘线或者人行道边缘超出50cm的	不合格
	停车后，车身距离道路右侧边缘线或者人行道边缘超出30cm，未超出50cm的	扣10分
	停车后，未拉紧驻车制动器操纵杆的	扣10分
	拉紧驻车制动器操作杆前放松行车制动踏板的	扣10分
	下车前不将发动机熄火的	扣5分
安全掉头	不能正确观察交通情况选择掉头时机的	不合格
	掉头地点选择不当的	不合格
	掉头前未开启左转向灯的	不合格
	掉头时，妨碍正常行驶的其他车辆和行人通行的	扣10分
直线行驶	方向控制不稳，不能保持车辆直线运行的	不合格
	遇前车制动不及时采取减速措施的	不合格
	不能适时通过内、外后视镜观察后方交通情况的	扣10分
	未及时发现路面障碍物或发现路面障碍物未及时采取减速措施的	扣10分
通过路口	不按规定减速或停车瞭望的	不合格
	不观察左、右交通情况，转弯通过路口时，未观察侧前方交通情况的	不合格
	不主动避让优先通行的车辆、行人、非机动车的	不合格
	遇有路口交通阻塞时进入路口，将车辆停在路口内等候的	不合格
	左转通过路口时，未靠路口中心点左侧转弯的	扣10分
会车	在没有中心隔离设施或者中心线的道路上会车时，不减速靠右行驶，或未与其他车辆、行人、非机动车保持安全距离的	不合格
	会车困难时不让行的	不合格
	横向安全间距判断差，紧急转向避让对方来车的	不合格

续上表

类别	情形	评判标准
超车、让车	超车前，不通过内、外后视镜观察后方和左侧交通情况并回头观察确认安全的	不合格
	超车时机选择不合理，影响其他车辆正常行驶的	不合格
	超车时，未回头观察被超越车辆动态的	不合格
	超车时未与被超越车辆保持安全距离的	不合格
	超车后，驶回原车道前，不通过内、外后视镜观察后方和右侧交通情况并回头观察确认安全的	不合格
	在没有中心线或同方向只有一条行车道的道路上从右侧超车的	不合格
	超车后急转向驶回原车道，妨碍被超越车辆的正常行驶的	不合格
	当后车发出超车信号时，具备让车条件不减速靠右让行的	扣10分
通过学校区域、人行横道、公共汽车站	不按规定减速慢行的	不合格
	不观察左、右方交通情况的	不合格
	未停车礼让行人的	不合格
夜间行驶	不能正确开启灯光的	不合格
	同方向近距离跟车行驶时，使用远光灯的	不合格
	通过急弯、坡路、拱桥、人行横道或者没有交通信号灯控制的路口时，不交替使用远近光灯示意的	不合格
	会车时不按规定使用近光灯的	不合格
	通过路口时使用远光灯的	不合格
	超车时未交替使用远近光灯提醒被超越车辆的	不合格
	在有路灯、照明良好的道路上行驶时，使用远光灯的	不合格
	在路边临时停车不关闭前照灯或不开启示廓灯的	不合格
	进入无照明、照明不良的道路行驶时不使用远光灯的	扣5分

附录

附录一　机动车驾驶员培训管理规定

（2006年1月12日交通部发布　根据2016年4月21日《交通运输部关于修改〈机动车驾驶员培训管理规定〉的决定》修正）

第一章　总　　则

第一条　为规范机动车驾驶员培训经营活动，维护机动车驾驶员培训市场秩序，保护各方当事人的合法权益，根据《中华人民共和国道路交通安全法》《中华人民共和国道路运输条例》等有关法律、行政法规，制定本规定。

第二条　从事机动车驾驶员培训业务的，应当遵守本规定。

机动车驾驶员培训业务是指以培训学员的机动车驾驶能力或者以培训道路运输驾驶人员的从业能力为教学任务，为社会公众有偿提供驾驶培训服务的活动。包括对初学机动车驾驶人员、增加准驾车型的驾驶人员和道路运输驾驶人员所进行的驾驶培训、继续教育以及机动车驾驶员培训教练场经营等业务。

第三条　机动车驾驶员培训实行社会化，从事机动车驾驶员培训业务应当依法经营，诚实信用，公平竞争。

第四条　机动车驾驶员培训管理应当公平、公正、公开和便民。

第五条　交通运输部主管全国机动车驾驶员培训管理工作。县级以上地方人民政府交通运输主管部门负责组织领导本行政区域内的机动车驾驶员培训管理工作。

县级以上道路运输管理机构负责具体实施本行政区域内的机动车驾驶员培训管理工作。

第二章　经营许可

第六条　机动车驾驶员培训依据经营项目、培训能力和培训内容实行分类许可。

机动车驾驶员培训业务根据经营项目分为普通机动车驾驶员培训、道路运输驾驶员从业资格培训、机动车驾驶员培训教练场经营三类。

普通机动车驾驶员培训根据培训能力分为一级普通机动车驾驶员培训、二级普通机动车驾驶员培训和三级普通机动车驾驶员培训三类。

道路运输驾驶员从业资格培训根据培训内容分为道路客货运输驾驶员从业资格培训和危险货物运输驾驶员从业资格培训两类。

第七条　获得一级普通机动车驾驶员培训许可的，可以从事三种（含三种）以上相应车型的普通机动车驾驶员培训业务；

获得二级普通机动车驾驶员培训许可的，可以从事两种相应车型的普通机动车驾驶员培训业务；获得三级普通机动车驾驶员培训许可的，只能从事一种相应车型的普通机动车驾驶员培训业务。

第八条　获得道路客货运输驾驶员从业资格培训许可的，可以从事经营性道路旅客运输驾驶员、经营性道路货物运输驾驶员的从业资格培训业务；获得危险货物运输驾驶员从业资格培训许可的，可以从事道路危险货物运输驾驶员的从业资格培训业务。

获得道路运输驾驶员从业资格培训许可的，还可以从事相应车型的普通机动车驾驶员培训业务。

第九条 获得机动车驾驶员培训教练场经营许可的，可以从事机动车驾驶员培训教练场经营业务。

第十条 申请从事普通机动车驾驶员培训业务的，应当符合下列条件:

（一）取得企业法人资格。

（二）有健全的培训机构。

包括教学、教练员、学员、质量、安全、结业考试和设施设备管理等组织机构，并明确负责人、管理人员、教练员和其他人员的岗位职责。具体要求按照《机动车驾驶员培训机构资格条件》(GB/T 30340)相关条款的规定执行。

（三）有健全的管理制度。

包括安全管理制度、教练员管理制度、学员管理制度、培训质量管理制度、结业考试制度、教学车辆管理制度、教学设施设备管理制度、教练场地管理制度、档案管理制度等。具体要求按照《机动车驾驶员培训机构资格条件》(GB/T 30340)相关条款的规定执行。

（四）有与培训业务相适应的教学人员。

1.有与培训业务相适应的理论教练员。机动车驾驶员培训机构聘用的理论教练员应当具备以下条件:

持有机动车驾驶证，具有汽车及相关专业中专以上学历或者汽车及相关专业中级以上技术职称，具有两年以上安全驾驶经历，熟练掌握道路交通安全法规、驾驶理论、机动车构造、交通安全心理学、常用伤员急救等安全驾驶知识，了解车辆环保和节约能源的有关知识，了解教育学、教育心理学的基本教学知识，具备编写教案、规范讲解的授课能力。

2.有与培训业务相适应的驾驶操作教练员。机动车驾驶员培训机构聘用的驾驶操作教练员应当具备以下条件:

持有相应的机动车驾驶证，年龄不超过60周岁，符合一定的安全驾驶经历和相应车型驾驶经历，熟练掌握道路交通安全法规、驾驶理论、机动车构造、交通安全心理学和应急驾驶的基本知识，熟悉车辆维护和常见故障诊断、车辆环保和节约能源的有关知识，具备驾驶要领讲解、驾驶动作示范、指导驾驶的教学能力。

3.所配备的理论教练员数量要求及每种车型所配备的驾驶操作教练员数量要求应当按照《机动车驾驶员培训机构资格条件》(GB/T 30340)相关条款的规定执行。

（五）有与培训业务相适应的管理人员。

管理人员包括理论教学负责人、驾驶操作训练负责人、教学车辆管理人员、结业考核人员和计算机管理人员。具体要求按照《机动车驾驶员培训机构资格条件》(GB/T 30340)相关条款的规定执行。

（六）有必要的教学车辆。

1.所配备的教学车辆应当符合国家有关技术标准要求，并装有副后视镜、副制动踏板、灭火器及其他安全防护装置。具体要求按照《机动车驾驶员培训机构资格条件》(GB/T 30340)相关条款的规定执行。

2.从事一级普通机动车驾驶员培训的，所配备的教学车辆不少于80辆；从事二级普通机动车驾驶员培训的，所配备的教学车辆不少于40辆；从事三级普通机动车驾驶员培训的，所配备的教学车辆不少于20辆。具体要求按照《机动车驾驶员培训机构资格条件》(GB/T 30340)相关条款的规定执行。

（七）有必要的教学设施、设备和场地。

具体要求按照《机动车驾驶员培训机构资格条件》(GB/T 30340)相关条款的规定执行。租用教练场地的，还应当持有书面租赁合同和出租方土地使用证明，租赁期限不

得少于3年。

第十一条 申请从事道路运输驾驶员从业资格培训业务的，应当具备下列条件:

（一）取得企业法人资格格。

（二）具备相应车型的普通机动车驾驶员培训资格。

1.从事道路客货运输驾驶员从业资格培训业务的，应当同时具备大型客车、城市公交车、中型客车、小型汽车（含小型自动挡汽车）等四种车型中至少一种车型的普通机动车驾驶员培训资格和通用货车半挂车（牵引车）、大型货车等两种车型中至少一种车型的普通机动车驾驶员培训资格。

2.从事危险货物运输驾驶员从业资格培训业务的，应当具备通用货车半挂车（牵引车）、大型货车等两种车型中至少一种车型的普通机动车驾驶员培训资格。

（三）有与培训业务相适应的教学人员。

1.从事道路客货运输驾驶员从业资格培训业务的，应当配备2名以上教练员。教练员应当具有汽车及相关专业大专以上学历或者汽车及相关专业高级以上技术职称，熟悉道路旅客运输法规、货物运输法规以及机动车维修、货物装卸保管和旅客急救等相关知识，具备相应的授课能力，具有2年以上从事普通机动车驾驶员培训的教学经历，且近2年无不良的教学记录。

2.从事危险货物运输驾驶员从业资格培训业务的，应当配备2名以上教练员。教练员应当具有化工及相关专业大专以上学历或者化工及相关专业高级以上技术职称，熟悉危险货物运输法规、危险化学品特性、包装容器使用穷法、职业安全防护和应急救援等知识，具备相应的授课能力，具有2年以上化工及相关专业的教学经历，且近2年无不良的教学记录。

（四）有必要的教学设施、设备和场地。

1.从事道路客货运输驾驶员从业资格培训业务的，应当配备相应的机动车构造、机动车维护、常见故障诊断和排除、货物装卸保管、医学救护、消防器材等教学设施、设备和专用场地。

2.从事危险货物运输驾驶员从业资格培训业务的，还应当同时配备常见危险化学品样本、包装容器、教学挂图、危险化学品实验室等设施、设备和专用场地。

第十二条 申请从事机动车驾驶员培训教练场经营业务的，应当具备下列条件:

（一）取得企业法人资格。

（二）有与经营业务相适应的教练场地。具体要求按照《机动车驾驶员培训教练场技术要求》(GB/T 30341)相关条款的规定执行。

（三）有与经营业务相适应的场地设施、设备，办公、教学、生活设施以及维护服务设施。具体要求按照《机动车驾驶员培训教练场技术要求》(GB/T 30341)相关条款的规定执行。

（四）具备相应的安全条件。包括场地封闭设施、训练区隔离设施、安全通道以及消防设施、设备等。具体要求按照《机动车驾驶员培训教练场技术要求》(GB/T 30341)相关条款的规定执行。

（五）有相应的管理人员。包括教练场安全负责人、档案管理人员以及场地设施、设备管理人员。

（六）有健全的安全管理制度。包括安全检查制度、安全责任制度、教学车辆安全管理制度以及突发事件应急预案等。

第十三条 申请从事机动车驾驶员培训经营的，应当依法向工商行政管理机关办理有关登记手续后，向所在地县级道路运输管理机构提出申请，并提交以下材料:

（一）《交通行政许可申请书>;

（二）申请人身份证明及复印件;

（三）经营场所使用权证明或产权证明及复印件;

（四）教练场地使用权证明或产权证明

及复印件；

（五）教练场地技术条件说明；

（六）教学车辆技术条件、车型及数量证明（申请从事机动车驾驶员培训教练场经营的无需提交）；

（七）教学车辆购置证明（申请从事机动车驾驶员培训教练场经营的无需提交）；

（八）各类设施、设备清单；

（九）拟聘用人员名册、职称证明；

（十）申请人办理的工商营业执照正、副本及复印件；

（十一）根据本规定需要提供的其他相关材料。

申请从事普通机动车驾驶员培训业务的，在递交申请材料时，应当同时提供由公安交警部门出具的相关人员安全驾驶经历证明，安全驾驶经历的起算时间自申请材料递交之日起倒计。

第十四条 道路运输管理机构应当按照《中华人民共和国道路运输条例》和《交通行政许可实施程序规定》规范的程序实施机动车驾驶员培训业务的行政许可。

第十五条 道路运输管理机构应当对申请材料中关于教练场地、教学车辆以及各种设施、设备的实质内容进行核实。

第十六条 道路运输管理机构对机动车驾驶员培训业务申请予以受理的，应当自受理申请之日起15日内审查完毕，作出许可或者不予许可的决定。对符合法定条件的，道路运输管理机构作出准予行政许可的决定，向申请人出具《交通行政许可决定书》，并在10日内向被许可人颁发机动车驾驶员培训许可证件，明确许可事项；对不符合法定条件的，道路运输管理机构作出不予许可的决定，向申请人出具《不予交通行政许可决定书》，说明理由，并告知申请人享有依法申请行政复议或者提起行政诉讼的权利。

第十七条 机动车驾驶员培训许可证件实行有效期制。从事普通机动车驾驶员培训业务和机动车驾驶员培训教练场经营业务的证件有效期为6年；从事道路运输驾驶员从业资格培训业务的证件有效期为4年。

机动车驾驶员培训许可证件由省级道路运输管理机构统一印制并编号，县级道路运输管理机构按照规定发放和管理。

机动车驾驶员培训机构应当在许可证件有效期届满前30日到作出原许可决定的道路运输管理机构办理换证手续。

第十八条 机动车驾驶员培训机构变更许可事项的，应当向原作出许可决定的道路运输管理机构提出申请；符合法定条件、标准的，实施机关应当依法办理变更手续。

机动车驾驶员培训机构变更名称、法定代表人等事项的，应当向原作出许可决定的道路运输管理机构备案。

第十九条 机动车驾驶员培训机构需要终止经营的，应当在终止经营前30日到原作出许可决定的道路运输管理机构办理行政许可注销手续。

第三章 教练员管理

第二十条 鼓励教练员同时具备理论教练员和驾驶操作教练员的教学水平。

第二十一条 机动车驾驶培训教练员应当按照统一的教学大纲规范施教，并如实填写《教学日志》和《中华人民共和国机动车驾驶员培训记录》（简称《培训记录》，式样见附件1）。

第二十二条 机动车驾驶员培训机构应当加强对教练员的职业道德教育和驾驶新知识、新技术的再教育，对教练员每年进行至少一周的脱岗培训，提高教练员的职业素质。

第二十三条 机动车驾驶员培训机构应当加强对教练员教学情况的监督检查，定期对教练员的教学水平和职业道德进行评议，公布教练员的教学质量排行情况，督促教练员提高教学质量。

第二十四条 省级道路运输管理机构应当制定机动车驾驶培训教练员教学质量信誉

考核办法，对机动车驾驶培训教练员实行教学质量信誉考核制度。

机动车驾驶培训教练员教学质量信誉考核内容应当包括教练员的基本情况、教学业绩、教学质量排行情况、参加再教育情况、不良记录等。

第二十五条 省级道路运输管理机构应当建立教练员档案，使用统一的数据库和管理软件，实行计算机联网管理，并依法向社会公开教练员信息。机动车驾驶培训教练员教学质量信誉考核结果是教练员档案的重要组成部分。

第四章 经营管理

第二十六条 在未取得机动车驾驶员培训许可证件前，任何单位或者个人不得开展机动车驾驶员培训经营活动。机动车驾驶员培训机构应当按照经批准的行政许可事项开展培训业务。

第二十七条 机动车驾驶员培训机构应当将机动车驾驶员培训许可证件悬挂在经营场所的醒目位置，公示其经营类别、培训范围、收费项目、收费标准、教练员、教学场地等情况。

第二十八条 机动车驾驶员培训机构应当在注册地开展培训业务，不得采取异地培训、恶意压价、欺骗学员等不正当手段开展经营活动，不得允许社会车辆以其名义开展机动车驾驶员培训经营活动。

第二十九条 机动车驾驶员培训实行学时制，按照学时合理收取费用。机动车驾驶员培训机构应当将学时收费标准报所在地道路运输管理机构备案。

对每个学员理论培训时间每天不得超过6个学时，实际操作培训时间每天不得超过4个学时。

第三十条 机动车驾驶员培训机构应当建立学时预约制度，并向社会公布联系电话和预约方式。

第三十一条 参加机动车驾驶员培训的人员，在报名时应当填写《机动车驾驶员培训学员登记表》（以下简称《学员登记表》，式样见附件2），并提供身份证明及复印件。参加道路运输驾驶员从业资格培训的人员，还应当同时提供驾驶证及复印件。报名人员应当对所提供材料的真实性负责。

第三十二条 机动车驾驶员培训机构应当按照全国统一的教学大纲进行培训。培训结束时，应当向结业人员颁发《机动车驾驶员培训结业证书》(以下简称《结业证书》，式样见附件3)。

《结业证书》由省级道路运输管理机构按照全国统一式样印制并编号。

第三十三条 机动车驾驶员培训机构应当建立学员档案。学员档案主要包括：《学员登记表》《教学日志》《培训记录》《结业证书》复印件等。

学员档案保存期不少于4年。

第三十四条 机动车驾驶员培训机构应当使用符合标准并取得牌证、具有统一标识的教学车辆。

教学车辆的统一标识由省级道路运输管理机构负责制定，并组织实施。

第三十五条 机动车驾驶员培训机构应当按照国家的有关规定对教学车辆进行定期维护和检测，保持教学车辆性能完好，满足教学和安全行车的要求，并按照国家有关规定及时更新。

禁止使用报废的、检测不合格的和其他不符合国家规定的车辆从事机动车驾驶员培训业务。不得随意改变教学车辆的用途。

第三十六条 机动车驾驶员培训机构应当建立教学车辆档案。教学车辆档案主要内容包括：车辆基本情况、维护和检测情况、技术等级记录、行驶里程记录等。

教学车辆档案应当保存至车辆报废后1年。

第三十七条 机动车驾驶员培训机构在道路上进行培训活动，应当遵守公安交通管理部门指定的路线和时间，并在教练员随车指导下进行，与教学无关的人员不得乘坐教学车辆。

第三十八条 机动车驾驶员培训机构应当保持教学设施、设备的完好，充分利用先进的科技手段，提高培训质量。

第三十九条 机动车驾驶员培训机构应当按照有关规定向县级以上道路运输管理机构报送《培训记录》以及有关统计资料。

《培训记录》应当经教练员审核签字。

第四十条 道路运输管理机构应当根据机动车驾驶员培训机构执行教学大纲、颁发《结业证书》等情况，对《培训记汞》及统计资料进行严格审查。

第四十一条 省级道路运输管理机构应当建立机动车驾驶员培训机构质量信誉考评体系，制定机动车驾驶员培训监督管理的量化考核标准，并定期向社会公布对机动车驾驶员培训机构的考核结果。

机动车驾驶员培训机构质量信誉考评应当包括培训机构的基本情况、教学大纲执行情况、《结业证书》发放情况、《培训记录》填写情况、教练员的质量信誉考核结果、培训业绩、考试情况、不良记录等内容。

第五章 监督检查

第四十二条 各级道路运输管理机构应当加强对机动车驾驶员培训经营活动的监督检查，积极运用信息化技术手段，科学、高效地开展工作。

第四十三条 道路运输管理机构的工作人员应当严格按照职责权限和程序进行监督检查，不得滥用职权、徇私舞弊，不得乱收费、乱罚款，不得妨碍培训机构的正常工作秩序。

第四十四条 道路运输管理机构实施现场监督检查，应当指派2名以上执法人员参加。执法人员应当向当事人出示交通运输部监制的交通行政执法证件。

执法人员实施现场监督检查，可以行使下列职权：

（一）询问教练员、学员以及其他相关人员，并可以要求被询问人提供与违法行为有关的证明材料；

（二）查阅、复制与违法行为有关的《教学日志》《培训记录》及其他资料；核对与违法行为有关的技术资料；

（三）在违法行为发现场所进行摄影、摄像取证；

（四）检查与违法行为有关的教学车辆和教学设施、设备。

执法人员应当如实记录检查情况和处理结果，并按照规定归档。当事人有权查阅监督检查记录。

第四十五条 机动车驾驶员培训机构在许可机关管辖区域外违法从事培训活动的，违法行为发生地的道路运输管理机构应当依法对其予以处罚，同时将违法事实、处罚结果抄送许可机关。

第四十六条 机动车驾驶员培训机构、管理人员、教练员、学员以及其他相关人员应当积极配合执法人员的监督检查工作，如实反映情况，提供有关资料。

第六章 法律责任

第四十七条 违反本规定，未经许可擅自从事机动车驾驶员培训业务，有下列情形之一的，由县级以上道路运输管理机构责令停止经营；有违法所得的，没收违法所得，并处违法所得2倍以上10倍以下的罚款；没有违法所得或者违法所得不足1万元的，处2万元以上5万元以下的罚款；构成犯罪的，依法追究刑事责任：

（一）未取得机动车驾驶员培训许可证件，非法从事机动车驾驶员培训业务的；

（二）使用无效、伪造、变造、被注销的机动车驾驶员培训许可证件，非法从事机动车驾驶员培训业务的；

（三）超越许可事项，非法从事机动车驾驶员培训业务的。

第四十八条 违反本规定，机动车驾驶

员培训机构非法转让、出租机动车驾驶员培训许可证件的，由县级以上道路运输管理机构责令停止违法行为，收缴有关证件，处2000元以上1万元以下的罚款；有违法所得的，没收违法所得。

对于接受非法转让、出租的受让方，应当按照第四十七条的规定处罚。

第四十九条 违反本规定，机动车驾驶员培训机构不严格按照规定进行培训或者在培训结业证书发放时弄虚作假，有下列情形之一的，由县级以上道路运输管理机构责令改正；拒不改正的，由原许可机关吊销其经营许可：

（一）未按照全国统一的教学大纲进行培训的；

（二）未向培训结业的人员颁发《结业证书》的；

（三）向培训未结业的人员颁发《结业证书》的；

（四）向未参加培训的人员颁发《结业证书》的；

（五）使用无效、伪造、变造《结业证书》的；

（六）租用其他机动车驾驶员培训机构《结业证书》的。

第五十条 违反本规定，机动车驾驶员培训机构有下列情形之一的，由县级以上道路运输管理机构责令限期整改；逾期整改不合格的，予以通报：

（一）未在经营场所醒目位置悬挂机动车驾驶员培训经营许可证件的；

（二）未在经营场所公示其经营类别、培训范围、收费项目、收费标准、教练员、教学场地等情况的；

（三）未按照要求聘用教学人员的；

（四）未按规定建立学员档案、教学车辆档案的；

（五）未按规定报送《培训记录》和有关统计资料的；

（六）使用不符合规定的车辆及设施、设备从事教学活动的；

（七）存在索取、收受学员财物，或者谋取其他利益等不良行为的；

（八）未定期公布教练员教学质量排行情况的；

（九）违反本规定其他有关规定的。

第五十一条 违反本规定，机动车驾驶培训教练员有下列情形之一的，由县级以上道路运输管理机构责令限期整改；逾期整改不合格的，予以通报：

（一）未按照全国统一的教学大纲进行教学的；

（二）填写《教学日志》《培训记录》弄虚作假的；

（三）教学过程中有道路交通安全违法行为或者造成交通事故的；

（四）存在索取、收受学员财物，或者谋取其他利益等不良行为的；

（五）未按照规定参加驾驶新知识、新技能再教育的；

（六）违反本规定其他有关规定的。

第五十二条 违反本规定，道路运输管理机构的工作人员，有下列情形之一的，依法给予行政处分；构成犯罪的，依法追究刑事责任：

（一）不按规定的条件、程序和期限实施行政许可的；

（二）参与或者变相参与机动车驾驶员培训业务的；

（三）发现违法行为不及时查处的；

（四）索取、收受他人财物，或者谋取其他利益的；

（五）有其他违法违纪行为的。

第七章 附 则

第五十三条 外商在中华人民共和国境内申请以中外合资、中外合作、独资等形式经营机动车驾驶员培训业务的，应同时遵守《外商投资道路运输业管理规定》等相关法律、行政法规的规定。

第五十四条 机动车驾驶员培训许可证件等相关证件工本费收费标准由省级人民政府财政部门、价格主管部门会同同级交通运输主管部门核定。

第五十五条 本规定自2006年4月1日施行。1996年12月23日发布的《中华人民共和国机动车驾驶员培训管理规定》（交通部令第11号）和1995年7月3日发布的《汽车驾驶员培训行业管理办法》（交公路发〔1995〕246号)同时废止。

附件：1.机动车驾驶员培训记录式样

2.机动车驾驶员培训学员登记表式样

3.机动车驾驶员培训结业证书式样

附件1：机动车驾驶员培训记录式样

中华人民共和国机动车驾驶员培训记录

NO.

<table>
<tr><td>姓名</td><td></td><td>性别</td><td></td><td>身份证件号码</td><td></td><td>入学时间</td><td></td><td rowspan="3">（照片）</td></tr>
<tr><td>家庭住址</td><td colspan="4"></td><td>联系方式</td><td colspan="2"></td></tr>
<tr><td>申请车型</td><td colspan="7">A1□ A2□ A3□ B1□ B2□ C1□ C2□ C3□ C4□ D□ E□ F□ M□ N□ P□</td></tr>
<tr><td>科目名称</td><td>培训学时</td><td>学员签名</td><td>教练员签名</td><td colspan="2">培训单位意见</td><td colspan="3">道路运输管理机构审核</td></tr>
<tr><td>科目一</td><td></td><td>年 月 日</td><td>年 月 日</td><td colspan="2">签名： （盖章）
年 月 日</td><td colspan="3">签名： （盖章）
年 月 日</td></tr>
<tr><td>科目二</td><td></td><td>年 月 日</td><td>年 月 日</td><td colspan="2">签名： （盖章）
年 月 日</td><td colspan="3">签名： （盖章）
年 月 日</td></tr>
<tr><td>科目三</td><td></td><td>年 月 日</td><td>年 月 日</td><td colspan="2">签名： （盖章）
年 月 日</td><td colspan="3">签名： （盖章）
年 月 日</td></tr>
</table>

注：1.培训记录一式三份，在完成培训和考试所有程序后，培训单位、道路运输管理机构、公安交通管理部门车辆管理所各存一份；

2.在预约科目一、二考试时，公安交通管理部门车辆管理所查验培训记录后，应将培训记录退还驾校，在预约科目三考试时，公安交通管理部门车辆管理所查验培训记录后，应收存归档；

3.纸张规格为A4（210×297mm），表格尺寸为180×267mm。

附件 2：机动车驾驶员培训学员登记表式样

机动车驾驶员培训学员登记表

培训机构名称： NO.

<table>
<tr><td>姓名</td><td></td><td>性别</td><td></td><td>出生年月</td><td>年 月</td><td rowspan="4">（照片）</td></tr>
<tr><td>身份证号</td><td colspan="5"></td></tr>
<tr><td>住址</td><td colspan="5"></td></tr>
<tr><td>联系电话</td><td colspan="2"></td><td>原准驾车型</td><td colspan="2"></td></tr>
<tr><td rowspan="3">培训车型或类别</td><td>普通机动车驾驶员培训□</td><td colspan="5">A1□ A2□ A3□ B1□ B2□
C1□ C2□ C3□ C4□ D□
E□ F□ M□ N□ P□</td></tr>
<tr><td>道路运输驾驶员从业资格培训□</td><td colspan="5">道路旅客运输□
道路货物运输□
道路危险货物运输□</td></tr>
<tr><td>其他培训□</td><td colspan="5"></td></tr>
<tr><td>入学时间</td><td>年 月 日</td><td colspan="2">结业时间</td><td colspan="3">年 月 日</td></tr>
<tr><td rowspan="2">结业考核</td><td colspan="2">结业证编号</td><td></td><td>发证日期</td><td colspan="2"></td></tr>
<tr><td colspan="6">审核意见：

培训机构：（盖章）
年 月 日</td></tr>
</table>

注：1.标注有“□”的为选择项，选择后在“□”中划“√”；

2.纸张规格为A4（210×297mm），表格尺寸为225×156mm。

附件 3：机动车驾驶员培训结业证书式样

机动车驾驶员培训结业证书（正面）

机动车驾驶员培训结业证书

证件编号： 一寸免冠照片

（盖章）

（姓名）________（性别）______，于______年____月____日至______年____月____日参加______________________________的培训，已经完成教学大纲规定的培训内容，经考核合格，准予结业。

培训机构：

______年____月____日

________省（自治区、直辖市）交通厅（局、委）道路运输管理局（处）监制

机动车驾驶员培训结业证书（背面）

说 明

1.本证为机动车驾驶员培训合格的证明。

2.本证只供本人使用，不得转借、涂改。

注：1.尺寸为125×95mm；

2.外封皮为白色透明塑封，版心为粉红色；

3.“机动车驾驶员培训结业证书”字号为三号楷体，加黑，“省（自治区、直辖市）交通厅（局、委）道路运输管理局（处）监制”为小四楷体，其他字体为四号楷体。

附录二　道路运输从业人员管理规定

（2006年11月23日交通部发布　根据2016年4月21日《交通运输部关于修改〈道路运输从业人员管理规定〉的决定》修正）

第一章　总　　则

第一条　为加强道路运输从业人员管理，提高道路运输从业人员综合素质，根据《中华人民共和国道路运输条例》《危险化学品安全管理条例》以及有关法律、行政法规，制定本规定。

第二条　本规定所称道路运输从业人员是指经营性道路客货运输驾驶员、道路危险货物运输从业人员、机动车维修技术人员、机动车驾驶培训教练员、道路运输经理人和其他道路运输从业人员。

经营性道路客货运输驾驶员包括经营性道路旅客运输驾驶员和经营性道路货物运输驾驶员。

道路危险货物运输从业人员包括道路危险货物运输驾驶员、装卸管理人员和押运人员。

机动车维修技术人员包括机动车维修技术负责人员、质量检验人员以及从事机修、电器、钣金、涂漆、车辆技术评估（含检测）作业的技术人员。

机动车驾驶培训教练员包括理论教练员、驾驶操作教练员、道路客货运输驾驶员从业资格培训教练员和危险货物运输驾驶员从业资格培训教练员。

道路运输经理人包括道路客货运输企业、道路客货运输站（场）、机动车驾驶员培训机构、机动车维修企业的管理人员。

其他道路运输从业人员是指除上述人员以外的道路运输从业人员，包括道路客运乘务员、机动车驾驶员培训机构教学负责人及结业考核人员、机动车维修企业价格结算员及业务接待员。

第三条　道路运输从业人员应当依法经营，诚实信用，规范操作，文明从业。

第四条　道路运输从业人员管理工作应当公平、公正、公开和便民。

第五条　交通运输部负责全国道路运输从业人员管理工作。

县级以上地方人民政府交通运输主管部门负责组织领导本行政区域内的道路运输从业人员管理工作，并具体负责本行政区域内道路危险货物运输从业人员的管理工作。

县级以上道路运输管理机构具体负责本行政区域内经营性道路客货运输驾驶员、机动车维修技术人员、机动车驾驶培训教练员、道路运输经理人和其他道路运输从业人员的管理工作。

第二章　从业资格管理

第六条　国家对经营性道路客货运输驾驶员、道路危险货物运输从业人员实行从业资格考试制度。其他已实施国家职业资格制度的道路运输从业人员，按照国家职业资格的有关规定执行。

从业资格是对道路运输从业人员所从事的特定岗位职业素质的基本评价。

经营性道路客货运输驾驶员和道路危险货物运输从业人员必须取得相应从业资格，方可从事相应的道路运输活动。

鼓励机动车维修企业、机动车驾驶员培训机构优先聘用取得国家职业资格的从业人员从事机动车维修和机动车驾驶员培训工作。

第七条　道路运输从业人员从业资格考试应当按照交通运输部编制的考试大纲、考试题库、考核标准、考试工作规范和程序组

织实施。

第八条 经营性道路客货运输驾驶员从业资格考试由设区的市级道路运输管理机构组织实施，每月组织一次考试。

道路危险货物运输从业人员从业资格考试由设区的市级人民政府交通运输主管部门组织实施，每季度组织一次考试。

第九条 经营性道路旅客运输驾驶员应当符合下列条件：

（一）取得相应的机动车驾驶证1年以上；

（二）年龄不超过60周岁；

（三）3年内无重大以上交通责任事故；

（四）掌握相关道路旅客运输法规、机动车维修和旅客急救基本知识；

（五）经考试合格，取得相应的从业资格证件。

第十条 经营性道路货物运输驾驶员应当符合下列条件：

（一）取得相应的机动车驾驶证；

（二）年龄不超过60周岁；

（三）掌握相关道路货物运输法规、机动车维修和货物装载保管基本知识；

（四）经考试合格，取得相应的从业资格证件。

第十一条 道路危险货物运输驾驶员应当符合下列条件：

（一）取得相应的机动车驾驶证；

（二）年龄不超过60周岁；

（三）3年内无重大以上交通责任事故；

（四）取得经营性道路旅客运输或者货物运输驾驶员从业资格2年以上或者接受全日制驾驶职业教育的；

（五）接受相关法规、安全知识、专业技术、职业卫生防护和应急救援知识的培训，了解危险货物性质、危害特征、包装容器的使用特性和发生意外时的应急措施；

（六）经考试合格，取得相应的从业资格证件。

第十二条 道路危险货物运输装卸管理人员和押运人员应当符合下列条件：

（一）年龄不超过60周岁；

（二）初中以上学历；

（三）接受相关法规、安全知识、专业技术、职业卫生防护和应急救援知识的培训，了解危险货物性质、危害特征、包装容器的使用特性和发生意外时的应急措施；

（四）经考试合格，取得相应的从业资格证件。

第十三条 机动车维修技术人员应当符合下列条件：

（一）技术负责人员

1.具有机动车维修或者相关专业大专以上学历，或者具有机动车维修或相关专业中级以上专业技术职称；

2.熟悉机动车维修业务，掌握机动车维修及相关政策法规和技术规范。

（二）质量检验人员

1.具有高中以上学历；

2.熟悉机动车维修检测作业规范，掌握机动车维修故障诊断和质量检验的相关技术，熟悉机动车维修服务收费标准及相关政策法规和技术规范。

（三）从事机修、电器、钣金、涂漆、车辆技术评估（含检测）作业的技术人员

1.具有初中以上学历；

2.熟悉所从事工种的维修技术和操作规范，并了解机动车维修及相关政策法规。

第十四条 机动车驾驶培训教练员应当符合下列条件：

（一）理论教练员

1.取得相应的机动车驾驶证，具有2年以上安全驾驶经历；

2.具有汽车及相关专业中专以上学历或者汽车及相关专业中级以上技术职称；

3.掌握道路交通安全法规、驾驶理论、机动车构造、交通安全心理学、常用伤员急救等安全驾驶知识，了解车辆环保和节约能源的有关知识，了解教育学、教育心理学的基本教学知识，具备编写教案、规范讲解的

授课能力。

（二）驾驶操作教练员

1.取得相应的机动车驾驶证，符合安全驾驶经历和相应车型驾驶经历的要求；

2.年龄不超过60周岁；

3.掌握道路交通安全法规、驾驶理论、机动车构造、交通安全心理学和应急驾驶的基本知识，熟悉车辆维护和常见故障诊断、车辆环保和节约能源的有关知识，具备驾驶要领讲解、驾驶动作示范、指导驾驶的教学能力。

（三）道路客货运输驾驶员从业资格培训教练员

1.具有汽车及相关专业大专以上学历或者汽车及相关专业高级以上技术职称；

2.掌握道路旅客运输法规、货物运输法规以及机动车维修、货物装卸保管和旅客急救等相关知识，具备相应的授课能力；

3.具有2年以上从事普通机动车驾驶员培训的教学经历，且近2年无不良的教学记录。

（四）危险货物运输驾驶员从业资格培训教练员

1.具有化工及相关专业大专以上学历或者化工及相关专业高级以上技术职称；

2.掌握危险货物运输法规、危险化学品特性、包装容器使用方法、职业安全防护和应急救援等知识，具备相应的授课能力；

3.具有2年以上化工及相关专业的教学经历，且近2年无不良的教学记录。

第十五条 申请参加经营性道路客货运输驾驶员从业资格考试的人员，应当向其户籍地或者暂住地设区的市级道路运输管理机构提出申请，填写《经营性道路客货运输驾驶员从业资格考试申请表》（式样见附件1），并提供下列材料：

（一）身份证明及复印件；

（二）机动车驾驶证及复印件；

（三）申请参加道路旅客运输驾驶员从业资格考试的，还应当提供道路交通安全主管部门出具的3年内无重大以上交通责任事故记录证明。

第十六条 申请参加道路危险货物运输驾驶员从业资格考试的，应当向其户籍地或者暂住地设区的市级交通运输主管部门提出申请，填写《道路危险货物运输从业人员从业资格考试申请表》（式样见附件2），并提供下列材料：

（一）身份证明及复印件；

（二）机动车驾驶证及复印件；

（三）道路旅客运输驾驶员从业资格证件或者道路货物运输驾驶员从业资格证件及复印件或者全日制驾驶职业教育学籍证明；

（四）相关培训证明及复印件；

（五）道路交通安全主管部门出具的3年内无重大以上交通责任事故记录证明。

第十七条 申请参加道路危险货物运输装卸管理人员和押运人员从业资格考试的，应当向其户籍地或者暂住地设区的市级交通运输主管部门提出申请，填写《道路危险货物运输从业人员从业资格考试申请表》，并提供下列材料：

（一）身份证明及复印件；

（二）学历证明及复印件；

（三）相关培训证明及复印件。

第十八条 交通运输主管部门和道路运输管理机构对符合申请条件的申请人应当安排考试。

第十九条 交通运输主管部门和道路运输管理机构应当在考试结束10日内公布考试成绩。对考试合格人员，应当自公布考试成绩之日起10日内颁发相应的道路运输从业人员从业资格证件。

第二十条 道路运输从业人员从业资格考试成绩有效期为1年，考试成绩逾期作废。

第二十一条 申请人在从业资格考试中有舞弊行为的，取消当次考试资格，考试成绩无效。

第二十二条 交通运输主管部门或者道路运输管理机构应当建立道路运输从业人员

从业资格管理档案。

道路运输从业人员从业资格管理档案包括：从业资格考试申请材料，从业资格考试及从业资格证件记录，从业资格证件换发、补发、变更记录，违章、事故及诚信考核、继续教育记录等。

第二十三条 交通运输主管部门和道路运输管理机构应当向社会提供道路运输从业人员相关从业信息的查询服务。

第三章 从业资格证件管理

第二十四条 经营性道路客货运输驾驶员、道路危险货物运输从业人员经考试合格后，取得《中华人民共和国道路运输从业人员从业资格证》（式样见附件3）。

第二十五条 道路运输从业人员从业资格证件全国通用。

第二十六条 已获得从业资格证件的人员需要增加相应从业资格类别的，应当向原发证机关提出申请，并按照规定参加相应培训和考试。

第二十七条 道路运输从业人员从业资格证件由交通运输部统一印制并编号。

道路危险货物运输从业人员从业资格证件由设区的市级交通运输主管部门发放和管理。

经营性道路客货运输驾驶员从业资格证件由设区的市级道路运输管理机构发放和管理。

第二十八条 交通运输主管部门和道路运输管理机构应当建立道路运输从业人员从业资格证件管理数据库，使用全国统一的管理软件核发从业资格证件，并逐步采用电子存取和防伪技术，确保有关信息实时输入、输出和存储。

交通运输主管部门和道路运输管理机构应当结合道路运输从业人员从业资格证件的管理工作，建立道路运输从业人员管理信息系统，并逐步实现异地稽查信息共享和动态资格管理。

第二十九条 道路运输从业人员从业资格证件有效期为6年。道路运输从业人员应当在从业资格证件有效期届满30日前到原发证机关办理换证手续。

道路运输从业人员从业资格证件遗失、毁损的，应当到原发证机关办理证件补发手续。

道路运输从业人员服务单位变更的，应当到交通运输主管部门或者道路运输管理机构办理从业资格证件变更手续。

道路运输从业人员从业资格档案应当由原发证机关在变更手续办结后30日内移交户籍迁入地或者现居住地的交通运输主管部门或者道路运输管理机构。

第三十条 道路运输从业人员办理换证、补证和变更手续，应当填写《道路运输从业人员从业资格证件换发、补发、变更登记表》（式样见附件4）。

第三十一条 交通运输主管部门和道路运输管理机构应当对符合要求的从业资格证件换发、补发、变更申请予以办理。

申请人违反相关从业资格管理规定且尚未接受处罚的，受理机关应当在其接受处罚后换发、补发、变更相应的从业资格证件。

第三十二条 道路运输从业人员有下列情形之一的，由发证机关注销其从业资格证件：

（一）持证人死亡的；

（二）持证人申请注销的；

（三）经营性道路客货运输驾驶员、道路危险货物运输从业人员年龄超过60周岁的；

（四）经营性道路客货运输驾驶员、道路危险货物运输驾驶员的机动车驾驶证被注销或者被吊销的；

（五）超过从业资格证件有效期180日未申请换证的。

凡被注销的从业资格证件，应当由发证机关予以收回，公告作废并登记归档；无法收回的，从业资格证件自行作废。

第三十三条 交通运输主管部门和道路运输管理机构应当将经营性道路客货运输驾驶员、道路危险货物运输从业人员的违章行为记录在《中华人民共和国道路运输从业人员从业资格证》的违章记录栏内，并通报发证机关。发证机关应当将该记录作为道路运输从业人员诚信考核和计分考核的依据，并存入管理档案。机动车维修技术人员、机动车驾驶培训教练员违章记录直接记入诚信管理档案，并作为诚信考核的重要内容。

第三十四条 道路运输从业人员诚信考核和计分考核周期为12个月，从初次领取从业资格证件之日起计算。诚信考核等级分为优良、合格、基本合格和不合格，分别用AAA级、AA级、A级和B级表示。在考核周期内，累计计分超过规定的，诚信考核等级为B级。

省级交通运输主管部门和道路运输管理机构应当将道路运输从业人员每年的诚信考核和计分考核结果向社会公布，供公众查阅。

道路运输从业人员诚信考核和计分考核具体办法另行制定。

第四章 从业行为规定

第三十五条 经营性道路客货运输驾驶员以及道路危险货物运输从业人员应当在从业资格证件许可的范围内从事道路运输活动。道路危险货物运输驾驶员除可以驾驶道路危险货物运输车辆外，还可以驾驶原从业资格证件许可的道路旅客运输车辆或者道路货物运输车辆。

第三十六条 道路运输从业人员在从事道路运输活动时，应当携带相应的从业资格证件，并应当遵守国家相关法规和道路运输安全操作规程，不得违法经营、违章作业。

第三十七条 道路运输从业人员应当按照规定参加国家相关法规、职业道德及业务知识培训。

经营性道路客货运输驾驶员和道路危险货物运输驾驶员在岗从业期间，应当按照规定参加继续教育。

第三十八条 经营性道路客货运输驾驶员和道路危险货物运输驾驶员不得超限、超载运输，连续驾驶时间不得超过4个小时。

第三十九条 经营性道路旅客运输驾驶员和道路危险货物运输驾驶员应当按照规定填写行车日志。行车日志式样由省级道路运输管理机构统一制定。

第四十条 经营性道路旅客运输驾驶员应当采取必要措施保证旅客的人身和财产安全，发生紧急情况时，应当积极进行救护。

经营性道路货物运输驾驶员应当采取必要措施防止货物脱落、扬撒等。

严禁驾驶道路货物运输车辆从事经营性道路旅客运输活动。

第四十一条 道路危险货物运输驾驶员应当按照道路交通安全主管部门指定的行车时间和路线运输危险货物。

道路危险货物运输装卸管理人员应当按照安全作业规程对道路危险货物装卸作业进行现场监督，确保装卸安全。

道路危险货物运输押运人员应当对道路危险货物运输进行全程监管。

道路危险货物运输从业人员应当严格按照《汽车运输危险货物规则》（JT 617）、《汽车运输、装卸危险货物作业规程》（JT 618）操作，不得违章作业。

第四十二条 在道路危险货物运输过程中发生燃烧、爆炸、污染、中毒或者被盗、丢失、流散、泄漏等事故，道路危险货物运输驾驶员、押运人员应当立即向当地公安部门和所在运输企业或者单位报告，说明事故情况、危险货物品名和特性，并采取一切可能的警示措施和应急措施，积极配合有关部门进行处置。

第四十三条 机动车维修技术人员应当按照维修规范和程序作业，不得擅自扩大维修项目，不得使用假冒伪劣配件，不得擅自改装机动车，不得承修已报废的机动车，不

得利用配件拼装机动车。

第四十四条 机动车驾驶培训教练员应当按照全国统一的教学大纲实施教学，规范填写教学日志和培训记录，不得擅自减少学时和培训内容。

第五章 法律责任

第四十五条 违反本规定，有下列行为之一的人员，由县级以上道路运输管理机构责令改正，处200元以上2000元以下的罚款；构成犯罪的，依法追究刑事责任：

（一）未取得相应从业资格证件，驾驶道路客货运输车辆的；

（二）使用失效、伪造、变造的从业资格证件，驾驶道路客货运输车辆的；

（三）超越从业资格证件核定范围，驾驶道路客货运输车辆的。

第四十六条 违反本规定，有下列行为之一的人员，由设区的市级人民政府交通运输主管部门处2万元以上10万元以下的罚款；构成犯罪的，依法追究刑事责任：

（一）未取得相应从业资格证件，从事道路危险货物运输活动的；

（二）使用失效、伪造、变造的从业资格证件，从事道路危险货物运输活动的；

（三）超越从业资格证件核定范围，从事道路危险货物运输活动的。

第四十七条 道路运输从业人员有下列不具备安全条件情形之一的，由发证机关吊销其从业资格证件：

（一）经营性道路客货运输驾驶员、道路危险货物运输从业人员身体健康状况不符合有关机动车驾驶和相关从业要求且没有主动申请注销从业资格的；

（二）经营性道路客货运输驾驶员、道路危险货物运输驾驶员发生重大以上交通事故，且负主要责任的；

（三）发现重大事故隐患，不立即采取消除措施，继续作业的。

被吊销的从业资格证件应当由发证机关公告作废并登记归档。

第四十八条 违反本规定，交通运输主管部门及道路运输管理机构工作人员有下列情形之一的，依法给予行政处分；构成犯罪的，依法追究刑事责任：

（一）不按规定的条件、程序和期限组织从业资格考试的；

（二）发现违法行为未及时查处的；

（三）索取、收受他人财物及谋取其他不正当利益的；

（四）其他违法行为。

第六章 附 则

第四十九条 从业资格考试收费标准和从业资格证件工本费由省级以上交通运输主管部门会同同级财政部门、物价部门核定。

第五十条 本规定自2007年3月1日起施行。2001年9月6日公布的《营业性道路运输驾驶员职业培训管理规定》（交通部令2001年第7号）同时废止。

附录三 关于推进机动车驾驶人培训考试制度改革的意见

（国办发〔2015〕88号）

为进一步适应我国经济社会发展和人民群众迅速增长的驾驶培训和考试需求，提高机动车驾驶人培训考试工作服务管理水平，推进驾驶人培训考试制度改革，现提出以下意见。

一、总体要求

（一）指导思想。全面贯彻落实党的十八大和十八届二中、三中、四中、五中

全会精神，推进简政放权、放管结合、优化服务，坚持以问题为导向、以改革为动力，促进驾驶培训市场开放竞争、驾驶考试公平公正、服务管理便捷高效，不断满足人民群众驾驶培训考试需求，不断提高驾驶培训考试质量，着力维护道路交通安全、文明、有序。

（二）基本原则。

——坚持安全第一。严格培训质量，严把考试关口，严守考试标准，强化新驾驶人安全意识养成，提升安全驾驶技能，增强安全文明素养，切实保障道路交通安全。

——坚持便民利民。提供多样化培训服务，优化培训考试程序，尊重群众意愿，推行自主选择，简化手续，提高办事效率，方便广大群众考领驾驶证。

——坚持开放竞争。进一步开放驾驶培训市场，完善公平竞争机制，激发培训市场活力，利用社会考试资源，实现供给与需求有效对接，提高培训考试服务管理水平。

——坚持公正廉洁。实现培训、预约考试、考试、驾驶证发放全过程公开透明、严密规范，健全内外部监督机制，严格违规问责，坚决查处违法腐败行为，不断提高政府公信力和群众满意度。

（三）工作目标。2016年上半年，部署驾驶人培训考试制度改革工作，明确各项任务推进步骤，启动重大改革事项试点；2017年，总结试点经验，深入推进改革实施；到2018年，完成改革重点工作任务，基本建立开放有序、公平竞争、服务优质、管理规范的驾驶培训市场体系，基本建立公开透明、权责清晰、运转高效、公正廉洁的驾驶考试管理体制，基本解决培训考试中的不便利、不规范、不经济等问题。

二、主要任务

（一）创新培训方式，建立开放有序培训新格局。

1.实行驾驶人分类教育培训。推行大型客货车专业化驾驶培训，试点开展大型客货车驾驶人职业教育，将先进的驾驶理念和驾驶技能纳入教育培训内容，加强守法文明驾驶意识培养，提升大型客货车驾驶人专业技能和职业素养；引导建立大型客货车驾驶人培训基地，开展集中式教育培训。优化小型汽车驾驶人培训方式，在完成规定培训学时要求的基础上，学员可根据自身情况增加培训学时和内容，满足个性化、差异化培训需求。（交通运输部、教育部、公安部、人力资源社会保障部负责）

2.实行计时培训计时收费。改变驾驶培训机构一次性预收全部培训费用的模式，推行计时培训计时收费、先培训后付费的服务措施。实行学员自主预约培训时段、自主选择教练员、自主选择缴费方式。试点学员分科目、跨驾驶培训机构参加培训。（交通运输部负责）

3.试点小型汽车驾驶人自学直考。在有条件的地方，试点非经营性的小型汽车驾驶人自学直考。允许个人使用加装安全辅助装置的自备车辆，在具备安全驾驶经历等条件的随车人员指导下，按照指定的路线、时间学习驾驶，并直接申请考试。自学驾驶所用自备车辆，不得用于经营性的驾驶学习活动。自学人员上道路学习驾驶前应到公安机关免费领取学车专用标识和学习驾驶证明。自学人员在学习驾驶中有道路交通安全违法行为或者造成交通事故的，由随车指导人员依法承担责任。按照严格管理、保障安全的要求，制定实施用于自学驾驶的车辆条件、随车指导人员条件以及训练路线时间划定、交通违法处理、事故责任认定、保险理赔等管理制度。（公安部、交通运输部、保监会负责）

（二）加强培训管理，促进驾驶培训行业健康发展。

4.进一步开放驾驶培训市场。严格按照国家相关法律法规实施驾驶培训机构准入许可制度。对符合法定条件的申请人，道路运输管理机构不得以任何理由拖延或者禁止

准入，不得增设任何额外条件。定期发布驾驶培训市场供求信息，引导社会资金理性进入，推动市场良性发展。（交通运输部负责）

5.强化驾驶培训机构培训责任。驾驶培训机构应严格按照国家标准和规定配备教练车、教练员和教学设施，严格按照培训大纲规定的学时和内容进行培训，确保培训质量。培训结业的，驾驶培训机构应当向学员颁发结业证书。主管部门要强化监督管理，加强检查，规范市场秩序，保证驾驶培训机构依法依规开展经营服务活动。（交通运输部负责）

6.着力提升驾驶培训专业化水平。完善驾驶培训考试内容和标准，强化交通安全意识和文明交通理念培训，编制统一的机动车安全文明驾驶操作规范，建立安全、文明、有序的驾驶规则体系。改进理论知识培训内容，采取远程网络教学、多媒体教学、交通事故案例教学、交通安全体验等多种方式，促进理论知识培训与实际操作训练交叉融合，提高驾驶培训专业化、系统化水平。（交通运输部、公安部负责）

7.建立健全驾驶培训行业诚信体系。健全驾驶培训机构培训质量考核机制，建立健全信用档案和违法违规信息披露制度。推进公安、交通运输部门监管信息共享和公开。向社会公布驾驶培训机构培训质量情况以及考试合格率、学员投诉率、学员取得驾驶证后三年内的交通违法率和交通肇事率等信息，引导学员选择质量高、服务好的驾驶培训机构进行学习。推动驾驶培训机构专业化、品牌化发展，不断创新服务模式，提升服务质量。（交通运输部、公安部负责）

8.加强教练员队伍管理。驾驶培训机构应当选用驾驶和教学经验丰富、安全文明驾驶素质高的驾驶人担任教练员；不得聘用有交通违法记分满分记录、发生交通死亡责任事故、组织或参与考试舞弊、收受或索取学员财物的人员担任教练员。严格教学活动监督管理，对学员投诉多、培训质量和职业道德差的教练员，严格考核和退出机制。试点开展教练员职业教育，完善教练员继续教育制度，提高教练员队伍素质和教学水平。（交通运输部、教育部等负责）

（三）利用社会资源，提高考试供给能力。

9.鼓励建设使用社会考场。驾驶人考试场地布局、数量应当满足本地考试需求。考场的场地建设、设备配置、系统维护应当符合相关标准和规定。有序引导社会力量投资建设考场，积极推行以政府购买服务等方式使用社会考场。公安机关要坚持公平竞争、公开择优的原则，依法通过公开招标等程序选定社会考场，不得无偿使用。（公安部、财政部、国土资源部等负责）

10.拓宽考试员选用渠道。建立多元化、多层次的考试员队伍，实行多渠道的考试员选用机制。各地应根据实际需求，在公安民警和文职人员中选拔专兼职考试员；试行聘用运输企业驾驶人、警风警纪监督员等人员承担考试辅助评判和监督职责。实行考试员资格管理、定期培训、考核淘汰制度，提升考试员队伍专业化、职业化水平。（公安部负责）

11.优化考点布局。大力推进驾驶人考试业务向县级下放、延伸。积极推行市（地）级公安机关向县级公安机关派驻考试员开展考试工作，委托有条件的县级公安机关承担小型汽车驾驶证考试工作，方便群众就近考试。对报考单项科目出现排队积压的考生，允许其选择省（区、市）内其他考场参加考试。（公安部负责）

（四）改进考试组织，保障考试公开公平公正。

12.实行自主报考。建立统一的考试预约服务平台，提供互联网、电话、窗口等多种报考方式，考生完成培训后可按规定自主选择考试时间和考试场地，改变完全由驾驶培训机构包办报考的做法，保障考生选择权。

公安机关按照报考或约考时间先后顺序，公平合理安排考生考试。考试费在约考确定后收取，提供网上支付、银行代收等多种支付方式，考生可分科目或一次性全部缴纳考试费。（公安部、财政部、人民银行负责）

13.严格执行考试评判规定。按照法律、法规和规章要求，严格落实考试内容、考试程序，严明考试纪律，严守评判标准，不得减少考试项目、缩短考试里程、降低评判标准，切实保障考试质量，保证新驾驶人的驾驶技能和安全文明素养。道路交通安全法律法规、场地驾驶技能和安全文明驾驶常识考试应当使用计算机评判系统，道路驾驶技能考试推行人工随车评判和计算机评判相结合的方式，确保考试严格公正。（公安部负责）

14.实行考试随机安排。严密考试组织形式，由计算机系统当日随机选配考试员，随机安排考生分组，随机选取考试路线，实现考试员和考生信息、驾驶培训机构信息相互屏蔽，杜绝人为操作。（公安部负责）

15.实行考务公开。公开考试信息，通过互联网向社会公开考试计划、考试场地、考试员和约考结果。公开考试过程，当场公布考试成绩，在考场、办事大厅等场所向群众直播考试视频，考生有权查询自己的考试视频资料。实行考场开放，公布场地设施布局、考试流程和路线，允许考生考前免费进入考场熟悉环境。（公安部负责）

16.优化考试程序。逐步推行场地驾驶技能考试和道路驾驶技能考试一次性预约、连续考试，减少考生往返次数。调整小型汽车夜间考试方式，可在日间采用模拟夜间灯光考试形式进行。道路驾驶技能考试合格后，考生要求当天参加安全文明驾驶常识考试的，应当予以安排。所有科目考试合格并按规定履行必要的手续后，应当在当日向考生发放机动车驾驶证。推行考试过程档案电子化，提高考试工作效率。（公安部负责）

（五）严格监督问责，保证培训考试规范廉洁。

17.健全驾驶培训监督机制。推广使用全国统一标准的计算机计时培训管理系统，建立省级驾驶培训机构监管平台，强化对培训过程动态监管，督促落实培训内容和学时，确保培训信息真实有效。推进驾驶培训机构监管平台与考试系统联网对接，实现驾驶培训与考试信息共享，确保培训与考试有效衔接。建立学员监督和评价机制，健全驾驶培训投诉处理制度，畅通电话、网络等投诉渠道，及时调查、处理并公布结果。（交通运输部、公安部负责）

18.完善考试监督机制。推广使用全国统一的考试评判和监管系统，完善考试音视频、指纹认证、人像识别、卫星定位系统等监管手段，推行考试全程使用执法记录仪，实现对考试过程、考试数据实时监控和事后倒查。建立考试监督评价机制，全面推行考试回访调查、音视频档案抽查、举报投诉核查反馈制度。聘请社会监督员，对考试工作进行监督。（公安部负责）

19.严格违规培训责任追究。建立违规培训责任追究和退出机制。发现驾驶培训机构减少培训项目和学时、伪造或篡改培训系统数据、违规发放培训结业证书的，依法严肃查处，直至吊销经营许可。对驾驶培训机构及教练员组织或参与考试舞弊、以各种名目向学员索取财物的，依法从重处罚。对未经许可擅自从事驾驶培训经营活动的，依法严肃查处。（交通运输部负责）

20.严格违规考试责任追究。凡是驾驶人取得驾驶证后三年内发生交通死亡事故并负主要以上责任的，倒查考试发证过程，发现考试员有参与伪造考试成绩、降低考试标准等违规问题的，取消其考试员资格，终身不得参与驾驶考试工作；构成犯罪的，依法追究刑事责任。依法依规查处收受或索取考生财物的违法行为。严格考场和考试设备生产销售企业监管，发现组织或参与考试舞弊、伪造或篡改考试系统数据的，不得继续使用

涉事考场或采购涉事企业考试设备，并依法追究法律责任。（公安部等负责）

21.严格执行政府机构不准经办驾驶培训机构的规定。严格执行国家法律和有关规定，任何国家机关以及驾驶培训和考试主管部门一律不得举办或参与举办驾驶培训机构；各地要组织开展集中清理，一旦发现有举办或参与举办的，要立即要求停办或退出，确保彻底脱钩。公安机关交通管理部门、道路运输管理机构工作人员及其配偶、子女不得以任何形式经营或参与经营驾驶培训机构。（交通运输部、公安部等负责）

（六）提升服务水平，便利群众学驾领证。

22.保护学员合法权益。推行驾驶培训服务标准化合同文本，明确学员和驾驶培训机构双方权利义务，保护学员合法权益。驾驶培训费用实行市场调节价。驾驶培训机构应在服务场所、互联网等公开费用项目和标准，不得额外收取培训信息卡费、结业证书费等其他费用。公安机关应按规定收取驾驶许可考试费，严格执行财政、价格主管部门核定的考试收费项目和收费标准，严禁增加收费项目，严禁提高收费标准，严禁附加收取其他任何费用。（交通运输部、公安部、财政部、发展改革委负责）

23.完善驾驶人体检制度。建立驾驶人分类体检制度，根据准驾车型设定不同的体检标准，提高大中型客货车驾驶人身体条件要求，简化、优化小型汽车驾驶人身体检查项目和方法。进一步规范医疗机构的驾驶人体检工作。改进老龄驾驶人体检规定，将每年进行一次身体检查的起始年龄由60周岁调整为70周岁。对未提交体检证明被注销驾驶证的驾驶人，按规定体检合格后可以恢复驾驶资格。（公安部、卫生计生委负责）

24.实施驾驶证异地申领和审验。放开大中型客货车驾驶证异地申领限制，考生可以在户籍所在地或居住地学习培训、报名考试、领取驾驶证，满足流动人口申领驾驶证需求。允许在全国范围内异地补换领驾驶证、参加驾驶证审验、提交体检证明。（公安部负责）

25.允许重新申领驾驶证直接考试。驾驶证被注销等有驾驶经历的人员，年龄、身体条件等符合重新申领驾驶证法定条件的，可以不经学习直接申请考试，各科目考试合格后予以核发驾驶证，但驾驶证被吊销或被撤销的除外。（公安部负责）

26.逐步放宽残疾人驾车条件。研究制定单眼视力障碍人员驾车视力检测标准、上肢残疾人驾车加装辅助装置等规定，适时放宽单眼视力障碍群体、上肢残疾人申请小型汽车驾驶证的条件。制定残疾人驾驶培训大纲和培训教材，鼓励有条件的驾驶培训机构开展残疾人驾驶培训。（中国残联、公安部、交通运输部、工业和信息化部、卫生计生委、工商总局、质检总局分别负责）

27.提高驾驶证国际认可度。积极推进与其他国家和地区开展驾驶证互认换领工作，逐步扩大驾驶证互认换领范围，提高我国驾驶证国际认知认可度，满足我国公民出境驾车需求。（公安部、外交部等负责）

三、加强组织领导

（一）落实改革保障配套政策。县级以上地方各级人民政府要将驾驶人培训考试制度改革作为一项重要民生工程，紧密结合本地实际，制定具体实施方案，落实经费和人员保障，周密部署实施。公安机关交通管理工作所需经费由同级财政全额保障；公安机关交通管理部门的行政事业性收费应全部上缴财政，不得截留挪用。公安部、交通运输部、发展改革委、财政部、卫生计生委、保监会、中国残联等部门和单位要按照职能分工，密切配合，抓紧制定配套政策，及时修改完善相关法规规章和制度。拖拉机驾驶培训考试工作，由农业（农业机械）主管部门按照道路交通安全法及其实施条例等规定开展。（各有关部门和单位分别负责）

（二）稳步有序推进改革。各地要加强

工作统筹，做到培训与考试相衔接、培训考试需求与供给相平衡、政府服务与管理相融合，既为改革创造条件、积极推进，又立足实际、稳步实施。对小型汽车驾驶人自学直考等试点事项，要细化方案、完善措施，取得经验后再逐步推开；对其他实施条件成熟的事项要立行立改，有序推进。要做好宣传引导，准确解读改革措施，主动通报改革进展，及时回应社会关切，营造良好社会氛围。公安部、交通运输部等部门要加强跟踪评估和督查指导。（公安部、交通运输部、中央宣传部等负责）

（三）维护良好交通秩序。各地要进一步加强道路交通安全管理工作，严格源头把关，实施综合治理，强化检查执法，严厉打击和整治违反道路交通信号通行、违法占用应急车道、酒后驾驶、超速行驶等各类交通违法行为，切实维护道路交通秩序。深入开展交通安全宣传教育，加强文明交通志愿服务引导，深化公益广告宣传，传递文明交通理念，提升广大交通参与者的安全意识和文明素养，着力营造安全、文明、有序的道路交通环境。

发布时间:2015年11月30日

实施时间:2015年11月30日

附录四　机动车驾驶培训先学后付、计时收费模式服务合同

（示范文本）

使用说明

1.本合同为示范文本，供学驾人与机动车驾驶培训机构（以下简称培训机构）之间签订机动车驾驶培训先学后付、计时收费模式服务合同时使用。

2.双方当事人应当结合具体情况选择本合同协议条款中所提供的选择项，空格处应当以文字形式填写完整。

3.双方当事人可以书面形式对本示范文本内容进行变更或者补充，但变更或者补充的内容，不得减轻或者免除应当由培训机构承担的责任。

4.本示范文本由交通运输部和工商总局共同制定，在全国范围内推行使用。

机动车驾驶培训先学后付、计时收费模式服务合同

合同编号：

学驾人：	培训机构：
性　别：	法定代表人：
联系电话：	委托代理人：
身份证号码：	联系电话：
地址（住所）：	经营注册地址：

道路运输经营许可证编号：

根据《中华人民共和国合同法》《中华人民共和国道路交通安全法》《中华人民共和国道路运输条例》等相关法律法规和政府管理部门规范行业经营服务行为的管理规定，学驾人、培训机构双方在自愿、平等的基础上，经协商，就机动车驾驶培训相关服务事宜达成如下协议：

第一条　培训机构证照

培训机构须公示经政府管理部门许可其经营机动车驾驶员培训业务的《道路运输

经营许可证》等有关证照，为学驾人提供机动车驾驶“先学后付、计时收费”培训服务。

第二条 学驾车型

学驾人选择培训的准驾车型：__________________（代号______）。

第三条 合同有效期

本合同有效期自签订之日起到________年_____月_____日止。

第四条 培训内容与学时

依据《机动车驾驶培训教学与考试大纲》（以下简称《大纲》），培训机构提供的培训服务内容与学时：

“道路交通安全法律、法规和相关知识”培训____________学时（其中，课堂教学________________学时，远程网络教学______________学时）；“驾驶模拟”培训__________学时；“基础和场地驾驶”培训________________学时；“道路驾驶”培训____________学时；“安全文明驾驶常识”培训______________学时（其中，课堂教学__________学时，远程网络教学__________学时）。

第五条 培训机构提供的培训服务地址（地点）

堂教学地点：____________________；

远程网络教学网址：______________；

“驾驶模拟”培训地点：__________；

“基础和场地驾驶”培训教练场地：_____________________________________；

“道路驾驶”训练路线、时间（区域）：____________________________。

第六条 费用与支付方式

1.学驾人一次性支付“道路交通安全法律、法规和相关知识”、“安全文明驾驶常识”理论知识培训费与教材费、建立档案材料费等共计（大写）______________元。

2.学驾人每次完成驾驶操作技能培训后，按预约时段学时价格支付培训费用。不同时段的学时单价详见本合同附件（机动车驾驶培训费用构成明细表）。

3.学驾人 □购买/□不购买 学车意外保险，费用________元。

4. 培训机构提供以下费用支付方式：

□现金；□银行卡；□其他支付方式____________________________。

第七条 培训流程与预约考试学时要求

1.培训机构应在学驾人支付本合同第六条第一项所述费用起________个工作日内，为学驾人办理入学手续、建立培训档案、发放培训教材，安排学驾人参加《大纲》第一部分“道路交通安全法律、法规和相关知识”培训。学驾人完成第一部分培训达到_____________学时后，自主预约科目一考试。

2.学驾人取得学习驾驶证明后，培训机构应按学驾人预约日期提供驾驶操作技能培训服务。学驾人完成《大纲》第二部分“基础和场地驾驶”培训达到______________学时后，自主预约科目二场地驾驶技能考试。

3.学驾人完成《大纲》第三部分“道路驾驶”培训达到______________学时后，自主预约科目三道路驾驶技能考试。学驾人完成《大纲》第四部分“安全文明驾驶常识”培训达到__________学时后，自主预约科目三安全文明驾驶常识考试。

第八条 学驾人的权利

1.学驾人有权要求培训机构按照《大纲》要求及本合同约定，完成培训服务内容和学时；在驾驶操作技能培训过程中，学驾人可自主预约培训时段、自主选择教练员。

2.在培训过程中，学驾人若发现培训机构提供的教练车未经检测合格、教练员和管理人员减少培训项目和学时、伪造或篡改培训数据、向学驾人索取、收受财物或牟取其他利益等问题的，有权要求培训机构予以纠正，并可拒付相应时段的培训费用。

3.学驾人发现培训机构未在交通运输管理部门许可核定的训练场地或未在公安机关交通管理部门指定的路线、时间提供培训服务的，有权要求培训机构予以纠正，并可拒付相应时段的培训费用。

4.学驾人参加“驾驶模拟、基础和场地驾驶、道路驾驶”培训，可提前________天进行预约。预约方式为：☐ 互联网（网址：________________）、☐ 培训机构经营场所预约窗口、☐ 电话____________、☐ 其他方式______________________。

第九条 学驾人的义务

1.学驾人提供的证件、体检证明及相关信息资料应真实、准确、完整，个人信息如有变化应及时告知培训机构。

2.学驾人每次参加培训，应办理签到、签退手续。培训结束后，应对本次培训情况进行确认和评价；学驾人每次驾驶操作技能培训结束后，应当场向培训机构支付本次培训费用。当次支付费用经培训机构确认后，学驾人方可预约下一次培训。

3.学驾人在培训过程中，应严格遵守培训机构的培训规定，在无教练员指导的情况下不得擅自操作教练车。由此造成后果的，学驾人承担相应责任。

4.学驾人取消预约的，应在预约日期______天______时之前通过 ☐ 互联网（网址：________________）、☐ 培训机构经营场所预约窗口、☐ 电话________、☐ 其他方式________________________按培训机构规定的流程取消预约。

5.学驾人在怀孕期间或患有妨碍安全驾驶疾病的，不得参加培训。若隐瞒上述情形继续参加培训造成不利后果的，学驾人承担责任。

第十条 培训机构的权利

1.培训机构可采集学驾人个人相关信息，培训机构采集的学驾人信息仅用于培训服务。

2.学驾人在培训过程中，未按约定办理签到、签退手续的，培训机构有权要求学驾人补办手续。

3.学驾人每次完成驾驶操作技能培训，未能支付当次培训费用的（含培训费用未支付成功），培训机构可暂停提供后续培训服务，直至学驾人付费成功。

4.学驾人未按照培训机构流程预约培训时间和教练员，培训机构有权不予安排培训。

第十一条 培训机构的义务

1.培训机构应提前将培训服务相关信息告知学驾人；培训机构应公示教练员的基本信息和培训服务质量排行情况供学驾人选择；培训机构提供的教学设施设备应符合国家相关技术标准；培训机构应按本合同第二条约定提供教练车，安排学驾人预约的教练员提供培训服务。

2.培训机构应采取有效措施加强对学驾人个人信息保护，确保信息安全，防止信息泄露和滥用；如确因培训机构过错导致学驾人个人信息泄露的，应承担相应的法律责任。

3.培训机构应规范使用机动车驾驶计时培训系统，如实记录学驾人培训过程，并为学驾人建立培训档案；培训机构应对学驾人的培训数据真实性负责；培训机构应为学驾人提供便捷的培训数据查询方式。

4.学驾人在学习驾驶中有道路交通安全违法行为或造成交通事故的，培训机构承担责任。

5.学驾人支付培训费用，培训机构应向学驾人开具培训发票；学驾人选择购买学车意外保险的，培训机构应及时投保。

6.学驾人完成《大纲》规定的培训内容与学时的，培训机构应安排具备结业考核资质的人员对学驾人进行考核。考核合格的，培训机构向学驾人颁发《结业证书》。

第十二条 合同的终止与解除

（一）有以下情形之一的，本合同终止：

1.学驾人完成本合同约定的培训服务内容和学时，并取得《结业证书》的；

2.学驾人学习驾驶证明有效期届满的；

3.学驾人在学习驾驶证明有效期内，科目二（场地驾驶技能考试）、科目三（道路驾驶技能）第五次考试不合格的；

4.法律法规规定的其他情形。

（二）有以下情形之一的，学驾人可解除合同：

1.培训机构工作人员对学驾人的培训学时、数据弄虚作假，经学驾人提出后拒不纠正的；

2.培训机构未按公示的收费项目、收费标准收取费用，经学驾人提出后拒不纠正的；

3.培训机构工作人员存在索取、收受学驾人财物或牟取其他利益等不良行为，经学驾人提出后培训机构拒不纠正的；

4.法律法规规定的其他情形。

（三）有以下情形之一的，培训机构可解除合同：

1.学驾人存在不得申请《机动车驾驶证》情形的；

2.学驾人在培训过程中，严重影响教学安全和教学秩序，拒不纠正的；

3.法律法规规定的其他情形。

（四）解除合同的，培训机构应退回学驾人提交的个人信息资料；未完成理论知识培训的，培训机构应按照学驾人未参加的培训学时，退还相应费用。

第十三条 违约责任

（一）学驾人违约责任

1.因学驾人提供的证件或信息不真实、不准确、不完整造成后果的，学驾人承担相应责任。

2.因学驾人迟到、早退等原因造成培训学时不足的，学驾人应按预约学时支付费用，并在后续培训中补足相应学时和费用。

3.因学驾人原因造成预约成功后不能参加培训的（包括没有成功取消预约的），学驾人应按本次预约培训费用的__________%支付违约金。

（二）培训机构违约责任

1.因培训机构信息录入错误、设备故障等原因造成后果的，培训机构承担相应责任。

2.因培训机构人员、设备等原因造成学驾人预约培训学时不足的，培训机构应为学驾人提供培训服务补足学时，并免收相应费用。

3.因培训机构原因造成学驾人不能按预约时段参加培训的，培训机构应免收该预约时段的培训费用，并向学驾人按本次预约培训费用的__________%（该比率应不小于学驾人违约责任第3项中的比率）支付违约金。

第十四条 争议的解决

本合同在履行过程中发生争议，双方可协商解决。协商未达成一致的，可通过培训机构所在地机动车驾驶员培训行业协会或消费者协会（消费者权益保护委员会）调解，也可选择以下一种方式：

□ 1.向____________________仲裁委员会申请仲裁。

□ 2.向培训机构所在地有管辖权的人民法院提起诉讼。

第十五条 其他约定

1.______________________________。

2.______________________________。

3.______________________________。

4.______________________________。

第十六条 补充协议

本合同有未尽事宜的，双方可另行协商并签订补充协议。本合同补充协议、附件与本合同具有同等法律效力。

第十七条 合同生效、份数

本合同一式________份，学驾人执______份，培训机构执________份，自签订之日起生效。

学驾人签名：

签订日期：　　年　月　日

培训机构法定代表人或委托代理人（盖章）：

签订日期：　　年　月　日

合同附件

机动车驾驶培训费用构成明细表

序号	项　目		收费金额		备　注
1	相关服务费用	教材费			
		档案材料费			
		人身意外伤害保险费			由学驾人自愿选择
2	理论知识培训	课堂教学			1.理论知识教学内容包括：“道路交通安全法律、法规和相关知识”和“安全文明驾驶常识”。 2.课堂教学为_____学时（学时单价为____元/学时）；远程网络教学为____学时（学时单价为____元/学时）。
		远程网络教学			
小计					
序号	项　目		学时单价	基本学时	备　注
3	“驾驶模拟”培训	普通时段	元/学时		1.普通时段： 2.高峰时段： 3.节假日时段：
		高峰时段	元/学时		
		节假日时段	元/学时		
4	“基础和场地驾驶”培训	普通时段	元/学时		
		高峰时段	元/学时		
		节假日时段	元/学时		
5	“道路驾驶”训练	普通时段	元/学时		
		高峰时段	元/学时		
		节假日时段	元/学时		

附录五　机动车驾驶教练员国家职业技能标准

1　职业概况

1.1　职业名称

机动车驾驶教练员。

1.2　职业定义

利用机动车辆及辅助教学设备，采用多种教学手段，向培训对象传授道路交通安全知识和安全驾驶技能的人员。

1.3　职业等级

本职业共设四个等级，分别为:四级机动车驾驶教练员(国家职业资格四级)、三级机动车驾驶教练员(国家职业资格三级)、二级机动车驾驶教练员(国家职业资格二级)、一级机动车驾驶教练员(国家职业资格一级)。

1.4　职业环境条件

室内、外，常温。

1.5　职业能力特征

具有较强的空间感、形体知觉、色觉；动作协调，手指、手臂灵活；教学能力、学

习能力、分析判断能力强。

1.6 基本文化程度

高中毕业(或同等学历)。

1.7 培训要求

1.7.1 培训期限

全日制职业学校教育，根据其培养目标和教学计划确定。晋级培训期限：四级机动车驾驶教练员不少于150标准学时；三级机动车驾驶教练员不少于120标准学时；二级机动车驾驶教练员不少于100标准学时；一级机动车驾驶教练员不少于80标准学时。

1.7.2 培训教师

培训四级机动车驾驶教练员的教师应具有本职业三级机动车驾驶教练员职业资格证书或本职业(相关专业)中级及以上专业技术职务任职资格；培训三级机动车驾驶教练员的教师应具有本职业二级机动车驾驶教练员职业资格证书或本职业(相关专业)中级及以上专业技术职务任职资格2年以上；培训二级机动车驾驶教练员的教师应具有本职业一级机动车驾驶教练员职业资格证书或本职业(相关专业)高级专业技术职务任职资格；培训一级机动车驾驶教练员的教师应具有本职业一级机动车驾驶教练员职业资格证书2年以上或本职业(相关专业)高级专业技术职务任职资格2年以上。

1.7.3 培训场所设备

培训场所包括标准教室、驾驶教练场地和实际道路。设备主要包括教练车、多媒体教学软件、播放和投影设备、互动式汽车驾驶培训模拟器等。多媒体教学软件应符合教练员职业资格培训大纲要求，教练场和道路应满足驾驶培训科目的要求。

1.8 鉴定要求

1.8.1 适用对象

从事或准备从事本职业的人员。

1.8.2 申报条件

——四级机动车驾驶教练员

持有A1、A2、A3、B1、B2、C1、C2、C3、C4、D、F、E、M、N、P机动车驾驶证之一的，历年无重大道路交通责任事故，具有3年以上安全驾驶经历和无不良教学纪录(本标准另有规定的除外)，具备以下条件之一者：

(1)连续从事本职业工作3年以上，经本职业本等级正规培训达规定标准学时数，并取得结业证书。

(2)连续从事本职业工作5年以上。

(3)取得以中级技能为培养目标的中等及以上经人力资源和社会保障部认可的职业学校本专业毕业证书。

——三级机动车驾驶教练员

持有A1、A2、A3、B1、B2、C1、C2、C3、C4、D、M、N、P机动车驾驶证之一的，历年无重大道路交通责任事故，具有5年安全驾驶经历和无不良教学纪录(本标准另有规定的除外)，具备以下条件之一者：

(1)取得本职业四级职业资格证书后，连续从事本职业工作4年以上，经本职业本等级正规培训达规定标准学时数，并取得结业证书。

(2)取得本职业四级职业资格证书后，连续从事本职业工作7年以上。

(3)取得以高级技能为培养目标的高等及以上职业学校本专业毕业证书。

(4)取得本职业四级职业资格证书的大专以上本专业或相关专业毕业生，连续从事本职业工作2年以上。

——二级机动车驾驶教练员

持有A1、A2、A3、B1、B2、C1、M、N、P机动车驾驶证之一的，历年无重大道路交通责任事故，具有10年以上安全驾驶经历和无不良教学纪录(本标准另有规定的除外)，具备以下条件之一者：

(1)取得本职业三级职业资格证书后，连续从事本职业工作5年以上，经本职业本等级正规培训达规定标准学时数，并取得结业证书。

(2)取得本职业三级职业资格证书后，连续从事本职业工作8年以上。

(3)取得本职业三级职业资格证书的高

级技工学校本专业毕业证书，连续从事本职业工作2年以上。

（4）取得本专业或相关专业大专以上学历，连续从事本职业工作10年以上。

——一级机动车驾驶教练员

持有A1、A2、A3、B1、B2、C1、N、P机动车驾驶证之一的，历年无重大道路交通责任事故，具有15年以上安全驾驶经历和无不良教学纪录(本标准另有规定的除外)，具备以下条件之一者:

（1）取得本职业二级职业资格证书后，连续从事本职业工作3年以上，经本职业本等级正规培训达到规定标准学时数，并取得结业证书。

（2）取得本职业二级机动车驾驶教练员职业资格证书后，连续从事本职业工作5年以上。

（3）取得本职业二级职业资格证书的研究生以上毕业生，连续从事本职业工作3年以上。

1.8.3　鉴定方式

分为理论知识考试和技能操作考核。理论知识考试采用计算机上机闭卷考试方式，技能操作考核采用现场实车操作和驾驶模拟操作方式。理论知识考试和技能操作考核均实行百分制，成绩皆达60分及以上者为合格。二级、一级机动车驾驶教练员还须进行综合评审。

1.8.4　考评人员与考生配比

理论知识考试考评人员与考生配比为1:20，每个教室不少于2名考评人员；技能操作考核考评员与考生配比为1:8，且不少于3名考评员；综合评审委员不少于5人。

1.8.5　鉴定时间

理论知识考试时间不少于90min；技能操作考核时间不少于120min；综合评审时间不少于30min。

1.8.6　鉴定场所设备

鉴定场所包括教室、封闭驾驶教练场地、实际道路。设备包括多媒体教学软件、播放和投影设备、计算机、无纸化考试软件、教练车、互动式汽车驾驶培训模拟器等。鉴定场所安全设施完善。

2　基本要求

2.1　职业道德

2.1.1　职业道德基本知识

2.1.2　职业守则

（1）珍爱生命，安全第一。

（2）遵守法规，为人师表。

（3）规范教学，诚实守信。

（4）廉洁自律，文明施教。

（5）勤于钻研，不断创新。

2.2　基础知识

2.2.1　教育学、教育心理学知识

（1）职业教育的培养目标等知识。

（2）教育技术学在驾驶培训中的应用知识。

（3）驾驶技能形成规律等知识。

（4）心理、生理与安全驾驶关系知识。

2.2.2　教学大纲与教学方法

（1）《普通机动车驾驶员培训教学大纲》。

（2）驾驶操作培训的讲解、示范、指导和讲评教学方法。

（3）机动车驾驶操作规范。

2.2.3　教学设施设备知识

（1）多媒体教学软件使用知识。

（2）教学磁板使用知识。

（3）机动车驾驶培训模拟设备使用知识。

（4）机动车驾驶教练场知识。

（5）其他教学设施设备使用知识。

2.2.4　道路交通安全知识

（1）安全意识与安全行为。

（2）安全驾驶常识。

2.2.5　机动车基本知识

（1）车辆构造知识。

（2）车辆主要安全装置知识。

（3）车辆维护知识。

（4）车辆常见故障的判断与处置知识。

（5）车辆运行材料的一般知识。

2.2.6　节能与环保知识

（1）汽车节能减排常识。

（2）汽车环保检测常识。

2.2.7　急救与保险知识

（1）伤员自救、急救常识。

（2）机动车保险常识。

2.2.8　相关法律、法规知识

（1）《中华人民共和国道路交通安全法》的相关知识。

（2）《中华人民共和国道路交通安全法实施条例》的相关知识。

（3）《中华人民共和国道路运输条例》的相关知识。

（4）《机动车驾驶员培训管理规定》的相关知识。

（5）《交通安全违法行为处理程序规定》的相关知识。

（6）《机动车驾驶证申领和使用规定》的相关知识。

（7）《机动车登记规定》的相关知识。

（8）《交通事故处理程序规定》的相关知识。

（9）《道路运输从业人员管理规定》的相关知识。

（10）《机动车驾驶培训机构资格条件》的相关知识。

（11）《中华人民共和国刑法》的相关知识。

（12）《中华人民共和国劳动合同法》及其实施条例。

3　工作要求

本标准对四级机动车驾驶教练员、三级机动车驾驶教练员、二级机动车驾驶教练员、一级机动车驾驶教练员的技能要求依次递进，高级别涵盖低级别的要求。

3.1　四级机动车驾驶教练员

<table>
<tr><th>职业功能</th><th>工作内容</th><th>技能要求</th><th>相关知识</th></tr>
<tr><td rowspan="2">一、理论教学</td><td>（一）教学准备</td><td>1. 能编写与执教车型（A1、A2、A3、B1、B2、C1、C2、C3、C4、C5、D、F、E、M、N、P之一）相适应的理论培训教案
2. 能编写执教车型的理论培训教学实施计划
3. 能准备计算机、投影仪、屏幕、多媒体教学软件和网络教学设施设备</td><td>1. 编写理论教案、教学实施计划的要求
2. 选择教学设施设备的要求
3. 网络教学知识</td></tr>
<tr><td>（二）道路交通安全法律、法规、规章内容教学</td><td>1. 能进行《中华人民共和国道路交通安全法》相关知识教学
2. 能进行《中华人民共和国道路交通安全法实施条例》相关知识教学
3. 能进行《机动车登记规定》相关知识教学
4. 能进行《道路交通安全违法行为处理程序规定》相关知识教学
5. 能进行《机动车驾驶证申领和使用规定》相关知识教学
6. 能进行《交通事故处理程序规定》相关知识教学
7. 能进行《中华人民共和国刑法》《中华人民共和国道路运输条例》的相关规定教学
8. 能进行《机动车交通事故责任强制保险条例》相关知识教学
9. 能进行地方道路交通安全法规中的道路通行细化规定和违法处罚具体的执行标准教学</td><td>1. 车辆和驾驶人规定
2. 道路通行条件
3. 道路通行规定
4. 高速公路特别规定
5. 交通违法处罚种类、处罚标准及处罚救济知识
6. 机动车登记、检测、保险相关知识
7. 道路交通事故处理规定、处理程序、事故认定书和事故自行解决知识
8. 机动车驾驶证申请、使用知识
9. 交通违法处罚程序和强制措施知识
10. 交通肇事罪、危害公共安全罪构成要件
11. 交强险费率、浮动费率和理赔知识
12. 道路运输基本知识
13. 地方道路交通安全法规关于道路通行细化规定和违法处罚具体的执行标准</td></tr>
</table>

职业功能	工作内容	技能要求	相关知识
一、理论教学	（三）道路交通信号教学	1. 能进行道路交通信号概述教学 2. 能进行道路交通信号灯教学 3. 能进行道路交通标志教学 4. 能进行道路交通标线教学 5. 能进行交通警察的指挥教学	1. 交通信号灯的分类和含义 2. 交通标志的分类和含义 3. 交通标线的分类和含义 4. 交通警察指挥的分类和含义 5. 易混交通信号等知识
	（四）车辆基本常识教学	1. 能进行汽车、摩托车总体构造教学 2. 能进行车辆的动力性、燃油经济性、制动性、操纵稳定性、平顺性和通过性评价指标教学 3. 能进行车辆制动性能对行车安全影响的教学 4. 能进行车辆安全带、安全气囊、ABS防抱死系统、驱动防滑控制装置、电子未定程序等主要安全装置教学 5. 能进行车辆运行材料常识教学 6. 能进行车辆日常检查和维护教学	1. 汽车发动机、底盘、电气设备和车身的组成和作用 2. 车辆性能评价指标知识 3. 影响车辆制动性能的原因及危害 4. 油料、轮胎的种类及使用要求 5. 车辆日常检查和维护的内容、方法和要求 6. 摩托车各部分组成和功能
	（五）安全驾驶理论教学	1. 能进行行驶路线、安全车距、行驶速度、超车、被超车、让车、掉头、平路、弯路、坡路、车辆停放等一般道路安全驾驶理论教学 2. 能进行通过路口、环岛、立交桥、高架路、快速路、人行横道线、街头巷尾、封闭小区、繁华路段、拥堵路段和变更车道等城市道路安全驾驶理论教学 3. 能进行高速公路、山区、通过桥梁、隧道、夜间、冰雪路面、泥泞路、翻浆路、涉水、施工路段等典型道路的安全驾驶理论教学 4. 能进行雨天、雾天、雪天和大风天等恶劣气象条件下的安全驾驶理论教学 5. 能进行车辆爆胎、侧滑、转向失控、制动失灵、发生碰撞、倾翻、火灾、落水等紧急情况的安全驾驶理论教学 6. 能进行高速公路行车中的紧急避险教学 7. 能进行险桥、险路的预测和分析教学 8. 能进行保护行人、乘车人和非机动车的安全驾驶理论教学	1. 一般道路的特点、行车方法和注意事项 2. 城市道路的特点、行车方法和注意事项 3. 典型道路和恶劣气象条件的特点、安全驾驶方法和注意事项 4. 驾驶中紧急情况的处置原则和措施 5. 高速公路行车中的紧急避险方法和要求 6. 险桥、险路的危险程度预测方法和处置知识 7. 保护行人、乘车人和非机动车的安全知识
	（六）常见危险化学品知识教学	1. 能进行常见危险化学品特性教学 2. 能进行常见危险品运输通行规定教学 3. 能进行常见危险化学品爆炸、失火处置教学	1. 常见危险化学品的种类、特性知识 2. 常见危险化学品运输审批和通行要求 3. 常见危险化学品爆炸、失火事故处理原则和方法
	（七）伤员救护基本知识教学	1. 能进行包扎、止血等简单自救教学 2. 能进行人工呼吸、骨折固定和搬运等简单互救教学	1. 自救方法和要求 2. 互救方法和要求
	（八）车辆消防知识教学	1. 能进行车辆火灾原因和预防教学 2. 能进行车辆火灾扑救教学	1. 车辆火灾原因和预防知识 2. 车辆火灾扑救方法 3. 灭火器使用知识
	（九）道路交通事故的预防教学	1. 能进行常见交通事故原因分析教学 2. 能进行预常见交通事故防措施教学 3. 能进行典型事故案例分析教学	1. 超速行驶、酒后驾驶、疲劳驾驶、客车超员、火车超载等事故成因 2. 交通事故预防知识 3. 典型事故的分析方法和警示

续上表

职业功能	工作内容	技能要求	相关知识
一、理论教学	（十）节能减排教学	1. 能进行节能减排理论知识教学 2. 能进行节能减排驾驶操作知识教学 3. 能进行汽车主要污染物的种类与危害教学	1. 车辆技术对节能减排的影响 2. 驾驶技能与节能减排的关系 3. 节能驾驶操作知识 4. 环境保护相关知识
	（十一）文明和安全教育教学	1. 能进行驾驶道德规范教学 2. 能进行交通文明出行知识教学 3. 能进行安全意识教学 4. 能进行安全驾驶理念教学 5. 能进行客货运输服务规范教学	1. 驾驶道德规范知识 2. 交通文明出行基本知识 3. 两个控制（控制车辆、控制自己）、防被撞、“安全礼让”、“四个零”（零违法、零记分、零处罚、零事故）等安全驾驶理念知识 4. 客货运输服务规范内容和要求
二、基础驾驶教学	（一）教学准备	1. 能编写与执教车型（A1、A2、A3、B1、B2、C1、C2、C3、C4、C5、D、F、E、M、N、P之一）相适应的驾驶操作教案 2. 编写相适应的驾驶操作教学实施计划 3. 能检查教学车辆、汽车驾驶培训模拟器	1. 编写驾驶操作教案、教学实施计划的依据、方法和要求 2. 检查教学车辆和汽车驾驶培训模拟器的方法和要求
	（二）基础驾驶常识教学	1. 能进行汽车行驶基本原理教学 2. 能进行基础驾驶特点及对安全行车影响教学 3. 能进行驾驶技能形成规律教学 4. 能进行基础驾驶的基本要求教学	1. 汽车驱动力和各种阻力知识 2. 汽车行驶条件知识 3. 练习次数与技能形成关系 4. 基础驾驶不安全因素分析
	（三）车辆基本结构实习教学	1. 能进行车辆发动机、底盘、电气设备和车身的分布实习教学 2. 能进行发动机动力传递方向和路线实习教学 3. 能进行更换车轮教学	1. 整车基本结构知识 2. 发动机动力传递方向和路线知识 3. 更换车轮的方法和要求
	（四）上、下车动作及驾驶姿势教学	1. 能进行上、下车动作教学 2. 能进行调整座椅、头枕、后视镜和安全带检查使用教学 3. 能进行驾驶姿势教学	1. 上车前绕车安全检查知识 2. 上、下车观察和动作要领 3. 座椅、头枕、后视镜、安全带检查和调整的方法和要求 4. 正确的驾驶姿势
	（五）驾驶操纵装置和仪表教学	1. 能进行驾驶操纵装置教学 2. 能进行汽车仪表和报警灯教学 3. 能进行残疾人汽车辅助操纵装置教学	1. 驾驶操作装置识别和操作方法 2. 各种仪表和报警灯的含义 3. 残疾人汽车驾驶机件迁延装置功用
	（六）发动机起动、加温和停熄教学	1. 能进行发动机起动前的检查教学 2. 能进行发动机起动、加温和停熄教学	1. 发动机起动前检查的内容和方法 2. 发动机起动、加温和停熄方法及要求
	（七）平路起步和停车教学	1. 能进行平路起步安全操作要领教学 2. 能进行平路停车安全操作要领教学	1. 起步操作方法 2. 停车操作方法

续上表

职业功能	工作内容	技能要求	相关知识
二、基础驾驶教学	（八）制动教学	1. 能进行发动机制动机运用教学 2. 能进行驻车制动机运用教学 3. 能进行行车制动机运用教学 4. 能进行紧急制动及运用教学	1. 发动机牵制作用知识 2. 预见性制动、紧急制动的方法和要求 3.ABS 防抱死装置使用知识
	（九）转向教学	1. 能进行转向时机选择教学 2. 能进行转向安全操作要领教学	1. 最小转弯半径、内（外）轮差和车辆行驶轨迹知识 2. 各种弯道的操作内容和要求
	（十）换挡教学	1. 能进行加挡安全操作要领教学 2. 能进行减挡安全操作要领教学 3. 能进行挂倒挡安全操作要领教学	1. 挡位区分和运用知识 2. 换挡的操作内容和要求
	（十一）倒车教学	1. 能进行倒车姿势教学 2. 能进行倒车直线、曲线和转弯安全操作要领教学	1. 各种倒车操作内容和要求 2. "L"、"S"形倒库要领
	（十二）车辆行驶和停车位置判断教学	1. 能进行车辆行驶位置判断和安全操作要领教学 2. 能进行停车位置判断和安全操作要领教学	1. 参照点选择和运用 2. 车辆行驶和停车位置的判断方法
	（十三）模拟驾驶教学	1. 能进行汽车驾驶模拟器基本结构和工作原理教学 2. 能进行利用汽车驾驶培训模拟器进行基础驾驶操作教学	1. 汽车驾驶模拟器的分类和使用知识 2. 利用汽车驾驶模拟器训练的组织原则、特点和方法
三、场地驾驶教学	（一）桩考驾驶教学	1. 能进行桩考场地技术标准教学 2. 能进行桩考驾驶评判标准教学 3. 能进行桩考安全操作要领教学	1. 桩考场地设置要求 2. 判断车身空间位置的能力 3. 桩考驾驶内容和要求
	（二）坡道定点停车和起步教学	1. 能进行坡道定点停车和起步场地技术标准教学 2. 能进行坡道定点停车和起步驾驶评判标准教学 3. 能进行坡道定点停车和起步安全操作要领教学	1. 坡道定点停车和起步场地设置要求 2. 坡道上驾驶车辆的技能 3. 坡道定点停车和起步驾驶内容和要求
	（三）侧方停车教学	1. 能进行侧方停车场地技术标准教学 2. 能进行侧方停车驾驶评判标准教学技能 3. 能进行侧方停车安全操作要领教学技能	1. 侧方停车场地设置要求 2. 车辆停入道路右侧车位知识 3. 侧方停车驾驶内容和要求
	（四）通过单边桥教学	1. 能进行单边桥场地技术标准教学 2. 能进行单边桥驾驶评判标准教学 3. 能进行单边桥安全操作要领教学	1. 单边桥场地设置要求 2. 正确判断车轮直线行驶轨迹、操纵车辆不平行运行的能力 3. 通过单边桥驾驶内容和要求
	（五）曲线行驶教学	1. 能进行曲线行驶场地技术标准教学 2. 能进行曲线行驶驾驶评判标准教学 3. 能进行曲线行驶安全操作要领教学	1. 曲线行驶场地设置要求 2. 控制车辆曲线行驶的能力 3. 曲线行驶驾驶内容和要求

续上表

职业功能	工作内容	技能要求	相关知识
三、场地驾驶教学	（六）直角转弯教学	1. 能进行直角转弯场地技术标准教学 2. 能进行直角转弯驾驶评判标准教学 3. 能进行直接转弯安全操作要领教学	1. 直角转弯场地设置要求 2. 正确操纵转向，准确判断车辆内、外轮差的能力 3. 直角转弯驾驶内容和要求
	（七）限速通过限宽门教学	1. 能进行限宽门场地技术标准教学 2. 能进行限速通过限宽门驾驶评判标准教学 3. 能进行限速通过限宽门安全操作要领教学	1. 限宽门场地设置要求 2. 在一定车速下对车身位置的正确判断能力 3. 限速通过限宽门驾驶内容和要求
	（八）通过连续障碍教学	1. 能进行连续障碍场地技术标准教学 2. 能进行通过连续障碍驾驶评判标准教学 3. 能进行通过连续障碍安全操作要领教学	1. 连续障碍场地设置要求 2. 通过连续障碍时，对车轮行驶轨迹和内、外轮差的判断能力 3. 通过连续障碍驾驶内容和要求
	（九）百米加减挡教学	1. 能进行百米加减挡场地技术标准教学 2. 能进行百米加减挡驾驶评判标准教学 3. 能进行百米加减挡安全操作要领教学	1. 百米加减挡场地设置要求 2. 操纵车辆挡位的熟练程度 3. 百米加减挡驾驶内容和要求
	（十）起伏路驾驶教学	1. 能进行起伏路场地技术标准教学 2. 能进行起伏路驾驶评判标准教学 3. 能进行起伏路安全操作要领教学	1. 起伏路场地设置要求 2. 平顺通过起伏路面的能力 3. 起伏路驾驶内容和要求
四、一般道路驾驶教学	（一）起步和靠边停车教学	1. 能进行实际道路起步安全操作要领教学 2. 能进行实际道路靠边停车安全操作要领教学 3. 能进行起步和靠边停车判断标准教学	1. 实际道路起步和靠边停车的观察 2. 实际道路起步和靠边停车的注意事项
	（二）直线行驶教学	1. 能进行直线行驶安全操作要领教学 2. 能进行直线行驶评判标准教学	1. 控制车辆行驶方向的方法和要求 2. 观察后视镜要求
	（三）变更车道教学	1. 能进行变更车道安全操作要领教学 2. 能进行变更车道驾驶评判标准教学	1. 变更车道前的观察 2. 变更车道的禁止行为
	（四）通过路口教学	1. 能进行通过路口安全操作要领教学 2. 能进行通过路口驾驶评判标准教学	1. 路口划分和渠化知识 2. 通过路口前的观察 3. 通过路口的要求
	（五）回车、超车、让车教学	1. 能进行会车安全操作要领教学技能 2. 能进行超车安全操作要领教学技能 3. 能进行让车安全操作要领教学技能 4. 能进行会车、超车、让车评判标准教学	1. 会车安全间距和地点选择 2. 超车时机、转向灯使用和超车路线 3. 让车方法和要求

续上表

职业功能	工作内容	技能要求	相关知识
四、一般道路驾驶教学	（六）掉头教学	1. 能进行掉头安全操作要领教学 2. 能进行掉头驾驶评判标准教学	1. 掉头前的观察 2. 掉头地点和行驶路线的选择
	（七）通过学校、人行横道、公共汽车站教学	1. 能进行通过学校预见性驾驶教学 2. 能进行通过人行横道预见性驾驶教学 3. 能进行通过公共汽车站预见性驾驶教学 4. 能进行通过学校、人行横道、公共汽车站驾驶评判标准教学	1. 预见性驾驶的基本要求 2. 通过学校的驾驶方法 3. 避让行人的方法 4. 避让公共汽车的方法
	（八）夜间驾驶教学	1. 能进行夜间驾驶安全操作要领教学 2. 能进行夜间驾驶评判标准教学	1. 夜间灯光使用知识 2. 低能见度道路情况判断
五、恶劣条件及复杂道路驾驶教学	（一）恶劣条件驾驶教学	1. 能利用汽车驾驶培训模拟器进行雨天、雪天、雾天驾驶教学 2. 能利用汽车驾驶培训模拟器进行冰雪路面、积水路面、泥泞路面驾驶教学	1. 摩擦系数、附着力、能见度基本知识 2. 恶劣条件驾驶心理承受能力知识 3. 恶劣条件下模拟驾驶知识
	（二）山区道路驾驶教学	1. 能利用汽车驾驶培训模拟器进行弯道、连续弯道和反向弯道驾驶教学 2. 能利用汽车驾驶培训模拟器进行上陡坡、下陡坡和连续上下陡坡驾驶教学 3. 能利用汽车驾驶培训模拟器进行傍山险道驾驶教学	1. 山区道路控制车辆速度和路线知识 2. 山区道路模拟驾驶知识 3. 车辆侧滑和视线盲区知识 4. 消除恐惧感知识
	（三）高速公路驾驶教学	1. 能利用汽车驾驶培训模拟器进行通过收费站和驶入高速公路驾驶教学 2. 能利用汽车驾驶培训模拟器进行高速公路控制速度、选择行车道、保持车距、超车和应急停车等驾驶教学 3. 能利用汽车驾驶培训模拟器进行驶出高速公路和通过收费站驾驶教学	1. 高速公路特点 2. 高速公路行车特点和驾驶方法 3. 高速公路模拟驾驶知识
六、教学管理	（一）学员管理	1. 能在训练前对学员进行着装、饮酒、睡眠和持 IC 卡情况进行检查 2. 能指导学员进行训练前、训练中和训练后的车辆安全检查 3. 能对学员进行培训阶段内容检验	1. 学员服饰、饮食和 IC 卡使用知识 2. 学员检查、擦洗车辆的方法和要求 3. 安全训练措施的内容和落实要求 4. 培训阶段考核的内容、方法和要求
	（二）学时和质量评估	1. 能填写《教学日志》 2. 能填写《驾驶培训记录》 3. 能使用驾驶培训 IC 卡 4. 能对初学驾驶员培训进行质量评估	1.《教学日志》填写的方法和要求 2.《驾驶培训记录》填写的方法和要求 3. 驾驶培训 IC 卡使用知识 4. 培训质量评估方法和要求
	（三）教学设施设备管理和维护	1. 能检查和调试计算机、投影仪、电教板、模型 2. 能检查和调整教练车副制动 3. 能检查汽车驾驶培训模拟器电源连接和车门、安全带工作状况	1. 检查和调试计算机、投影仪、电教板、模型 2. 调整教练车副制动的方法和要求 3. 汽车驾驶培训模拟器车门、安全带的使用要求

3.2 三级机动车驾驶教练员

职业功能	工作内容	技能要求	相关知识
一、理论教学	（一）教学准备	1.能编写道路货运企业驾驶员及经理人从业资格培训理论教案和教学实施计划 2.能编写危险货物运输企业驾驶员、装卸管理人员、押运人员及经理人从业资格培训理论教案和教学实施计划 3.能编写机动车驾驶培训机构结业考试员及经理人理论教案和教学实施计划 4.能按教学内容、要求编写多媒体课件脚本	1.《道路客货运输驾驶员从业资格培训教学大纲》知识 2.《道路危险货物运输从业人员培训教学计划与教学大纲》知识 3.编写简单多媒体课件脚本基本要求、方法
	（二）道路货运及道路运输从业人员管理规定教学	1.能进行《道路运输从业人员管理规定》相关知识教学 2.能进行《道路货物运输及站场管理规定》教学 3.能进行《道路危险货物运输管理规定》教学 4.能进行《道路运输驾驶员诚信考核办法》教学 5.能进行《道路运输企业质量信誉考核办法（试行）》教学	1.道路运输经营和道路运输业务知识 2.道路运输从业人员的资格、考试和行为管理知识 3.道路货物运输经营许可、货运车辆管理和货运经营管理知识 4.道路危险货物运输经营许可、专用车辆、设备管理知识 5.道路运输企业和驾驶员诚信考核的方法、内容和记分知识
	（三）安全装置教学	1.能进行牵引车（汽车列车）制动系统组成和功能教学 2.能进行牵引车（汽车列车）制动系统工作情况教学	牵引车（汽车列车）制动系统结构特点和工作情况
	（四）汽车使用技术教学	1.能进行汽车维修的基本知识教学 2.能进行道路运输车辆技术要求教学 3.能进行使用轮胎教学 4.能进行营运车辆节能驾驶教学 5.能进行汽车行驶记录仪和车用导航系统教学	1.汽车维护分类和作业内容 2.车辆外廓尺寸、轴荷及质量限额知识 3.道路运输车辆改装管理规定 4.影响轮胎使用寿命因素和正确使用方法 5.燃料消耗影响因素和营运车料节能驾驶方法 6.汽车行驶记录仪和车用导航系统的使用方法
	（五）汽车常见故障教学	1.能进行汽车发动机常见故障处理教学 2.能进行汽车底盘常见故障处理教学 3.能进行汽车电器常见故障处理教学	汽车发动机、底盘和电器常见故障的成因、现象、判断与处理方法
	（六）一般货物运输知识教学	1.能进行一般货物运输基本知识教学 2.能进行道路普通货物运输的分类、特点和要求教学 3.能进行道路货运专用运输的分类、特点和要求教学 4.能进行道路大型物件运输的分类、特点和要求教学 5.能进行道路运输合同基本知识教学 6.能进行外伤投资道路货物运输管理规定教学 7.能进行国际道路货物运输管理规定教学	1.《汽车货物运输规则》相关知识 2.运输价格、质量和效率等基本知识 3.限运、禁运、凭证运输物品的种类、特点知识 4.鲜活、易腐蚀货物运输的特点及在装卸、运输中的要求 5.集装箱、冷藏保鲜设备、罐式容器等专用运输要求 6.道路运输合同种类和主要内容 7.外商投资道路货物运输经营许可和经营行为要求 8.国际道路货物运输经营许可和经营行为要求

续上表

职业功能	工作内容	技能要求	相关知识
一、理论教学	（七）道路危险货物运输知识教学	1.能进行危险货物运输基本知识教学 2.能进行危险货物的分类、品名编号、《危险货物品名表》和危险货物包装常识教学 3.能进行道路危险货物托运及承运规定教学 4.能进行道路危险货物运输人员基本要求教学 5.能进行道路危险货物运输车辆基本要求教学 6.能进行道路危险货物运输事故应急预案及事故应急措施教学 7.能进行道路危险货物运输装卸条件、装卸作业安全及事故应急措施教学 8.能进行危险货物运输承运人责任险教学	1.《汽车运输危险货物规则》相关知识 2.《危险货物品名表》及其适用知识 3.危险货物包装常识 4.道路运输危险货物车辆标志 5.道路危险货物运输托运及承运知识 6.道路危险货物运输驾驶员、押运员、装卸管理人员基本要求 7.道路危险货物运输车辆基本要求 8.道路危险货物运输装卸条件及基本要求 9.道路危险货物运输、装卸条件及基本要求 10.道路危险货物运输、押运、装卸安全及事故应急措施 11.危货承运人责任险费率和理赔知识
	（八）货运安全生产知识教学	1.能进行道路交通安全法规中有关货物运输和货运驾驶员内容的教学 2.能进行货运驾驶员安全驾驶行为规范教学 3.能进行货物运输安全生产操作规范教学 4.能进行货物运输安全生产管理制度教学 5.能进行货物运输事故典型案例分析教学 6.能进行道路运输生产事故应急救援知识教学	1.道路交通安全法规中关于货物运输和货运驾驶员的规定 2.货运驾驶员安全驾驶行为规范知识 3.货运安全生产操作规范知识 4.货运车辆、事故隐患排除、事故应急预案等管理制度 5.货物运输和货运驾驶员违法事故典型案例分析 6.应急中的驾驶员响应知识
二、专业知识应用教学	（一）教学准备	1.能编写货物运输驾驶员从业资格培训专业知识应用教案和教学实施计划 2.能编写机动车驾驶培训机构结业考试人员从业资格培训专业知识应用教案和教学实施计划 3.能准备更换车轮专用工具	1.编写货运驾驶员、驾校结业考试员从业资格培训教案、教学实施计划的依据、方法和要求 2.更换车轮专用工具的要求
	（二）牵引车的链接与分离教学	1.能进行牵引车（汽车列车）的连接教学 2.能进行牵引车（汽车列车）的分离教学	1.牵引车与挂车连接的操作方法和要求 2.牵引车与挂车分离的操作方法和要求
	（三）牵引车停靠货台驾驶教学	1.能进行牵引车倒车尾靠货台驾驶教学 2.能进行牵引车倒车侧靠货台驾驶教学 3.能进行牵引车前进侧靠货台驾驶教学	1.牵引车倒车尾靠货台的驾驶操作方法和要求 2.牵引车倒车侧靠货台的驾驶操作方法和要求 3.牵引车前进侧靠货台的驾驶操作方法和要求
	（四）货运车辆安全检视教学	1.能进行货运车辆安全检视方法教学 2.能进行货运车辆安全检视部位和内容教学	1.货运车辆安全检视顺序规定 2.货运车辆安全检视部件的技术标准和要求
	（五）货运车辆更换轮胎教学	1.能进行货运车辆更换车轮要求和注意事项教学 2.能进行更换车轮的方法步骤教学	1.更换车轮的要求 2.更换车轮工具使用知识
三、教学管理	（一）学员管理	1.能检查和准备学员结业考试车辆和场地 2.能对学员进行培训结业考试	1.学员结业考试的内容、方法和要求 2.结业考核成绩评定标准
	（二）学时和质量评估	1.能填写货物运输驾驶员从业资格培训《教学日志》 2.能对货运驾驶员从业培训进行质量评估	1.货物运输驾驶员从业资格培训《教学日志》填写的方法和要求 2.货运驾驶员从业培训质量评估方法
	（三）教学设施设备管理	1.能对普通货物运输教学车辆和场地进行维护管理 2.能对危险货物运输人员从业资格培训教学场地和专用教学设备进行维护和调试	1.货运驾驶员从业资格培训车辆、场地和设备维护管理知识 2.危险货物运输从业人员培训场地和设备维护管理知识

3.3 二级机动车驾驶教练员

职业功能	工作内容	技能要求	相关知识
一、理论教学	（一）教学准备	1.能编写道路客运企业驾驶员、客运乘务员及经理人从业资格培训理论教案和教学实施计划 2.能编写道路运输驾驶员诚信考核记满分驾驶员培训理论教案和教学实施计划 3.能按教学内容、要求制作多媒体课件	1.道路运输驾驶员诚信考核办法 2.诚信考核记满分驾驶员的培训内容 3.针对教学内容、要求制作多媒体课件
	（二）客运和货运站管理规定教学	1.能进行旅客运输经营许可教学 2.能进行旅客运输经营行为教学 3.能进行客运站对进站车辆管理教学	1.道路旅客运输管理知识 2.客运站对进站车辆管理知识
	（三）安全装置教学	1.能进行大中型客车行车制动装置（含ABS）教学 2.能进行大中型客车缓速器和驻车制动装置的结构特点教学 3.能进行大中型客车的自动门、安全出口使用教学 4.能进行城市公交车行车制动装置、驻车制动装置的结构特点，城市公交车的自动门使用教学 5.能进行安全锤使用教学	1.大中型客车行车制动装置（含ABS）构造和工作情况 2.大中型客车缓速器和驻车制动装置的结构特点和工作情况 3.大中型客车的自动门、安全出口开启和使用方法 4.城市公交行车制动装置、驻车制动装置和自动门知识 5.安全锤使用要求
	（四）道路旅客运输教学	1.能进行旅客运输基本知识教学 2.能进行旅客运输车辆技术要求教学 3.能进行班车客运、包车客运、旅游客运、出租车客运、城市（含城际）公共汽车客运业务教学 4.能进行旅客运输承运人责任险教学 5.能进行外商投资道路旅客运输管理规定教学 6.能进行国际道路旅客运输管理规定教学	1.《汽车旅客运输规则》相关知识 2.客运经营管理知识 3.客运车辆技术要求 4.行车日志的使用方法 5.客运承运人责任险费率和理赔知识 6.外商投资道路旅客运输经营许可和经营行为要求 7.国际道路旅客运输经营许可和经营行为要求
	（五）客运安全生产知识教学	1.能进行道路交通安全法规中有关旅客运输和客运驾驶员内容的教学 2.能进行客运驾驶员安全驾驶行为规范教学 3.能进行客运安全生产操作规范教学 4.能进行客运安全生产管理制度教学 5.能进行组织旅客逃生教学 6.能进行客运治安反恐教学 7.能进行客运事故典型案例分析教学	1.道路交通安全法规中关于旅客运输和客运驾驶员的规定 2.客运驾驶员安全驾驶行为规范知识 3.客运安全生产操作规范知识 4.客运车辆、事故隐患排除、事故应急预案等管理制度 5.车辆发生火灾、落水、坠落、颠覆时组织旅客逃生的方法和要求 6.对在客车上发生的杀人行凶、抢夺钱物、打架斗殴、设赌诈骗和盗窃行为处置知识 7.客运反恐救助原则、处置方法和反恐措施 8.旅客运输事故典型案例分析知识
二、专业知识应用教学	（一）教学准备	1.能编写客运驾驶员从业资格培训专业知识应用教案和教学实施计划 2.能准备客运驾驶员从业资格培训车辆 3.能准备伤员救护敷料和器材	1.编写客运驾驶员培训教案、教学实施计划的依据、方法和要求 2.止血带、绷带、三角巾和橡皮人使用知识
	（二）客车停靠站台驾驶教学	1.能进行客车道册侧靠站台驾驶教学 2.能进行客车前进侧靠站台驾驶教学	客车倒车侧靠站台、前进侧靠站台驾驶操作方法和要求

续上表

职业功能	工作内容	技能要求	相关知识
二、专业知识应用教学	（三）客运车辆安全检视教学	1.能进行客运车辆安全检视方法教学 2.能进行客运车辆安全检视部位和内容教学	1.客运车辆安全检视顺序规定 2.客运车辆安全检视部件的技术标准和要求
	（四）旅客伤员救护教学	1.能进行旅客伤员救护原则教学 2.能进行旅客心肺复苏抢救法及常用止血法、包扎法、骨折固定法和搬运知识教学	1.旅客伤员急救处置知识 2.心肺复苏抢救法及常用止血法、包扎法、骨折固定法的操作方法和要求
三、教学管理	（一）学时和质量评估	1.能填写旅客运输驾驶员从业资格培训《教学日志》 2.能对客运驾驶员培训进行质量评估	1.旅客运输驾驶员从业资格培训《教学日志》填写的方法和要求 2.客运驾驶员培训进行质量评估
	（二）设施设备管理	1.能对客运教学车辆和场地进行维护管理 2.能对伤员救护器材进行维护管理	旅客运输驾驶员从业资格培训车辆、场地和设备维护管理知识
四、培训指导	（一）培训	1.能编写四、三级机动车驾驶教练员培训计划 2.能对四、三级机动车驾驶教练员进行实操教学的讲解要领、动作示范、知道驾驶和教学讲评四步教学法培训 3.能对四、三级机动车驾驶教练员进行交通心理学基本知识培训 4.能对四、三级机动车驾驶教练员进行汽车新技术理论培训 5.能对四、三级机动车驾驶教练员进行运用汽车新能源实现教练车的节能减排培训	1.编制四、三级机动车驾驶教练员培训计划的方法和要求 2.交通心理学基本知识 3.实操教学法运用知识 4.汽车新技术知识 5.汽车新能源推广应用知识
	（二）指导	1.能指导四、三级机动车驾驶教练员组织驾驶操作培训教学 2.能指导四、三级机动车驾驶教练员组织理论培训远程教学 3.能指导四、三级机动车驾驶教练员编写教学审计方案 4.能指导四、三级机动车驾驶教练员交流教学经验	1.组织驾驶培训的原则、方法和要求 2.驾驶培训远程教育基本知识 3.编写教学设计知识 4.解决学员控制能力、判断能力、适应能力和应变能力的方法和要求

3.4　一级机动车驾驶教练员

职业功能	工作内容	技能要求	相关知识
一、理论教学	（一）机动车驾驶员培训理论教学	1.能编写两种以上车型机动车驾驶员培训理论教案 2.能进行两种以上车型的机动车驾驶员培训理论教学	不同车型驾驶员理论培训区别
	（二）道路运输人员从业资格培训理论教学	1.能编写两种以上道路运输从业人员培训理论教案 2.能进行两种以上道路运输从业人员培训理论教学	各类从业人员理论培训知识
二、专业知识应用教学	（一）机动车驾驶员培训实操教学	1.能编写两种以上车型的机动车驾驶员培训驾驶操作教案 2.能进行两种以上车型的机动车驾驶员培训驾驶操作教学	不同车型驾驶员驾驶操作异同点
	（二）道路运输人员从业资格培训实操教学	1.能编写两种以上道路运输从业人员培训专业知识应用（实操）教案 2.能进行两种以上道路运输从业人员培训专业知识应用（实操）教学	不同从业人员专业知识应用要求

续上表

职业功能	工作内容	技能要求	相关知识
三、教学管理	（一）教学质量评估	1.能编制教学质量评估方案 2.能对各种培训对象进行教学质量评估	制定教学质量评估方法和要求
	（二）教学改革	1.能制定汽车实车驾驶与汽车模拟驾驶组训教学方案 2.能制定理论培训网络教学方案 3.能制定驾驶培训时制培训方案	1.实车与模拟组训的原则、方法和要求 2.远程教学在驾驶理论培训中的应用和发展 3.多媒体技术在驾驶教学中应用知识
	（三）安全培训管理	1.能制定教练车、教练场、教练员、学员安全管理制度 2.能制定训练事故应急方案 3.能制定训练事故隐患排查方案 4.能结合驾校实际组织编写教练员、学员安全教育教材	1.安全训练与质量、培训成本关系 2.安全培训管理制度基本要求 3.制定训练事故应急预案、训练事故隐患排查方案的依据和要求 4.安全教育信息收集及编写教材的要求
	（四）节能管理	1.能编制节能培训方案 2.能编制各种教练车耗油标准 3.能编制教练车耗油实施方案 4.能检查节能培训教学方法的应用 5.能结合驾校实际组织编写节能驾驶培训教材	1.驾校节能管理相关知识 2.制定耗油标准依据、方法和量化知识 3.单车耗油考核方法和要求 4.节油教学法
	（五）场地管理	1.能制定驾驶教练场管理制度 2.能根据实际情况提出改建驾驶教练场方案 3.能对经营性驾驶教练场各种设施设备进行检查	1.教练场管理目标和要求 2.教练场技术标准
四、培训指导	（一）培训	1.能编写二级机动车驾驶教练员培训计划 2.能对二级机动车驾驶教练员进行教育技术学在驾驶教学中的应用培训 3.能对二级机动车驾驶教练员进行交通工程学基本知识培训 4.能对二级机动车驾驶教练员进行公路运输与管理基本知识培训 5.能对二级机动车驾驶教练员进行利用汽车检测设备和仪器诊断汽车故障的基本知识培训	1.教育技术学基本知识 2.交通工程学基本知识 3.公路运输与管理基本知识 4.汽车检测设备种类和故障诊断基本要求
	（二）指导	1.能指导二级机动车驾驶教练员组织驾驶培训教学 2.能指导二级机动车教练员进行驾驶培训方法改革 3.能指导二级机动车驾驶教练员进行汽车实车驾驶与汽车模拟驾驶组训教学	1.教学方法改革的发展趋势 2.实车与模拟驾驶穿插方法和要求

4 比重表

4.1 理论知识

项目		四级(%)	三级(%)	二级(%)	一级(%)
基本要求	职业道德	5	5	5	5
	基础知识	15	15	10	10
相关知识	理论教学	30	25	15	10
	基础驾驶教学	10	5	5	5
	场地驾驶教学	10	5	5	5
	一般道路驾驶教学	15	15	10	10
	复杂道路驾驶教学	5	5	5	5
	专业知识应用教学	—	15	15	15
	教学管理	10	10	15	15
	培训管理	—	—	15	20
合计		100	100	100	100

注:比重表中画“—”处不配分。

4.2 技能操作

项目		四级(%)	三级(%)	二级(%)	一级(%)
技能要求	理论教学	15	15	10	10
	基础驾驶教学	20	15	10	10
	场地驾驶教学	20	15	10	10
	一般道路驾驶教学	30	25	15	10
	复杂道路驾驶教学	5	5	5	5
	专业知识应用教学	—	15	15	15
	教学管理	10	10	15	15
	培训指导	—	—	20	25
合计		100	100	100	100

注:比重表中画“—”处不配分。

附录六　机动车驾驶培训教学与考试大纲

一、机动车驾驶培训教学大纲

为了加强机动车驾驶培训管理工作，规范驾驶培训教学行为，提高驾驶培训质量，制定本大纲。

（一）制定依据

根据《中华人民共和国道路交通安全法》及实施条例《中华人民共和国道路运输条例》《机动车驾驶员培训管理规定》

《机动车驾驶证申领和使用规定》等有关规定制定本大纲，主要包括：机动车驾驶培训教学大纲和驾驶培训教学日志。

（二）学时安排

1.机动车驾驶培训教学的学时安排见下表：

学时安排表

车型 学时 内容	A1、B1	A2	A3	B2	C1	C2	C3	C4、D、E、F	C5
总学时	82	88	120	118	62	60	50	38	62
道路交通安全法律、法规和相关知识	10	10	14	12	12	12	12	10	12
基础和场地驾驶	36	40	53	54	16	14	14	10	16
道路驾驶	20	22	33	32	24	24	16	10	24
安全文明驾驶常识	16	16	20	20	10	10	8	8	10

备注：每学时为60分钟。其中，有效教学时间不得低于45分钟。

2.本大纲的学时为各车型基本学时要求。

3.增加考试内容和项目的，须相应增加学时。

4.每个学员课堂学习时间每天不得超过4学时，实际操作学习时间每天不得超过4学时。

（三）教学要求

1.本大纲分为“道路交通安全法律、法规和相关知识”、“基础和场地驾驶”、“道路驾驶”和“安全文明驾驶常识”四部分内容。每部分内容培训结束后，应对学员的学习进行考核。“基础和场地驾驶”、“道路驾驶”两部分考核不合格的，由考核员提出增加复训的内容和学时建议。鼓励机动车驾驶员培训机构（以下简称驾培机构）聘用二级及以上教练员担任考核员。

2.“道路交通安全法律、法规和相关知识”和“安全文明驾驶常识”教学可采取多媒体教学、远程网络教学、交通安全体验等多种方式，倡导课堂教学与远程网络教学相结合。课堂教学不得低于6学时，其中，“道路交通安全法律、法规和相关知识”不得低于4学时，“安全文明驾驶常识”不得低于2学时。

3.“基础和场地驾驶”中“操纵装置的规范操作”和“起步前车辆检查与调整”教学内容，应采用驾驶模拟设备教学；“道路驾驶”中“恶劣条件下的驾驶”、“山区道路驾驶”、“高速公路驾驶”等内容，可采用驾驶模拟设备教学。模拟教学学时为4学时。

4.“安全文明驾驶常识”教学应与“道路驾驶”教学交叉融合；“基础和场地驾驶”与“道路驾驶”可交叉训练。

（四）其他

1.驾培机构应根据本大纲制定教学计划，倡导根据学员特点进行差异化教学。

2.轮式自行机械车（M）、无轨电车（N）、有轨电车（P）三种准驾车型的培训教学大纲，由各省根据需要和地方特点自行制定，并报交通运输部备案。

3.各省应当根据实际对各准驾车型培训里程做出相关要求，但最低不得少于300公里。

4.大型客货车驾驶员职业教育，参考本大纲，按有关规定另行制订人才培养方案。

（五）培训教学大纲

第一部分　道路交通安全法律、法规和相关知识

教学目标：掌握法律、法规和规章中与道路交通安全有关的相关规定；熟练掌握各类道路条件下的通行规则；熟练掌握道路交通信号的含义和作用；掌握地方性法规的重点内容；了解机动车基本知识，掌握机动车主要仪表、指示灯和操纵机构、安全装置的基本知识

教学项目	教学内容	教学目标	适用车型
1.法律、法规及道路交通信号	机动车驾驶证申领与使用	了解法律法规中关于机动车驾驶证申领与使用的规定	A1、A2、A3、B1、B2、C1、C2、C3、C4、C5、D、E、F
	道路交通信号	熟练掌握道路交通信号灯、道路交通标志、道路交通标线、交通警察手势的含义和作用	
	道路通行规则	熟练掌握各类道路条件下的通行规则； 熟练掌握变更车道、跟车、超车与限制超车、会车、避让行人和非机动车、掉头与倒车、停车等的规定	
	驾驶行为	熟练掌握法律法规中有关驾驶行为的规定和要求	
	违法行为处罚	熟悉主要交通安全违法行为情形和驾驶机动车的禁止行为； 掌握交通事故责任承担原则，交通肇事罪和危险驾驶罪的含义； 掌握法律责任的基本知识	
	机动车登记	了解机动车登记的有关规定	
	交通事故处理	了解道路交通事故快速处置方法，事故现场保护、事故报警与求助	
	地方性法规	掌握地方性法规的重点内容	
2.机动车基本知识	车辆结构常识	了解车辆的基本构成及各组成部分的基本功能	A1、A2、A3、B1、B2、C1、C2、C3、C4、C5、D、E、F
	车辆主要安全装置	掌握安全头枕、安全带、安全气囊、灯光、喇叭、后视镜、逃生出口、仪表、报警灯、防抱死制动系统、儿童安全座椅的作用； 掌握三角警告牌、灭火器等安全设备的作用	
	驾驶操纵机构的作用	掌握转向、加速、变速、行车制动和驻车制动等操纵机构的作用	
		掌握离合器操纵机构的作用	A1、A2、A3、B1、B2、C1、C3、C4、D、E、F
	车辆性能	了解车辆性能与安全行车的关系	A1、A2、A3、B1、B2、C1、C2、C3、C4、C5、D、E、F
	车辆检查和维护	掌握车辆日常检查和维护的基本知识	
	车辆运行材料	了解轮胎、燃油、润滑油、冷却液、风窗玻璃清洗液等运行材料的使用常识	
	客车制动与安全装置	熟悉客车行车制动装置、缓速器、驻车制动装置及客车乘客门、安全出口、安全窗、安全锤等的作用	A1、B1
	公交车制动与安全装置	熟悉公交车行车制动装置、驻车制动装置及公交车乘客门、安全出口、安全窗、安全锤等的作用	A3
	汽车列车制动系统、连接与分离装置	了解汽车列车制动系统的结构特点及作用； 了解汽车列车连接与分离装置的结构	A2
3.综合复习及考核	道路交通安全法律、法规和相关知识	熟练掌握道路交通安全法律、法规、道路交通信号等相关知识； 掌握车辆的主要安全装置及作用	A1、A2、A3、B1、B2、C1、C2、C3、C4、C5、D、E、F

第二部分　基础和场地驾驶

教学目标：掌握基础驾驶和场地驾驶理论知识；掌握基础的驾驶操作要领，具备对车辆控制的基本能力；熟练掌握基础操作和场内驾驶的基本方法，具备合理使用车辆操纵机件、正确控制车辆运动空间位置的能力，能够准确地控制车辆的行驶位置、速度和路线

教学项目	教学内容	教学目标	适用车型
1.基础驾驶	基础驾驶操作理论知识	掌握基础驾驶操作的要求及作用	A1、A2、A3、B1、B2、C1、C2、C3、C4、C5、D、E、F
	驾驶姿势	掌握正确的驾驶姿势，合理使用安全带	
	操纵装置的规范操作	掌握转向盘、变速器操纵杆、驻车制动装置、行车制动装置、加速操纵装置的正确操作方法； 掌握灯光信号、喇叭及其他操纵装置的正确操作方法	
		掌握离合器踏板的正确操作方法	A1、A2、A3、B1、B2、C1、C3、C4、D、E、F
		掌握转向盘、制动和加速迁延控制手柄的正确操作方法； 掌握制动和加速迁延控制踏板的正确操作方法； 掌握灯光信号、喇叭及其他操纵装置的正确操作方法	C5
		掌握转向盘、转向盘控制辅助手柄、制动和加速迁延控制手柄、转向信号灯迁延开关的正确操作方法； 掌握驻车制动辅助手柄、灯光信号、喇叭及其他操纵装置的正确操作方法	C5
		掌握转向盘、变速器操纵杆迁延控制装置或专用装置的正确操作方法； 掌握灯光信号、喇叭及其他操纵装置的正确操作方法	C5
	起步前车辆检查与调整	掌握调整座椅、头枕、后视镜，以及系、松安全带的正确方法； 掌握检查操纵装置、起动发动机、检查仪表、停熄发动机的正确方法	A3、B2、C1、C2、C3、C4、C5
		掌握调整后视镜的正确方法； 掌握佩戴安全头盔的正确方法； 掌握检查操纵装置、起动发动机、检查仪表、停熄发动机的正确方法	D、E、F
	牵引车与挂车的连接与分离	掌握牵引车与挂车的连接与分离的正确操作方法和注意事项	A2
	上车、下车动作	掌握正确的上车、下车动作	A3、B2、C1、C2、C3、C4、D、E、F
	车上轮椅（拐杖）的放置	掌握轮椅（拐杖）的安全放置方法	C5
	上车前的观察	掌握上车前观察，确认安全的正确方法	A1、A2、A3、B1、B2、C1、C2、C3、C5
	下车前的观察	掌握下车打开车门前观察，确认安全的正确方法	

续上表

教学项目	教学内容	教学目标	适用车型
1.基础驾驶	起步、停车	掌握起步前观察后方、侧方交通情况，安全平稳起步、停车的正确操作方法	A1、A2、A3、B1、B2、C1、C2、C3、C4、C5、D、E、F
	变速、换挡、倒车	掌握加速、减速、换挡和倒车的正确操作方法	
	行驶位置和路线	掌握根据道路情况合理控制车速，保持车辆沿正确位置和路线行驶的正确操作方法，养成良好的车感和空间感	
2.场地驾驶	场地驾驶理论知识	掌握速度控制、转向控制、空间位置对安全行车的影响	A1、A2、A3、B1、B2、C1、C2、C3、C4、C5、D、E、F
	倒车入库	掌握参照地面目标，合理操纵车辆从两侧倒入和驶出车库的正确操作方法	C1、C2、C3、C5
	坡道定点停车和起步	掌握操纵车辆定点停车和坡道平稳起步的正确操作方法	A1、A2、A3、B1、B2、C1、C2、C3、C4、C5、D、E、F
	侧方停车	掌握操纵车辆顺向停入道路右侧车位（库）的正确操作方法	A1、A2、A3、B1、B2、C1、C2、C3、C5
	曲线行驶	掌握操纵转向盘，控制车辆进行曲线行驶的正确操作方法	
	直角转弯	掌握在急转弯路段正确操纵转向盘，准确判断内外轮差的方法	
	通过单边桥	掌握准确运用转向盘，正确判断车轮直线行驶轨迹，顺利通过单边桥的方法	A1、A2、A3、B1、B2、C4、D、E、F
	通过限宽门	掌握在一定车速下准确判断车身空间位置，顺利通过限宽门的正确操作方法	A1、A2、A3、B1、B2
	通过连续障碍	掌握准确判断车轮行驶轨迹和内外轮差，顺利通过连续障碍的方法	
	起伏路行驶	掌握操纵车辆以最小颠簸方式平顺通过起伏路面的正确操作方法	
	窄路掉头	掌握操纵车辆三进二退完成掉头的方法	
	侧方移位、倒车进库	掌握准确判断车辆行驶空间位置，操纵车辆进行倒车进库、移位和出库的方法	
	模拟高速公路驾驶	掌握操纵车辆在模拟高速公路完成驶入（出）高速公路收费口、匝道入主道、变更车道、驶离高速公路的方法	
	模拟连续急弯山区路驾驶	掌握操纵车辆在模拟急弯山区路完成减速、鸣喇叭（非禁鸣区）、靠右行驶、通过弯道的方法	
	模拟隧道驾驶	掌握操纵车辆在模拟隧道完成减速、开启（关闭）灯光、鸣喇叭（非禁鸣区）的方法	
	模拟雨（雾）天驾驶	掌握操纵车辆在模拟雨（雾）天气路段完成减速、选择刮水器挡位、开启灯光的方法	
	模拟湿滑道路驾驶	掌握操纵车辆在模拟湿滑路完成减速、以低速挡匀速行驶的方法	
	模拟紧急情况处置	掌握操纵车辆模拟在紧急情况出现时，完成制动、停车、开启危险报警闪光灯、摆放三角警告牌、撤离车内人员的正确方法	

续上表

教学项目	教学内容	教学目标	适用车型
2.场地驾驶	模拟城市街道驾驶	掌握通过人行横道、路口、学校区域、居民小区、公交车站、医院、商店、铁路道口等的驾驶要领	C1、C2、C5
	跟车行驶	掌握50km/h或70km/h跟车行驶的方法	A3、B2、C1、C2、C5
	绕桩驾驶	掌握从起点绕桩前进驶出，再倒车绕桩反向驶回的方法	C4、D、E、F
	停靠货台	掌握倒车尾靠货台、倒车侧靠货台、前进侧靠货台，准确停靠到位的方法	A2、B2
	停靠站台	掌握倒车侧靠站台、前进侧靠站台，准确停靠到位的方法	A1、A3、B1
	独立驾驶	能独立在场内安全驾驶车辆	A1、A2、A3、B1、B2、C1、C2、C3、C4、C5、D、E、F
3.综合驾驶及考核	基础和场地驾驶	综合运用所学内容，熟练完成基础驾驶和场地驾驶	A1、A2、A3、B1、B2、C1、C2、C3、C4、C5、D、E、F

第三部分　道路驾驶

教学目标：掌握道路驾驶时的安全行车相关知识；熟练掌握一般道路和夜间驾驶方法，能够根据不同的道路交通状况安全驾驶；具备自觉遵守交通法规、有效处置随机交通状况、无意识合理操纵车辆的能力，做到安全、文明、谨慎驾驶

教学项目	教学内容	教学目标	适用车型
1.跟车行驶	跟车距离和跟车速度控制	熟悉跟车时合理控制跟车速度、保持跟车距离知识，掌握跟车行驶的安全驾驶方法	A1、A2、A3、B1、B2、C1、C2、C3、C4、C5、D、E、F
2.变更车道	安全变更车道	熟悉变更车道时观察、判断安全距离，控制行驶速度知识，掌握使用灯光信号，合理选择变更车道时机、平稳变更车道的安全驾驶方法	
3.靠边停车	顺位停车 S形倒车入位 L形倒车入位	熟悉靠边停车时正确使用灯光信号，观察后方和两侧交通状况知识，掌握靠路边顺位停车、倒入路边车位（S形倒车入位）、倒入车库（L形倒车入位）的驾驶方法	A1、A2、A3、B1、B2、C1、C2、C3、C5
4.掉头	安全掉头	熟悉掉头时降低车速，观察交通状况知识，掌握正确选择掉头地点和时机安全掉头的驾驶方法	A1、A2、A3、B1、B2、C1、C2、C3、C4、C5、D、E、F
5.通过路口	直行通过路口	熟悉路口合理观察交通状况知识，掌握减速或停车瞭望，直行通过路口的安全驾驶方法	
	路口左转弯、路口右转弯	熟悉路口合理观察交通状况及视野盲区知识，掌握减速或停车瞭望，正确使用灯光信号，左、右转弯通过路口的安全驾驶方法	
6.通过人行横道	安全通过人行横道	熟悉在人行横道前观察两侧交通状况、提前减速、礼让行人知识，掌握安全通过的驾驶方法	

续上表

教学项目	教学内容	教学目标	适用车型
7.通过学校区域	安全通过学校区域	熟悉通过学校区域时，提前减速观察，文明礼让，避让学生和校车知识，掌握安全通过的驾驶方法	A1、A2、A3、B1、B2、C1、C2、C3、C4、C5、D、E、F
8.通过公共汽车站	安全通过公共汽车站	熟悉通过公共汽车站提前减速，观察公共汽车进、出站动态和上下车乘客动态及预防行人横穿道路知识，掌握安全通过的驾驶方法	
9.会车	安全会车	熟悉正确判断会车地点、会车时机及与对方车辆保持安全间距知识，掌握安全会车驾驶方法	
10.超车	安全超车	熟悉超车前观察被超越车辆动态，合理选择超车时机，超车中保持与被超越车辆安全间距和超车后驶回原车道知识，掌握安全超车驾驶方法	
11.夜间驾驶	正确使用灯光与夜间安全驾驶	熟悉夜间起步、会车、超车、通过急弯、通过坡路、通过拱桥、通过人行横道或者在没有交通信号灯控制的路口正确使用灯光知识，掌握夜间安全驾驶方法	
12.恶劣条件下的驾驶	恶劣条件下的安全驾驶	熟悉雨天、雾（霾）天、冰雪路面、泥泞道路、涉水等恶劣条件下的安全驾驶要领和方法	
13.山区道路驾驶	山区道路安全驾驶	熟悉山区道路的安全驾驶要领和方法	
14.高速公路驾驶	模拟高速公路安全驾驶	熟悉高速公路的安全驾驶要领和方法	A1、A2、A3、B1、B2、C1、C2、C3、C5
15.行驶路线选择	自行选择行驶路线的安全驾驶	能够按照自行选择的行驶路线安全驾驶	A1、A2、A3、B1、B2、C1、C2、C3、C4、C5、D、E、F
16.综合驾驶及考核	道路安全驾驶	在道路上安全驾驶所学准驾车型	A1、A2、A3、B1、B2、C1、C2、C3、C4、C5、D、E、F

第四部分　安全文明驾驶常识

教学目标：掌握各种道路条件、气象环境下的安全文明驾驶知识；掌握正确辨识各类道路交通信号的知识；掌握危险源辨识知识；掌握紧急情况下的临危处置知识；了解发生交通事故后现场处置、伤员自救常识和常见危险化学品名称、特性等常识；正确分析各类典型事故案例

教学项目	教学内容	教学目标	适用车型
1.安全、文明驾驶知识	安全驾驶生理心理状态	掌握酒精、毒品、药物及疲劳驾驶、不集中注意力等不良生理心理状态对安全驾驶的危害、影响及相应预防知识，养成自觉杜绝违法驾驶行为和避免在不良生理心理状态下驾驶的习惯	A1、A2、A3、B1、B2、C1、C2、C3、C4、C5、D、E、F
	安全驾驶	掌握车辆安全检查与调整方法，养成行车前对车辆进行安全检查与调整的驾驶习惯； 掌握车内安全装置的正确使用方法，熟知乘车人的安全保护方法，养成使用安全带、安全头枕、儿童安全座椅等主要安全装置的习惯； 掌握起步、汇入车流、跟车行驶、变更车道、会车、超车、让超车、停车、掉头、倒车及通过弯道、路口、人行横道、学校区域、居民小区、公交车站的安全驾驶方法，养成安全行车的驾驶习惯	
	文明礼让	了解汽车语言和驾驶人手势的含义； 培养优先通行权与安全礼让行人（尤其儿童）、非机动车和其他车辆(尤其校车)等其他交通参与者的道德意识，杜绝常见违法行为和不文明行为，养成文明礼让的驾驶习惯	
	常见道路交通信号辨识	能正确辨识交通信号灯、交通标志标线和交通警察手势等，养成自觉遵守道路交通信号的驾驶习惯	

续上表

教学项目	教学内容	教学目标	适用车型
2.危险源辨识知识	险情预测与分析	掌握危险源辨识基本知识，养成提前预判风险的习惯； 掌握动视力和视野盲区对安全行车的影响； 掌握跟车、会车、超车、变更车道、转弯、倒车、掉头等不同行驶状态下驾驶险情的预测与分析方法； 掌握山区道路、桥梁、隧道等典型道路环境下驾驶险情的预测与分析方法； 掌握雨天、雪天、雾（霾）天、风沙等恶劣气象条件下驾驶险情的预测与分析方法； 掌握高速公路驾驶险情的预测与分析方法； 掌握夜间驾驶险情的预测与分析方法	A1、A2、A3、B1、B2、C1、C2、C3、C4、C5、D、E、F
3.夜间和高速公路安全驾驶知识	夜间驾驶	掌握夜间灯光的使用、路面的识别与判断、会车、跟车、超车、让超车、通过交叉路口、通过坡道、通过人行横道、转弯的安全驾驶方法及车辆发生故障时处置方法	
	高速公路驾驶	掌握驶入高速公路收费口、通过匝道、汇入车流、加速车道行驶、行车道的选择、变更车道、速度控制、通过隧道、减速车道行驶、驶出高速公路的安全驾驶方法	
4.恶劣气象和复杂道路条件下的安全驾驶知识	雨天驾驶	掌握雨天正确使用灯光和刮水器、选择行驶路面、控制行驶速度、跟车、会车、制动、停车的安全驾驶方法	
	冰雪道路驾驶	掌握雪天正确使用灯光、选择行驶路面、控制行驶速度、跟车、会车、制动、停车的安全驾驶方法； 掌握结冰路面安全驾驶方法及防滑链的使用	
	雾（霾）天驾驶	掌握雾（霾）天正确使用灯光、选择行驶路面、控制行驶速度、跟车、会车、制动、停车的安全驾驶方法	
	大风天气驾驶	掌握大风天气正确使用灯光、选择行驶路面、控制行驶速度、跟车、会车、制动、停车安全驾驶方法	
	泥泞道路驾驶	掌握泥泞道路的路面选择、速度控制、方向控制方法； 了解侧滑、驱动轮空转的处置方法	
	涉水驾驶	熟悉通过漫水桥、漫水路及其他涉水情况的安全驾驶方法	
	施工道路驾驶	掌握通过施工路段的安全驾驶方法	
	通过铁路道口	掌握通过铁路道口的安全驾驶方法	
	山区道路驾驶	掌握山区道路跟车、超车、会车、停车、坡道和弯道行驶的安全驾驶方法	
	通过桥梁	掌握通过立交桥、公路跨线桥、山区跨涧公路大桥及跨江、河、海大桥及简易桥梁的安全驾驶方法	
	通过隧道	熟悉通过隧道的明暗适应知识； 掌握通过隧道时灯光使用、速度控制方法及禁止行为； 了解隧道中发生事故后应急逃生原则与方法	

续上表

教学项目	教学内容	教学目标	适用车型
5.紧急情况应急处置知识	紧急情况临危处置	掌握紧急情况临危处置原则； 熟悉轮胎漏气、突然爆胎、转向突然失控、制动突然失效、发动机突然熄火、车辆侧滑、碰撞、连续倾翻、着火、落水、突然出现障碍物、行人及动物突然横穿、遇险时处置及对乘员的保护等临危应急处置方法； 掌握灭火器、安全锤、三角警告牌等的正确使用方法	A1、A2、A3、B1、B2、C1、C2、C3、C4、C5、D、E、F
	高速公路驾驶紧急避险	掌握高速公路紧急避险的原则； 熟悉高速公路行驶发生"水滑"、雾（霾）天遇事故、意外碰撞护栏、遇到横风、紧急情况停车的应急避险方法； 了解高速公路避险车道使用知识	
	发生交通事故后的处置	了解交通事故逃生、现场处置和伤员急救的原则； 了解昏迷不醒、失血、烧伤、中毒、骨折伤员的自救、急救的基本要求和方法； 了解常用的伤员止血方法	
6.危险化学品知识	常见危险化学品知识	了解常见危险化学品和放射性物品的种类、危害及运输中特殊情况的处理原则	A1、A2、A3、B1、B2
7.典型事故案例分析	违法行为综合判断与案例分析	能够正确分析道路交通典型事故案例，判断事故发生的主要原因	A1、A2、A3、B1、B2、C1、C2、C3、C4、C5、D、E、F
8.综合复习及考核	安全文明驾驶知识	熟练掌握实际驾驶中的安全文明驾驶常识	A1、A2、A3、B1、B2、C1、C2、C3、C4、C5、D、E、F

（六）教学日志

驾驶培训教学日志（样式）

车 型：××
基本学时：××

驾培机构名称：××××××	学员姓名：×××	学员编号：××××

道路交通安全法律、法规和相关知识 基本学时：××	教学项目：1.法律、法规及道路交通信号；2.机动车基本知识；3.综合复习及考核

次数/ 日期（月/日）	1 /	2 /	3 /	4 /	5 /	6 /	7 /	8 /	9 /	…… /
教学项目序号										
学时										
学员签字										
教练员评价及签字										

考　核			
次数/考核日期	1/　月　日	2/　月　日	……/　月　日
考核意见	□合格　□不合格 建议：	□合格　□不合格 建议：	□合格　□不合格 建议：
考核员签字			

增加培训学时					
次数	日期（月/日）	教学内容	所用学时	学员签字	教练员评价及签字
1	/				
2	/				
……	/				

基础和场地驾驶 基本学时：××	教学项目：1.基础驾驶；2.场地驾驶；3.综合驾驶及考核

次数/日期（月/日）	1 /	2 /	3 /	4 /	5 /	6 /	7 /	8 /	9 /	10 /
教学项目序号										
学时										
学员签字										
教练员评价及签字										
次数/日期（月/日）	11 /	12 /	13 /	14 /	15 /	16 /	17 /	18 /	19 /	…… /
教学项目序号										
学时										
学员签字										
教练员评价及签字										

考　核			
次数/考核日期	1/　月　日	2/　月　日	……/　月　日
考核意见	□合格　□不合格 建议：	□合格　□不合格 建议：	□合格　□不合格 建议：
考核员签字			

增加培训学时					
次数	日期（月/日）	教学内容	所用学时	学员签字	教练员评价及签字
1	/				
2	/				
……	/				

道路驾驶 基本学时：××	教学项目：1.跟车行驶；2.变更车道；3.靠边停车；4.掉头……

次数/ 日期（月/日）	1 /	2 /	3 /	4 /	5 /	6 /	7 /	8 /	9 /	10 /
教学项目序号										
学时										
学员签字										
教练员评价及签字										
次数/ 日期（月/日）	11 /	12 /	13 /	14 /	15 /	16 /	17 /	18 /	19 /	…… /
教学项目序号										
学时										
学员签字										
教练员评价及签字										

考　　核			
次数/ 考核日期	1/　月　日	2/　月　日	……/　月　日
考核意见	□合格　□不合格 建议：	□合格　□不合格 建议：	□合格　□不合格 建议：
考核员签字			

增加培训学时					
次数	日期（月/日）	教学内容	所用学时	学员签字	教练员评价及签字
1	/				
……	/				

安全文明驾驶常识 基本学时：××	教学项目：1.安全、文明驾驶知识；2.危险源辨识知识……

次数/ 日期（月/日）	1 /	2 /	3 /	4 /	5 /	6 /	7 /	8 /	9 /	…… /
教学项目序号										
学时										
学员签字										
教练员评价										

考　核			
次数/ 考核日期	1/　月　日	2/　月　日	……/　月　日
考核意见	□合格　□不合格 建议：	□合格　□不合格 建议：	□合格　□不合格 建议：
考核员签字			

增加培训学时					
次数	日期（月/日）	教学内容	所用学时	学员签字	教练员评价及签字
1	/				
2	/				
……	/				

结　业　考　核			
次数/ 考核日期	1/　月　日	2/　月　日	……/　月　日
考核意见	□合格　□不合格 建议：	□合格　□不合格 建议：	□合格　□不合格 建议：
考核员签字			
驾培机构 审核盖章	结业考核合格，准予结业 （驾培机构章） 年　月　日		

驾驶培训电子教学日志（样式）

驾培机构名称：××××××	学员姓名：××× 学员编号：××××	车型：××

××××（如道路驾驶） 基本学时：××	教学项目：×××××××××××××××××××××××××××××××××

培训日期	××××年×月×日	训练照片1	训练照片2
培训时段	hh:mm−hh:mm（24小时制）		
教练员	×××		
教练车号牌	××××学	总累计学时	××××（单位：min）
本次培训教学项目	×××××××××××××	法律法规和相关知识累计学时	××××（单位：min）
本次培训学时	××××（单位：min）	基础和场地驾驶累计学时	××××（单位：min）
本次培训行驶里程	××××（单位：km）	道路驾驶累计学时	××××（单位：min）
本次培训平均速度	××××（单位：km/h）	安全文明驾驶常识累计学时	××××（单位：min）
教练员评价			
教练员签字		学员签字	

备注：本表中所列为电子教学日志中必备内容，驾培机构可根据此表样式，结合计时培训管理需求，自行设计使用此日志。

二、机动车驾驶人考试大纲

为规范机动车驾驶人考试工作，明确考试内容，提高考试科学水平，制定本大纲。

（一）制定依据

根据《中华人民共和国道路交通安全法》及其实施条例、《中华人民共和国刑法》《机动车驾驶证申领和使用规定》《机动车登记规定》《道路交通安全违法行为处理程序规定》《道路交通事故处理程序规定》等有关规定制定。

（二）考试目标

根据规定，符合国务院公安部门规定的驾驶许可条件的人员，可申请参加机动车驾驶人考试。机动车驾驶人考试执行全国统一的考试内容和合格标准，考核应考人员是否了解和掌握道路交通安全法律法规知识、安全文明驾驶常识和驾驶技能，是否具备驾驶安全意识。对通过考试的人员，公安机关交通管理部门核发机动车驾驶证。

（三）考试内容

1.本大纲分为“科目一　道路交通安全法律、法规和相关知识考试”、“科目二　场地驾驶技能考试”、“科目三　道路驾驶考试”和“科目三　安全文明驾驶常识考试”四部分内容。

2.“科目一　道路交通安全法律、法规和相关知识考试”内容包括驾驶证和机动车管理规定、道路通行条件及通行规定、道路交通安全违法行为及处罚、道路交通事故处理相关规定、机动车基础知识等六部分内容。

3.“科目二　场地驾驶技能考试”内容和“科目三　道路驾驶技能考试”内容按照《机动车驾驶证申领和使用规定》中关于不同准驾车型规定的相应考试项目进行设置。

4.“科目三　安全文明驾驶常识考试”内容包括安全行车常识、文明行车常识、道路交通信号在交通场景中的综合应用、恶劣气象和复杂道路条件下安全驾驶知识、紧急情况下避险常识、典型事故案例分析、交通事故处置及常见危险化学品处置常识等八部分内容。

（四）考试要求

1.对考试内容的考核要求按照由低到高分为三个层次，分别是“了解”、“熟知”和“掌握”，高一层次的考试要求包括低一层次的考试要求。

——了解，要求应考人员清楚考点的概念、作用，能够在简单交通环境中进行识别和应用。

——熟知，要求应考人员全面了解考点知识，能够理解知识要点内涵，清楚操作要领，并能够分析、解释原因。

——掌握，要求应考人员能够深入理解考点知识、技能及有关原理，能够在复杂交通环境中综合运用相关知识，熟练驾驶车辆。

2.考试大纲科目一考试和科目三安全文明驾驶常识考试的考试要点分为通用考试要点和专用考试要点。通用考试要点适用于所有准驾车型考试。专用考试要点适用于大型客车、牵引车、城市公交车、中型客车、大型货车准驾车型考试，大纲考试要点中带有“※”符号的为专用考试要点。

3.轮式自行机械车（M）、无轨电车（N）、有轨电车（P）三种准驾车型的考试大纲，由各省级公安机关交通管理部门根据需要和地方特点自行制定，并报公安部备案。

（五）考试要点

科目一　道路交通安全法律、法规和相关知识考试

考试项目	考试内容	考 试 要 点	考 试 目 标
1.驾驶证和机动车管理规定	驾驶证申领和使用规定	机动车驾驶许可； 机动车驾驶证种类、准驾车型和有效期； 机动车驾驶证申请条件； 驾驶人考试内容和合格标准； 学习驾驶证明使用规定； 驾驶证实习期； 有效期满、转入、变更换证； 驾驶证遗失补证； 违法记分管理制度； 驾驶证注销情形； 驾驶证审验； 驾驶人体检； 申请增加准驾车型的条件※； 大中型客货车驾驶证日常管理要求※	考核是否掌握驾驶证申领使用相关知识；是否了解机动车登记使用的相关知识

续上表

考试项目	考试内容	考 试 要 点	考 试 目 标
1.驾驶证和机动车管理规定	机动车登记和使用规定	机动车注册、变更、转移、抵押、注销登记； 机动车登记证书灭失、丢失或损毁； 机动车号牌、行驶证灭失、丢失或者损毁； 机动车上路行驶条件； 机动车号牌设置使用； 机动车安全检验； 机动车交通事故责任强制保险； 机动车强制报废※	考核是否掌握驾驶证申领使用相关知识；是否了解机动车登记使用的相关知识
2.道路通行条件及通行规定	道路交通信号	道路交通信号灯的分类、含义、识别和作用； 道路交通标志的分类、含义、识别和作用； 道路交通标线的分类、含义、识别和作用； 交通警察手势的分类、含义、识别和作用	考核是否掌握道路通行条件以及道路通行规定相关知识
	道路通行规定	右侧通行； 灯光、喇叭的使用； 有划分车道、无划分车道的道路通行； 机动车超车规定； 跟车距离的保持要求； 交叉路口通行； 机动车变更车道规定； 机动车限速通行； 机动车会车规定； 机动车掉头规定； 机动车倒车规定； 铁路道口及渡口通行； 缓行、拥堵路段或路口通行； 漫水路、漫水桥通行； 避让行人和非机动车； 避让特种车辆、道路养护作业车辆； 遇校车通行规定； 专用车道的使用要求； 机动车载物规定； 机动车载人规定； 驾驶机动车禁止行为； 机动车停车规定； 牵引挂车规定； 机动车故障处置； 牵引故障机动车	
	高速公路通行特殊规定	高速公路禁行要求； 高速公路限速规定； 进出高速公路； 跟车距离要求； 低能见度通行条件下的通行规定； 应急车道使用规定； 高速公路禁止行为； 高速公路机动车故障处置	

续上表

考试项目	考试内容	考试要点	考试目标
3.道路交通安全违法行为及处罚	道路交通安全违法行政强制措施	扣留机动车的情形； 扣留机动车驾驶证的情形； 拖移机动车的情形； 强制检验体内违禁饮（用）品含量的情形	考核是否掌握涉及道路交通安全的违法行为；是否了解相关行政强制措施、行政处罚、刑事处罚的知识
	道路交通安全违法行政处罚	道路交通安全违法的行政处罚种类； 违反道路通行规定的处罚； 饮酒、醉酒驾车的处罚； 涉及登记证书、号牌、证件、标志违法的处罚； 未投保交强险的处罚； 违法停车的处罚； 超速等其他违法行为的处罚； 超载、超员的处罚※	
	道路交通安全违法刑事处罚	交通肇事罪； 危险驾驶罪； 伪造、变造、买卖驾驶证； 使用伪造、变造的或者盗用他人驾驶证； 其他涉牌涉证行为的刑事处罚	
4.道路交通事故处理相关规定	道路交通事故处理	事故报警； 事故现场处置； 高速公路事故现场处置； 自行协商事故处理； 事故现场的强制撤离	考核是否掌握道路交通事故处理的相关知识
5.机动车基础知识	车辆结构与车辆性能常识	车辆的基本构成； 车辆制动性对行车安全影响的相关知识； 车辆通过性对行车安全影响的相关知识； 车辆轮胎、燃油、润滑油、冷却液、风窗玻璃清洗液等运行材料的作用和使用要求※	考核是否了解车辆基本构成和车辆性能常识；是否了解机动车主要仪表、指示灯、报警灯的作用；是否掌握常见操纵装置、安全装置作用及使用要求等知识；是否熟知大中型客货车制动系统及安全装置相关知识
	常见操纵装置	转向盘的作用； 机动车踏板分类和作用； 变速器操纵杆的作用； 驻车制动器的作用； 各类开关的辨识和作用	
	常见安全装置	仪表、指示灯、报警灯的辨识和作用； 安全头枕的作用及使用要求； 安全带的作用及使用要求； 安全气囊的作用及使用要求； 儿童安全座椅的作用及使用要求； 防抱死制动装置等其他常见安全装置的作用； 逃生出口种类和使用要求	
	大中型客货车制动系统及安全装置※	客车、城市公交车行车制动装置、辅助制动装置、驻车制动装置的作用和使用要求； 客车、城市公交车车门、安全出口、安全窗、安全锤、灭火器等安全装置的使用要求； 货车制动系统的特点和使用要求； 汽车列车连接与分离装置的使用要求； 紧急切断阀的作用和使用要求	
6.地方性法规	根据地方性法规选定的重点内容		考核地方性法规的重点内容

科目二　场地驾驶技能考试

考试项目	考 试 要 点	考 试 车 型	考试目标
1.桩考	正确判断车身行驶空间位置，操控车辆完成倒车或前进通过空间限位障碍	A1、A2、A3、B1、B2、C4、D、E、F	考核是否掌握车辆机件操纵方法；是否具备正确控制车辆运动空间位置的能力以及准确地控制车辆的行驶位置、速度和路线的能力
2.倒车入库	准确判断车身位置，参照地面标线操纵车辆从两侧正确倒入和驶出车库	C1、C2、C3、C5	
3.坡道定点停车和起步	准确控制停车位置，协调运用加速踏板、驻车制动器和离合器，平稳起步	A1、A2、A3、B1、B2、C1、C2、C3、C4、C5、D、E、F	
4.侧方停车	正确操纵车辆顺向准确停入道路右侧车位	A1、A2、A3、B1、B2、C1、C2、C3、C5	
5.通过单边桥	在行驶中操纵转向装置，控制车轮保持直线行驶，通过单边桥	A1、A2、A3、B1、B2、C4、D、E、F	
6.曲线行驶	在行驶中操纵转向装置，准确判断车轮位置，控制车辆曲线行驶	A1、A2、A3、B1、B2、C1、C2、C3、C5	
7.直角转弯	在行驶中操纵转向装置，控制内轮差通过转弯区域	A1、A2、A3、B1、B2、C1、C2、C3、C5	
8.通过限宽门	在行驶中准确判断车身空间位置，控制车辆以一定车速通过限宽门	A1、A2、A3、B1、B2	
9.通过连续障碍	在行驶中准确判断左右车轮内侧空间运行变化，控制车辆骑于连续障碍之上通过	A1、A2、A3、B1、B2	
10.起伏路行驶	在行驶中针对凹凸障碍以最小颠簸方式通过障碍	A1、A2、A3、B1、B2	
11.窄路掉头	不超过三进二退掉头后靠右停车	A1、A2、A3、B1、B2	
12.模拟高速公路驾驶	驶入驶出高速公路、合理选择行车道、遵守行车规定以及高速公路应急停车	A1、A2、A3、B1、B2	
13.模拟连续急弯山区路驾驶	通过模拟急弯山区路能够做到减速、鸣喇叭、靠右行，控制车辆在本方车道内行驶	A1、A2、A3、B1、B2	
14.模拟隧道驾驶	进入隧道前完成减速、开灯、鸣喇叭操作，驶出隧道前鸣喇叭，驶出隧道后关闭前照灯	A1、A2、A3、B1、B2	
15.模拟雨(雾)天驾驶	在模拟雨雾天气中完成减速、选择刮水器挡位、开启灯光等操作	A1、A2、A3、B1、B2	
16.模拟湿滑路驾驶	在模拟湿滑路中正确操控车辆，使用低速挡平稳通过	A1、A2、A3、B1、B2	
17.模拟紧急情况处置	在模拟紧急情况出现时，合理完成制动、停车、开启危险报警闪光灯、摆放警告标志、撤离车内人员等操作	A1、A2、A3、B1、B2	
18.省级公安机关交通管理部门增加的考试内容	省级公安机关交通管理部门可以根据实际增加考试内容，并确定轮式自行机械车、无轨电车、有轨电车的考试内容	A1、A2、A3、B1、B2、C1、C2、C3、C5、M、N、P	

科目三　道路驾驶技能考试

考试项目	考　试　要　点	考试车型	考试目标
1.上车准备	上车前观察车辆周围及车底是否存在安全隐患，检查轮胎及车辆外观，车牌和后视镜有无污损、遮挡，确认安全，上车动作规范	A1、A2、A3、B1、B2、C1、C2、C3、C5	考核是否掌握道路上的安全驾驶方法；是否具备准确判断不同道路情景中的潜在危险以及正确有效处置随机出现的交通状况的能力；是否具备无意识合理操纵车辆的能力；是否具备安全、谨慎驾驶意识
2.起步	起步前调整和检查车内设施，观察后方、侧方交通情况，起步过程规范、平稳	A1、A2、A3、B1、B2、C1、C2、C3、C5	
3.直线行驶	根据道路情况合理控制车速，正确使用挡位，保持直线行驶	A1、A2、A3、B1、B2、C1、C2、C3、C5	
4.加减挡位操作	根据道路交通状况和车速，合理加减挡，换挡及时、平顺	A1、A2、A3、B1、B2、C1、C2、C3、C5	
5.变更车道	变更车道过程中正确使用转向灯，观察、判断侧后方交通情况，保持车辆安全间距，控制行驶速度，合理选择变道时机，变道过程平顺	A1、A2、A3、B1、B2、C1、C2、C3、C5	
6.靠边停车	观察后方和右侧的交通情况，提前开启转向灯，减速向右、平稳停车	A1、A2、A3、B1、B2、C1、C2、C3、C5	
7.直行通过路口	观察路口交通信号及道路交通情况，减速或停车瞭望，直行安全通过路口	A1、A2、A3、B1、B2、C1、C2、C3、C5	
8.路口左转弯	观察路口交通信号及道路交通情况，提前开启转向灯，驶入相应车道，减速或停车瞭望，偏头查看左前车窗立柱盲区，左转弯安全通过路口	A1、A2、A3、B1、B2、C1、C2、C3、C5	
9.路口右转弯	观察路口交通信号及道路交通情况，提前开启转向灯，驶入相应车道，减速或停车瞭望，观察右侧内轮差行驶区域，右转弯安全通过路口	A1、A2、A3、B1、B2、C1、C2、C3、C5	
10.通过人行横道	提前减速，观察两侧交通情况，确认安全后，合理控制车速通过，遇行人停车让行	A1、A2、A3、B1、B2、C1、C2、C3、C5	
11.通过学校区域	提前减速观察情况，文明礼让，确保安全通过，遇有学生横过马路时应停车让行	A1、A2、A3、B1、B2、C1、C2、C3、C5	
12.通过公共汽车站	提前减速，观察公共汽车进、出站动态和乘客上下车动态，着重注意同向公共汽车前方或对向公共汽车后方有无行人横穿道路	A1、A2、A3、B1、B2、C1、C2、C3、C5	
13.会车	正确判断会车地点，与对方车辆保持安全间距，注意对方车辆后方交通情况	A1、A2、A3、B1、B2、C1、C2、C3、C5	
14.超车	保持与被超越车辆的安全跟车距离，观察后方以及左前方交通情况,选择合理时机，正确使用灯光，从被超越车辆的左侧超越。超越后，在不影响被超越车辆正常行驶的情况下，逐渐驶回原车道	A1、A2、A3、B1、B2、C1、C2、C3、C5	
15.掉头	降低车速，观察交通情况，正确选择掉头地点和时机，发出掉头信号后掉头； 掉头时不妨碍其他车辆和行人的正常通行	A1、A2、A3、B1、B2、C1、C2、C3、C5	
16.夜间行驶	行驶中根据各种照明、道路和车流情况正确使用灯光	A1、A2、A3、B1、B2、C1、C2、C3、C5	
17.省级公安机关交通管理部门确定的考试内容	除大型客车、牵引车、城市公交车、中型客车、大型货车、小型汽车、小型自动挡汽车、低速载货汽车和残疾人专用小型自动挡载客汽车外的其他准驾车型考试内容	C4、D、E、F、M、N、P	
18.省级公安机关交通管理部门增加的考试内容	大型客车、牵引车、城市公交车、中型客车、大型货车的山区、隧道、陡坡等复杂道路驾驶考试内容	A1、A2、A3、B1、B2	

科目四　安全文明驾驶常识考试

考试项目	考试内容	考试要点	考试目标
1.安全行车常识	日常检查与维护	出车前的检查； 行车中与收车后的检查； 车辆的日常维护	考核是否了解车辆日常检查与维护知识；是否熟知各类不良驾驶状态的危害及预防知识；是否掌握危险源辨识的相关知识；是否具备安全、谨慎驾驶意识
	安全驾驶状态	酒精、毒品、药物对驾驶影响相关知识； 疲劳驾驶的防范知识； 不良情绪状态对驾驶影响相关知识； 集中驾驶注意力常识	
	危险源的识别与预防	行车视距； 车辆盲区的辨识与预防； 内轮差知识； 行车观察与潜在危险的辨识	
	安全驾驶操作要求	起步前调整； 安全起步； 安全变更车道； 安全跟车； 安全超车、让超车； 安全会车； 安全掉头； 安全倒车； 安全停车； 路口安全驾驶； 安全通过学校等特殊区域； 弯道安全驾驶； 机动车操纵装置的安全操作要求； 与大型车辆共行的相关知识	
2.文明行车常识	保护其他交通参与者	保护行人和骑车人； 保护乘车人	考核是否掌握文明驾驶知识；是否具备文明、礼让驾驶意识
	与其他车辆共用道路	遇紧急车辆的处置； 礼让公交车辆与校车； 驾驶机动车的其他礼让行为	
	文明使用灯光及喇叭	文明使用灯光； 文明使用喇叭	
	常见不文明行为	常见不文明行为	
3.道路交通信号在交通场景中的综合应用	路口交通信号综合应用	不同类型交叉路口交通信号综合应用	考核是否掌握实际道路驾驶时各类道路交通信号的综合应用知识
	路段交通信号综合应用	不同类型道路路段交通信号综合应用	
	特殊场所交通信号综合应用	车站、码头、铁路道口等场所交通信号综合应用	

续上表

考试项目	考试内容	考试要点	考试目标
4.恶劣气象和复杂道路条件下安全驾驶知识	通过桥梁隧道的安全驾驶	通过桥梁安全驾驶； 通过双向行驶隧道的安全驾驶	考核是否掌握复杂道路条件、恶劣气象和高速公路的安全驾驶知识
	山区道路安全驾驶	山区道路跟车时安全距离的控制； 山区道路超车时的安全驾驶； 山区道路会车时的安全驾驶； 山区道路安全停车； 山区道路坡道的安全驾驶； 山区道路弯道的安全驾驶	
	夜间安全驾驶	夜间灯光的使用要求； 夜间路面的识别与判断； 夜间跟车、超车、让超车时的安全驾驶； 夜间会车时的安全驾驶； 夜间通过交叉路口时的安全驾驶； 夜间通过坡道、人行横道时的安全驾驶； 夜间转弯、发生故障时的安全驾驶	
	特殊道路及恶劣气象条件下的安全驾驶	雨天安全驾驶； 冰雪道路的安全驾驶； 雾天安全驾驶； 大风天气的安全驾驶； 泥泞、涉水、施工道路的安全驾驶	
	高速公路安全驾驶	驶入收费口； 安全汇入车流； 行车道的选择； 行车速度确认； 安全距离确认； 应急车道的使用； 安全通过高速公路隧道、桥梁； 驶离高速公路	
5.紧急情况下避险常识	紧急情况通用避险知识	紧急情况下的避险原则； 轮胎漏气的处置； 突然爆胎的处置； 转向突然失控的处置； 制动突然失效的处置； 发动机突然熄火的处置； 侧滑时的处置； 碰撞时的应急处置； 倾翻时的应急处置； 火灾时的应急处置； 车辆落水的应急处置	考核是否熟知紧急情况下的临危处置的基本知识
	高速公路紧急避险	发生“水滑”的处置； 雾天遇到事故的处置； 意外碰撞护栏的处置； 遇到横风的处置； 紧急情况停车的应急处置	
6.典型事故案例分析	典型事故案例驾驶行为分析	典型事故违法行为分析； 典型事故不安全驾驶行为分析	考核是否掌握分析典型事故案例事故致因以及事故预防知识
	典型事故案例经验教训	典型道路交通事故客观成因； 典型道路交通事故预防知识	

续上表

考试项目	考试内容	考试要点	考试目标
7.交通事故救护及常见危险化学品处置常识	事故处置	事故处置原则； 事故现场处置常规方法	考核是否掌握事故现场处置方法；是否了解伤员自救常识和常见危险化学品特性等常识
	伤员自救、急救	伤员急救的基本要求； 伤员的移动； 失血伤员的急救； 烧伤者的急救； 中毒伤员的急救； 骨折伤员的处置	
	常见危险化学品	常见危险化学品的特性； 常见危险化学品的个人安全防护常识； 危险化学品运输中特殊情况的处理	
8.地方试题	省级公安交通管理部门根据实际确定的考试内容		考核本地实际确定的安全文明驾驶常识